신동북아 경제협력 플랫폼
광역두만강협력(GTI)

평화와 번영을 선도하는 - GTI
신동북아 경제협력 플랫폼 광역두만강협력(GTI)

초판 1쇄 인쇄 2021년 10월 10일
초판 1쇄 발행 2021년 10월 24일

기 획 중국 연변대학조선한국연구중심
저 자 전홍진

발행인 윤관백
발행처 도서출판 선인

등 록 제5-77호(1998. 11. 4)
주 소 서울특별시 마포구 마포대로 4다길 4
전 화 02-718-6252
팩 스 02-718-6253
E-mail sunin72@chol.com

정 가 28,000원

ISBN 979-11-6068-623-4 93340

평화와 번영을 선도하는 - GTI

신동북아 경제협력 플랫폼
광역두만강협력(GTI)

중국 연변대학조선한국연구중심 기획
전홍진 저

도서
출판 선인

| 발간사 |

안녕하십니까?

금년 10월 24일은 유엔개발계획(UNDP)이 "두만강지역개발구상"을 발표한 지 30주년이 되는 뜻 깊은 해입니다. UNDP는 1991년 10월 24일 유엔창립 46주년을 맞이하여 냉전의 유산이 서려있는 이 지역을 평화와 번영의 지대로 가꾸기 위하여 두만강지역개발계획을 추진하였습니다.

그간 두만강지역개발은 UNDP의 적극적인 지원과 협조아래 동북아 최초·유일의 다자협력체로서 투자유치, 변경지역개발, 동북아 지방정부 간 경제교류 협력을 촉진시키는 등 동북아 지역 간 경제협력의 플랫폼으로서 순기능적인 역할을 하고 있습니다.

그러나 초기에 재원조달 실패, 역내 지역개발 사업과 연계협력 시스템 미구축, 동북아의 불안정한 정치·경제 환경, 차관협의체로서의 한계를 극복하지 못하고 실질적 협력체로 발전을 하지 못하고 있다는 평가를 받고있습니다.

최근 한중러 3국이 GTI 틀 안에서 동북아 지역 간 경제협력 추진에 합의 하는 등 GTI가 새로운 발전의 전기를 맞이하고 있습니다.

연변대학조선한국연구중심에서는 이러한 시대적 흐름과 함께 광역두만강협력 30주년을 기념하기 위하여 『신동북아 경제협력 플랫폼 "GTI"』를 발간하게 되었습니다.

이 책은 우리 대학교의 축적된 자료, 학문적 이론과 실무경험의 노하우를 바탕으로 국내외 최초로 광역두만강협력 30년을 평가하고 GTI를 평화와 번영의 신동북아 경제협력의 플랫폼으로 육성하기 위한 실행 가능한 발전방향을 제시하였다는 데 그 의의가 있습니다.

　아무쪼록 이 책이 동북아 지역발전에 소중한 자료로 활용되기를 기대하며, 연구를 맡아 주신 전홍진 교수, 자료제공과 자문을 하여 주신 한중 전문가, 지린성과 강원도 국제협력 관련 부서 직원 여러분께 깊은 감사를 드립니다.

2021년 10월
연변대학조선한국연구중심 주임
박찬규

| 치사 |

안녕하십니까?

연변대학교 총장 김웅입니다.

두만강지역개발계획의 발원지에 소재한 연변대학교에 대해 많은 관심과 사랑을 해 주시는 국내외 여러분들께 깊은 감사와 존경의 인사를 드립니다.

금년 10월 24일은 유엔창립 76년 기념일이자 광역두만강협력 30주년이 되는 뜻 깊은 해입니다.

유엔개발계획(UNDP)이 제창한 두만강지역개발계획은 두만강지역의 개발을 촉진시키는데 일정한 역할을 하였습니다. 현재 훈춘에는 이미 고속철도와 고속도로가 연결되어 있고, 훈춘해양경제발전시범구로 선정되어 있으며 두만강 지역의 국제관광도 활발히 진행되고 있습니다.

연변대학교는 두만강지역개발과 나아가 동북아 지역협력의 전문인재를 양성하기 위해, 2017년 9월에 훈춘캠퍼스를 개교하였습 니다.

GTI는 동북아 국가 간 경제협력 촉진을 위한 중요한 다자협력체입니다. 최근에 한중러 3국이 GTI 틀 안에서 동북아 지역 간 경제협력 추진에 합의하는 등 GTI 지역에 변화의 새바람이 불고 있습니다.

이러한 시대적 흐름에 부응하기 위하여 중국 교육부 인문사회과학 중점연구기지 연변대학조선한국연구중심에서 국내외 최초로 광역두만강협력 30년을 평가하고 실질적 발전방향을 제시한 『신동북아 경제협력 플랫폼 "GTI"』를 발간한 것은 우리 대학교의 큰 성과라 생각합니다.

　이 책 발간을 위해 애써주신 박찬규 주임님, 연구를 맡아 주신 전홍진 교수님의 노고에 치하를 드립니다.

　아울러 이 책 발간을 축하해 주신 대한민국 국회 이광재 외교통일위원장님, GTI국제무역투자박람회 조직위원장과 세계한인상공인총연합회장을 맡고 계시는 일본 마루한 그룹 한창우 회장님, 중화인민공화국 제11기 전국인대 상무위원 김석인 박사님, 포스코경영연구원 고준형 대표이사 원장님께 진심으로 감사를 드립니다.

2021년 10월
연변대학교 총장
김웅

| 축사 |

안녕하십니까 ?

평화와 번영의 동북아 시대를 열어가시는 여러분께,

대한민국 국회 외교통일위원장 이광재가 깊은 감사와 존경의 마음을 담아 인사를 드립니다.

먼저 연변대학조선한국연구중심의 『신동북아 경제협력 플랫폼 "GTI"』 발간을 진심으로 축하드립니다. 이 책의 저자 전홍진 교수는 강원도에서 35년 동안 공직자로 봉직하면서 쌓아온 GTI 지역 간 경제협력의 실무경험과 노하우를 바탕으로 국내외에서 최초로 광역두만강협력 30년을 평가하고 실행 가능한 발전방향을 제시하였습니다. 이 책은 학문적인 분야에서 한중협력의 새로운 모델이라 할 수 있습니다.

금년 10월 24일은 유엔개발계획(UNDP)이 "두만강지역개발구상"을 발표한지 30주년이 되는 뜻 깊은 해입니다.

유엔개발계획(UNDP)은 1991년 초부터 냉전의 유산이 서려 있는 이 지역의 경제번영을 통한 평화지대 구축을 위해 동북아 최초로 다자협력체를 결성하고 두만강지역개발계획을 추진하였습니다. 이 시기에는 남북한 유엔동시 가입, 한중 수교 등으로 지역협력의 분위기가 무르익었습니다. 북한은 미국, 오스트리아 등지에서 외자유치 활동을 벌이는 등 두만강지역개발을 위해 노력하였습니다.

그러나 두만강지역개발사업 추진과정에서 재원조달, 역내 지역개발과 연계협력 시스템 미구축, 북핵문제, 차관협의체로의 한계 등으로 큰 진전을 얻지 못한 가운데 정책네트워킹단계에서 실질적 협력체로 발전하지 못하고 있는 것은 대단히 안타까운 일이 아닐 수 없습니다.

다른 지역의 다자협력 사례를 살펴보면, 동남아의 대표적 다자협력체인 광역메콩강지역경제협력(GMS)은 1992년 아시아개발은행 주도로 중국(윈난성, 광닌성), 캄보디아, 라오스, 베트남, 태국, 미얀마 6개국이 참여하는 장관회의로 출발하여 2002년 총리회의로 승격되었으며, 2015년에는 GMS 회원국이 중심이 되어 란창강~메콩강협력(LMC)을 창설하고 지역통합을 위한 정치, 경제, 사회인문 등 전면적 교류협력을 추진하고 있습니다. 매년 열리는 란창강~메콩강 주(周)의 날 행사와 격년에 한 번 열리는 "총리회의"는 축제 분위기 속에서 개최되고 있습니다.

두만강 지역의 평화와 번영 없이는 한반도는 고립을 피할 수 없으며 일본과 미국은 유라시아 대륙, 중국과 러시아는 태평양 진출에 어려움이 있습니다.

최근 한중러 3국은 경제력이 급성장함에 따라 GTI 틀 안에서 동북아경제협력 추진에 합의하는 등 노력을 기울이고 있는 것은 다행스러운 일이라 생각합니다.

지금 동북아는 그 어느 시기보다 두만강지역개발계획의 공동협력 정신이 필요합니다. 우리는 두만강지역개발계획의 정신을 이어받아 평화와 번영의 새로운 동북아 시대를 열어가야 합니다.

이를 위해서는 GTI 회원국 대표를 정상으로 승격하고, 기존에 논의해온 동아시아철도네워크, 전력망 구축, 에너지공동체건설 등을 포함한 전면적 교류협력 시스템 구축, 구체적인 목표와 실행계획의 조기 확정 등을 통해 GTI가 동북아경제통합 더 나아가 유라시아경제통합의 플랫폼 역할을 할 수 있도록 우리 모두가 힘을 모아야 할 때입니다.

나아가 GTI가 진정한 유라시아경제통합의 플랫폼으로 거듭나기 위해서는 기존의 멤버인 한국, 중국, 러시아, 몽골에 더하여 북한의 참가가 필요합니다. 이를 토대로 GTI가 명실상부한 동북아경제정상회의의 밑거름이 되기를 기대해 봅니다. 반기문 유엔 사무총장과 나눈 대화가 기억에 남습니다. 반 총장께서 세계 각지를 돌아다니며 느낀 점 중 하나가 모든 대륙에는 지역내 정상회의체가 존재하는데 동북아에만 없다라는 점이었다고 합니다. 동북아 경제협력의 지속적인 성장을 위해 동북아정상회의체가 조직되어야 합니다.

　　평화와 번영의 동북아 시대를 열어가시는 여러분께 그 간의 노고에 다시 한 번 깊은 감사를 드리며, GTI 가 신동북아 경제협력의 플랫폼이 될 수 있도록 힘을 모아 주시기를 간곡히 부탁드립니다.

　　끝으로 두만강 지역발전을 위해 노력을 기울이고 계시는 연변대학교 김웅 총장, 박찬규 원장, 전홍진 교수를 비롯한 관계자 여러분께 깊은 감사의 말씀을 드립니다.

2021년10월
대한민국 국회 외교통일위원장
이광재

안녕하십니까,

세계한인상공인총연합회장과 GTI국제무역투자박람회 조직위원장을 맡고 있는 일본 마루한 그룹 회장 한창우입니다.

먼저 두만강지역개발계획의 발원지에 소재한 연변대학교에서 광역두만강협력 30년을 기념하고 새로운 발전방향을 제시한 『신동북아 경제협력 플랫폼 "GTI"』 발간을 진심으로 축하드립니다.

유엔개발계획(UNDP)은 유엔창립 46주년 기념일 날인 1991년 10월 24일, 이 지역을 평화와 번영의 지대로 발전시키기 위한 "두만강지역개발구상"을 국제사회에 발표함으로써 두만강지역개발이 탄생하게 되었습니다.

세계한인상공인총연합회는 두만강지역개발을 지원하기 위하여 연길 두만강지역국제투자무역박람회, 북한 투자설명회 등에 참가를 통하여 일정한 성과를 거두기도 했습니다.

저는 개인적으로 2007년부터 연변대학교육기금회 명예이사장을 맡으면서 두만강 지역발전을 위한 인재양성에 노력을 기울여 오기도 했습니다.

우리 세계한인상공인총연합회 회원을 비롯한 경제단체의 노력에도 불구하고 GTI가 역내 지역개발 사업과 연계협력을 갖추지 못함에 따라 실질적 협력체로 발전하지 못하고 있는 것이 너무나 안타깝습니다.

회원국들의 GTI에 대한 관심도가 떨어진 상황에서 2013년 한국 강원도가 창설한 GTI국제무역투자박람회는 GTI 지역 간 새로운 경제협력의 모델을 제시하고 있습니다.

저는 2013년부터 지금까지 GTI국제무역투자박람회 조직위원장을 맡으면서 세계한인상공인총연합회와 함께 GTI국제무역투자박람회를 지원하여 큰 성과를 일구어 냈습니다.

특히, 세계한인상공인총연합회 양창영 사무총장은 제19대 국회의원을 역임하면서 GTI 지역 간 경제협력 촉진을 위해 2015년 7월 「광역두만개발사업의 협력 및 지원에 관한 법률안」을 발의하는 등 GTI 지역발전을 위해 노력을 기울이고 있습니다.

최근에 한중러 3국이 GTI 틀 안에서 동북아 지역 간 경제협력 추진의지를 밝히고 있는 가운데, 연변대학조선한국중심과 강원도에서 오랫동안 GTI 실무경험과 노하우를 쌓아온 전홍진 교수가 노력하여 GTI 지역 간 실질적 발전방향을 제시한 것은 큰 의미가 있다고 생각합니다.

저를 비롯한 세계한인상공인총연합회원들은 GTI가 하루빨리 동북아경제통합을 선도하는 플랫폼으로 성장하여 우리 회원들이 북한을 비롯한 GTI 지역 간 경제번영을 위해 기여하는 날이 오기를 기대합니다.

끝으로 이 책이 GTI 지역 간 경제발전을 위한 소중한 자료로 활용되기를 기대하면서, 김웅 총장, 박찬규 주임, 전홍진 교수를 비롯한 관계자들께 깊은 감사를 드립니다.

2021년 10월
세계한인상공인총연합회장
GTI국제무역투자박람회 조직위원장
일본 마루한 그룹 회장
韓昌祐

안녕하십니까?

저는 김석인입니다.

유엔개발계획(UNDP)이 두만강지역개발구상을 발표한 지 30주년이 되는 뜻 깊은 해를 맞이하면서 두만강지역개발의 발원지에 소재한 연변대학에서 광역두만강협력(GTI) 30주년을 평가하고 새로운 발전방향을 제시한 『신동북아 경제협력 플랫폼 "GTI"』를 발간 한 것에 대하여 진심으로 축하드립니다.

저는 두만강지역개발계획 초기부터 훈춘시와 연변조선족자치주정부에서 두만강지역개발을 책임지고 추진하였으며 중화인민공화국 전국인민대표대회 제9기, 제11기, 제12기 대표를 역임하면서 두만강 국제협력에 진력하여 왔습니다.

1978년 12월 중국이 주도한 개혁개방 방침은 러시아, 조선의 국제합작을 촉진시켜 UNDP가 두만강지역개발을 추진하는 동력이 되었습니다.

GTI 30년을 뒤돌아보면 두만강지역의 여러 나라들은 거대한 발전을 가져왔고 두만강지역은 평화와 합작, 발전이 시대의 주류가 되어 현대화 도시, 고속철도, 고속도로, 국제통상구, 경제개발구 건설과 발전 등 다방면의 변화를 통하여 당초 UNDP가 두만강지역개발을 제안한 구상을 상당한 정도로 실현하였다고 볼 수 있습니다.

세상의 많은 일들은 단계성이 있는데 지난 30년 동안에 두만강지역 및 동북아시아 여러 나라들은 국제합작과 발전에서 많은 성과들을 취득하였다고 인정할 수 있습니다. 그러나 시대는 발전하는 것만큼 두만강 지역의 국제합작과 발전도 새로운 계단으로 추진되여야 하는데 이것이 곧 새로운 30년의 과제라고 여깁니다.

새로운 30년 기간에 두만강 지역의 여러 나라들은 지역발전의 차이점을 줄이고 발달국가의 표준에 도달하게끔 국제통상을 원활하게 하여 인적·물적 교류를 거침 없게 실현하고 국제도로와 철도를 고속화 시키며 산업현대화를 실현하여 세계경제의 또 하나의 새로운 성장점을 업그레이드함과 동시에 일대일로(一帶一路)의 새로운 출발점으로 되어 서쪽으로는 중국-러시아-몽골을 경유하여 중앙아시아와 유럽 여러 나라들과 연결시키며 동쪽으로는 중국-러시아-조선-한국-일본의 비단의 길을 활짝 열어 국제경제무역의 전면적인 합작을 실현하는 것입니다.

이 지역은 일부 국가의 투자만으로는 지역발전을 기대하기 어려운 지리학적 제한의 특수성으로 인하여 그 어느 지역보다도 다자협력의 필요성이 증대되고 있는 것입니다.

앞으로 GTI는 회원국 대표를 차관급에서 총리 또는 정상으로 격상하는 등 전면적인 혁신을 통하여 동북아경제통합의 플랫폼으로 발전시켜 나가기를 진심으로 소망하는 바입니다.

끝으로 광역두만강협력 30년을 맞이하여 소중한 책을 발간해 주신 김웅 교장, 박찬규 주임, 그리고 연구를 맡아주신 전홍진 교수께 감사의 인사와 축하를 드립니다.

2021년10월
중화인민공화국 제11기 전국인대 상무위원
김석인 박사

안녕하십니까?

포스코경영연구원 대표이사 원장 고준형입니다.

금년 10월 24일은 유엔개발계획(UNDP)이 "두만강지역개발구상"을 발표한 지 30주년이 되는 뜻 깊은 해입니다.

그간 남북한, 중국, 러시아, 몽골 5개국은 UNDP의 지원아래 동북아 최초의 다자협력체를 결성하고 두만강 지역발전과 동북아 지방정부 간 경제협력 촉진에 기여하는 등 순기능적인 역할을 해왔습니다만 재원조달, 북핵문제 등으로 인하여 큰 진전을 얻지 못했다는 평가를 받기도 합니다.

두만강지역개발에 위치한 훈춘시와 나선직할시는 유라시아와 태평양을 연결하는 교통물류의 중심지로서 한국의 북방시장 진출의 거점으로서 중요한 역할을 하고 있습니다.

경상북도 포항시는 훈춘시를 북방물류의 거점으로 삼기위하여 20여 년 전 부터 훈춘시와 우호교류협정을 체결하고 공무원 상호교류, 문화, 관광, 예술 등 다양한 방면의 교류협력을 전개해오고 있습니다.

포스코에서는 2010년 7월, 훈춘시에 대규모 국제물류단지를 조성하기 위해 지린성과 양해각서를 체결하고 훈춘포스코현대국제물류유한공사를 설립하였으며, 2015년 7월부터 영업을 시작하고 있으나 유엔의 대북제재로 인하여 사업이 활성화 되지 못하고 있는 실정입니다.

중국 지린성 정부에서는 훈춘시를 동북아 교통물류 중심으로 육성하기 위하여 2015년 9월 베이징과 훈춘 간 고속철도 연결, 2017년 9월 동북아 지역 인재양성을 위

한 연변대학 훈춘캠퍼스 개교, 2019년 2월 종합보세구지정, 2020년 5월 훈춘해양
경제발전시범구를 비준하는 등 교통 및 산업인프라 구축에 노력을 기울이고 있습니다
만 북핵 등의 문제로 인하여 기대한 만큼 성과를 거두지 못하고 있는 실정입니다.

중국정부가 훈춘시에 막대한 투자를 하고 있음에도 불구하고 기대한 만큼 성과
를 얻지 못하고 있는 것은 두만강 지역의 지정학적 특수성에 기인합니다. 이 지역
의 평화와 번영없이는 한국의 북방시장 진출에 많은 어려움이 있습니다.

최근에 한중러 3국이 GTI(광역두만강협력)를 안에서 동북아 지역 간 경제협력을
추진하기로 인식을 같이 한 것은 한국의 북방시장 진출에 큰 도움이 될 것이라 생각
합니다.

이러한 시기에 두만강지역개발 발원지 연변대학조선한국연구중심에서 광역두
만강협력(GTI) 30년을 평가하고 새로운 발전방향을 제시한 『신동북아 경제협력 플
랫폼 "GTI"』를 발간한 것은 매우 뜻 깊은 일이라 생각합니다.

아무쪼록 이 책 발간을 계기로 포스트 GTI 발전방향에 대한 심도있는 연구가
지속적으로 이어져 GTI가 동북아 경제협력의 플랫폼으로 충분한 역할을 할 수 있
기를 기대합니다.

끝으로 광역두만강협력 30년을 맞이하여 소중한 책을 발간해 주신 김웅 총장, 박
찬규 주임, 연구를 맡아 주신 전홍진 교수께 감사의 인사와 함께 축하를 드립니다.

2021년 10월
포스코경영연구원 대표이사 원장
고준형

광역두만강협력(GTI)은 유엔의 평화 프로젝트

금년 10월 24일은 유엔창립 76주년이자 광역두만강협력 30년이 되는 뜻 깊은 해이다. 유엔개발계획(UNDP)은 유엔창립 46주년 기념일인 1991년 10월 24일 뉴욕본부에서 300억 달러를 투자하여 이 지역을 동북아 교통물류의 중심과 공동경 제특구 개발, 50만 명을 수용하는 국제신도시를 건설하여 동방의 로테르담으로 발 전시키겠다는 비전을 담은 "두만강지역개발구상"을 국제사회에 발표하고 11월 1일 동북아 6개국(남북한, 중국, 러시아, 몽골, 일본) 대사들에게 사업의 취지와 내용을 설 명하고 협조를 요청했다.

UNDP는 1980년 말부터 지정학적으로 유라시아와 태평양을 연결하는 이 지 역을 다국 간 국제협력을 통해 평화와 번영의 지대로 개발하기 위해 두만강 지역에 대하여 사전조사 연구를 진행하였으나 북한의 소극적인 태도로 진전을 보지 못하고 있었다.

두만강지역개발의 전환점이 된 것은 1990년 7월 중국 창춘에서 개최된 제1회 동북아 경제발전 국제학술 세미나이다. 이 세미나에서 중국 지린성과학기술위원회 주임 딩스썽(丁士晟)이 두만강개발계획을 제안함에 따라, 국제사회의 관심을 받게 되었다.

UNDP의 노력으로 북한이 TRADP에 참여를 결정함에 따라 1991년 7월 남북 한, 중국, 러시아, 몽골이 참여하는 TRADP(두만강지역개발계획)가 탄생했다.

UNDP와 관련 당사국들은 "두만강지역개발구상"을 바탕으로

TRADP 실행계획 수립을 위해 1992년부터 여섯 차례 협상을 벌였으나 각국의 이해관계 상충과 재원조달 등의 문제로 UNDP의 공동개발방식을 비롯한 대부분 안을 철회하는 대신 두만강 접경3국이 경제특구를 자체개발하고 회원국들이 지원하는 방식에 합의함에 따라 1995년 12월 남북한, 중국, 러시아, 몽골 5개국은 두만강지역개발에 관한 협정을 체결하였다. 협정의 전문에는 "각 체결 당사국이 이 지역의 공동협력 개발에 대한 태도를 분명히 하는 것이며, UNDP가 1991년부터 TRADP를 제창하고 지원한 한 사업이 전기연구논증단계에서 본격적인 실시단계로 접어들었음을 의미한다."고 규정되어 있다. 효력발생 요건은 협정문서가 유엔사무총장에게 제출한 날부터이며, 분쟁발생 시 유엔헌장에 따르도록 규정하는 등 유엔 프로젝트임을 명백히 했다.

광역두만강협력(GTI) 평가와 과제

UNDP와 회원국들은 1996년 1월부터 TRADP를 본격적으로 추진하였지만, 구체적인 실행계획을 수립하지 않고 투자포럼, 재원조달, 일본가입 등 단기적인 성과 위주의 사업을 추진함에따라 두만강 접경 3국의 자체개발과 연계한 안정적인 협력기반을 마련하지 못함으로 인하여 TRADP에 대한 정체성이 흔들리기 시작했다.

2006년 회원국 주도의 GTI로 전환하고 6개 위원회와 4개 협력 협의체를 설립하는 등 TRADP 보다 달라진 모습을 보이고 있으나 여전히 정책네트워킹 수준에 머물러 있을 뿐 국가 간 실질적 협력체로 발전 하지 못하고 있다.

GTI가 제 역할을 하지 못함에 따라 2009년 11월 북한은 유엔안보리 제재 등을 이유로 탈퇴하였다. 만약에 두만강지역개발의 성과가 있었다면 북한이 핵을 개발하지 않았을 것이라는 게 중론이다. GTI는 북한이 국제사회로 나올 수 있는 유일한 창구임에도 불구하고 회원국들은 북한과 함께할 수 있는 프로젝트를 개발하지 못하고 있는 것이 현실이다.

GTI가 진전을 얻지 못한 원인에 대하여 구체적인 목표와 실행계획 미 수립, 재원조달의 어려움, 북핵 문제, 차관협의체로 국가 간 협력사업 추진에 한계 등 다양하게 제시하고 있다.

그러나 GTI가 성과가 없었다고 평가할 수는 없다. 그간 GTI는 UNDP와 회원국의 노력으로 다자협력체 기틀 마련, 두만강 지역의 대외개방 확대와 자체개발 의욕고취를 통한 지역개발 촉진, 초기 투자유치 붐 조성, 동북아 지방정부 간 경제교류협력 촉진, 동북아 협력 관련 각종 연구자료 축적 등을 통해 동북아 지역 간 경제협력 증진의 토대를 마련하였다.

최근 한중러 3국은 경제력이 급성장함에 따라 GTI 틀 안에서 동북아경제협력 추진에 합의하는 등 노력을 기울이고 있으나 코로나 19 등으로 인하여 진전을 보지 못하고 있다.

이처럼 UNDP와 회원국들의 노력에도 불구하고 GTI가 진전이 없는 것은 북핵문제, 지정학적 특성, GTI 틀 안에서 협력기반을 형성하지 않은 것에 기인한다고 볼 수 있다.

UNDP는 "두만강지역개발구상"에서 이 지역은 동북아 국가 간의 협력에 의해

서만 개발이 가능한 지역이며, 어느 한 국가 어느 한 지역의 개발만으로 지역개발의 효과를 기대하기 어려운 지역이라고 밝힌 바와 같이 이 지역은 다자 간 국제협력 없이는 발전을 기대할 수 없는 지역이라 할 수 있다.

동북아 교통물류의 중심이며 여전히 냉전의 유산이 서려있는 이 지역의 안정적인 다자협력체 구축없이는 유럽과 아시아·태평양을 잇는 지정학적 이점을 활용할 수 없을 뿐만 아니라 동북아경제통합을 실현하기는 더더욱 어려운 것이 현실이다.

UNDP가 "두만강지역개발구상"을 발표할 당시에는 관련 국가들이 비록 두만강 지역을 자체개발할 여력은 없었지만 국제사회에 문호를 개방하고 다자 간 국제협력을 통해 지역을 발전시키겠다는 신념과 자신감이 있었으며, 다자협력의 분위기가 가장 무르익었던 시기라고 평가받고 있다.

현재 GTI 지역은 경제적으로는 그 어느 시기보다도 UNDP가 못다 이룬 "두만강지역개발구상"의 꿈을 실행하기 가장 좋은 여건을 갖추고 있다. 한중러 3국은 막강한 경제력을 갖추고 있을 뿐만 아니라 GTI 틀 안에서 동북아경제협력을 추진할 의지도 충만해 있다. 그러나 GTI를 동북아경제협력의 플랫폼으로 활용하기 위해서는 북한의 GTI 복귀, 회원국 대표의 승격, GTI 메커니즘 혁신을 포함한 해결해야 할 과제도 만만치 않다.

포스트 GTI 모델 "아시아 소지역 다자협력"

세계적으로 국가 간 소지역 다자협력은 국가와 지방정부 간 역할분담을 통해 지역발전은 물론 지역통합에 큰 기여를 하고 있다.

아시아에는 1992년 ADB주도로 중국, 캄보디아, 라오스, 미얀마, 태국이 참여하는 "광역메콩강지역경제협력(GMS)과 2015년 창설한 회원국 주도의 "란창강-메콩강협력(LMC)", 2016년 출범한 중몽러경제회랑이 있다. GMS와 LMC는 총리회의체이며, 중몽러경제회랑은 국가 정상이 직접관리하고 있다. 이 3개 다자협력체는 모두 전면적 교류협력을 통한 지역경제통합을 목적으로 한다.

동북아 지방정부 역시 지역발전을 위하여 동북아 지방정부 지사 · 성장회의, 동북아지역자치단체연합 등 다자협력체를 결성하고 글로벌 경제시대의 주역으로 활동하고 있다. 아시아 소지역 다자협력 사례는 GTI가 나아가야 할 방향을 분명히 제시하고 있다.

신동북아 경제협력 플랫폼 "GTI"

GTI 지역은 북한 핵 등의 복잡한 문제가 얽혀 있는 곳으로 국가 정상들의 관심과 협력 없이는 이 지역의 현안문제를 해결하고 동북아 각국이 염원하는 경제통합을 이루기는 어렵다.

회원국들은 두만강지역개발의 공동협력 정신을 바탕으로 GTI가 신동북아 경제협력 플랫폼 역할을 할 수 있도록, 회원국 대표를 총리 또는 정상으로 승격 등 메커니즘 혁신, 동북아경제통합에 대비한 전면적 교류협력 시스템 구축, 구체적인 목표와 실행계획의 조기확정을 통해 바로 실행이 가능한 북방항로 활성화, 지방정부 간 경제협력 확대, 두만강자유관광무역지대 건설, GTI 핵심개발 선도구 지정 등의 프로젝트부터 점진적으로 추진해나간다면 사람과 상품이 자유롭게 이동하는 새로운 동북아 시대를 열어나갈 수 있을 것이다.

[이 책의 특징]

이 책은 유엔개발계획(UNDP)의 두만강지역개발구상 발표 30주년을 기념하기 위하여 두만강 발원지에 소재한 연변대학조선한국연구중심에서 두만강지역개발계획의 평화와 번영, 공동협력 정신을 계승 발전시키기 위해 기획했다.

이 책은 최근 한국, 중국, 러시아가 GTI 틀 안에서 동북아경제협력 추진 의지를 밝힘에 따라 포스트 GTI 발전방향을 연구하였다.

이 책은 국내외 최초로 다양한 자료 검증을 통해 광역두만강협력 30년 역사를 회고하고 과제를 도출하였다.

이 책은 연변대학의 축적된 두만강지역개발 관련자료, 한중일 문헌자료, 언론자료, 필자가 20여 년 동안 GTI 지역 간 경제교류협력 실무에 종사하면서 쌓은 노하우, 한중 양국의 전문가 및 강원도와 지린성의 GTI 및 국제교류협력 관련 공무원들의 의견 등을 참고하여 GTI 지역 간 실행 가능한 발전방향을 제시하였다.

[이 책의 구성]

이 책은 서문과 본문 3장으로 구성되었으며, 각 장마다 추진현황에 대한 간단한 코멘트를 담은 소고(小考)를 통해 추진실태를 이해할 수 있도록 하였다.

제1장은, 광역두만강협력 30년을 회고하고 과제를 도출하였다.

특히 UNDP, 관련 당사국, 하와이대 동서센터를 비롯한 동북아 전문가 그룹들이 냉전의 유산이 서려있는 이 지역을 평화와 번영의 지역으로 가꾸기 위한 노력들을 사실대로 담아내었다.

아울러 UNDP의 "두만강지역개발구상" 전문요약과 1995년 12월 두만강지역 개발에 관한 두 건의 협정과 한 건의 양해각서 원문 번역본, 당시 언론들의 기사를 종합하여 실음으로써 두만강지역개발계획에 대하여 정확히 이해할 수 있도록 하였음은 물론 다자협력의 필요성을 제기하였다.

또한 GTI가 진전이 없는 주요한 원인을 재원조달에서 찾기보다는 구체적인 목표와 실행계획 미수립, GTI와 역내 자체개발 사업 간 연계 협력기반 미구축을 꼽고 있으며, GTI의 한국어 명칭을 광역두만강협력으로 부를 것을 제기하였다.

제2장은 아시아 소지역 다자협력 사례와 시사점이다.

광역메콩강지역경제협력(GMS), 란창강~메콩강협력(LMC), 중몽러경제회랑, 지방정부 간 다자협력 사례분석을 통해 GTI에 주는 시사점을 도출하였다.

아시아 소지역 다자협력은 초기에는 교통인프라 중심에서 시간이 지날수록 지역경제통합을 위한 전면적 교류협력으로 전환하고 있으며, 특히 지방정부가 글로벌 경제시대의 주역으로 활동하고 있으므로, GTI가 동북아경제협력의 플랫폼 역할을 효율적으로 수행하기 위해서는 GTI 회원국 대표의 직급을 차관급에서 총리 또는 정상으로 승격, 국가와 지방 간 역할 분담을 포함한 GTI 메커니즘의 전면적 혁신을 통한 실질적이고 전면적인 교류협력체로의 전환 필요성을 제기하였다.

제3장은 발전방향으로써, 광역두만강협력 30년 회고와 과제, 아시아 소지역 다자협력 사례분석을 통한 GTI에 주는 시사점, GTI 지역 간 실질적 국제협력을 통하여 축적된 자료를 바탕으로 GTI를 신동북아 시대에 부응한 다자협력체로 육성 발전시키기 위한 방안을 제언하였다.

| 차례 |

제1장 광역두만강협력 30년 회고와 과제

제1장

광역두만강협력 30년
회고와 과제

1. 지리적 여건

두만강은 창바이산 천지에서 발원하여 전체 주류길이는 525km이며 중국, 북한, 러시아 3국의 국경지대를 흐른다. 중국과 북한 국경선은 510km, 북한과 러시아 국경선은 15km이다. 두만강 하구에서 직선거리로 15km를 거슬러 올라가면 중국 훈춘이다. 배후지역으로는 중국의 동북, 몽골, 러시아 극동·시베리아가 있다. 두만강은 중국 연변조선족자치주의 허룽(和龍), 롱징(龍井), 투먼(圖門), 훈춘(琿春) 등 4개 지역과 북한 양강도, 청진시, 나선특별시, 회령군, 온성군, 새별군, 무산군, 러시아 하산구를 경유하여 동해로 흘러 들어간다.[1]

중북러 3국에 위치한 두만강 유역 (지린성)

두만강 지역의 독특한 지리적 우월성은 다음과 같다.

첫째, 동북아의 중심지역에 있으며, 동해의 해상운송, 육상운송, 항공운송의 거점지역이라고 할 수 있다. 두만강 하구에서 동해의 주요 항까지 최단거리는 북한

---

1 중국 바이두(百度), 图们江.(검색일 : 2021. 1. 20)

의 나진항 40km, 청진항 80km이며, 러시아 자루비노항 60km, 블라디보스토크항 160km이고, 일본 니가타항 800km, 한국 속초항 595km, 부산항 750km이다. 이외에 두만강 입구에서 동해와 일본 쓰가루해협을 경유하여 태평양 항로를 이용할 수 있으며 항로는 8,400km이다. 이 뿐 만아니라 두만강 지역은 새로운 유라시아 랜드브리지 동쪽의 새로운 시발점이 될 수 있다[2]

둘째, 교통물류의 중심이다. 북한의 나진·선봉·청진, 러시아 하산구의 자루비노항이 동해에 인접하고 있으며, 현재 근대적 항만으로 개발되고 있다. 특히 TKR(한반도종단철도)와 TSR(시베리아횡단철도), TMR(만주횡단철도), TMGR(몽골횡단철도), TCR(중국횡단철도) 연결 시 육해복합운송을 통한 유럽과 아시아·태평양을 연결하는최적지로서 주목을 받고 있다.

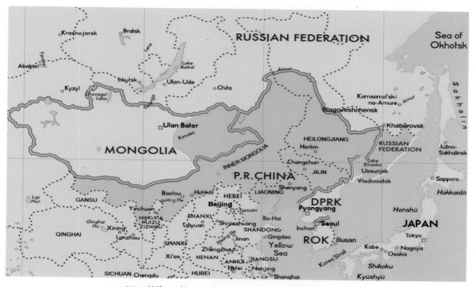

GTI 지역(http://www.tumenprogram.org/?list-1526.html)

---

2 미국 샌프란시스코항까지 8,430km 이고 중국의 上海나 天津에서 출발하는 것보다 1,000·2,000km 가깝다. 영국 런던항까지는 1만 3,560km이며 廣州에서 출발하는 것보다 5,000km 가깝다. 심의섭·이광훈(2001), 두만강 개발 10년의 평가와 전망 (KIEP) p.15~17.

2. 추진배경

가. 중국 두만강 출해권 회복

두만강지역개발의 출발점이 된 두만강은 현재 두만강을 둘러싸고 있는 국가 간의 이해관계만큼 복잡했다. 천여 년 전 만 해도 두만강은 중국 훈춘에서 동해로 나가는 해상 실크로드였다. 1860년 중러(舊소련) "베이징조약"[3] 체결로 러시아의 영토가 되었으나, 조약내용에는 중국의 두만강 출해권이 보장되어 있었다. 따라서 당시 두만강 지역의 주민들은 두만강과 러시아 연해주 인근의 동해바다에서 고기잡이와 염전을 가꾸며 생활했었다.

그러나 1938년 일본이 러시아(舊소련)와 장구펑(张鼓峰) 전투에서 패배한 후 두만강 하구를 봉쇄함에 따라 중국의 두만강 출해권도 정지되었다.

제2차 세계대전 후 중국은 두만강 출해권을 회복하였으나, 중국 중앙정부가 난징에 있어 출해권 회복을 제대로 행사하지 못했다. 1949년 신중국 성립이후에는 미국이 연해 항구를 봉쇄하였기 때문에 두만강 출해권 회복은 현실적으로 가치가 없었다.

1964년에 이르러, 중국은 러시아(舊소련)에 정식으로 두만강 출해권 회복을 제의하였으나, 중국과 러시아(舊소련) 관계 악화로 두만강 출해권 문제는 여전히 해결되지 않았다.

두만강 출해권 회복이 재 점화되기 시작한 것은

1978년 12월 중국이 개혁개방을 기본국책으로 채택한 이후, 동부 연해지역을 중심으로 추진해 온 개혁개방 정책을 내륙지역으로 확대 추진함에 따라, 내륙지역에 위치한 지린성(吉林省)을 비롯한 동북지역의 지방정부에서는 대외개방을 통한 무

---

3 이 조약으로 우수리강 동쪽 바다(사할린 및 블라디보스토크 포함)에 이르는 40만㎢를 러시아에 넘겨줌에 따라 중국 동북지역이 동해로 나가는 출구를 잃었다. 바이두(百度)(검색일:2012. 1. 20)

역 · 투자 활성화 정책을 적극 추진하기 시작했다.

1984년 지린성(吉林省) 전문가들이 대외개방 전략을 논의하는 과정에서 두만강 출해권 회복을 제기함에 따라, 지린성(吉林省)에서는 1985년 두만강 출해권 전문연구팀을 설립하고, 1986년 두만강 출해권 연구를 완료했다.

같은 해 12월 중국 국무원발전연구센터 주관으로 창춘(长春)에서 두만강 지역발전세미나 개최를 계기로 국가적인 차원에서 두만강 지역발전과 두만강 출해권 회복이 추진되기 시작했다.

1988년 중국 외교부는 러시아(舊소련)와 북한에 두만강 출해권 회복 문제를 공식적으로 제안하여 합의를 끌어내고, 1991년 5월 양국 외교부장관이 두만강 출해권 회복에 관한 조약에 서명함으로써 두만강 출해권 회복이 실현되었다.

지린성(吉林省)은 두만강 출해권 회복 추진과 함께 1988년 훈춘(琿春)에 성(省)급 개발구[4]를 비준하고, 1990년 훈춘개발계획을 수립 추진하였다.

중국은 1991년 훈춘을 갑급 개방도시로 지정하고 1992년 변경 경제합작구를 설립하는 등 두만강지역개발을 국가차원에서 추진 하기 시작했다.

북한은 1989년 2월 김일성 주석이 선봉에 자유경제무역지대 건설 구상을 제시함에 따라, 내부적으로 자유경제무역지대 건립을 추진하는 한편 1991년 11월 18일부터 22일까지 오스트리아의 빈에서 개최된 제4차 유엔공업개발기구(UNIDO)[5] 총회에서 UNIDO를 포함한 각종 국제기구와 금융기관에 적극적인 투자협조를 요청했다.[6] 그리고 1991년 12월 28일 북한 정무원결정 제74호로 "나진 · 선봉자유경제 무역 지대"를 선포하고 나진항, 선봉항, 청진항을 자유 무역항으로 지정했다.

러시아(舊소련)는 1987년 극동 · 바이칼 지역 사회경제발전 프로그램에 의거 하

---

4 성(省)은 한국의 광역자치단체에 해당하며, 행정수반은 성장(省長, 장관급)이다. 개발구, 합작구 등은 한국의 산업단지에 해당된다.

5 UNIDO (유엔공업개발기구)는 1967년 유엔총회 직속기구로 발족되었다. 체제전환기 국가들의 지속적인 공업개발을 위한 해결책을 제공함으로써 인류의 생활수준을 향상시키고 번영을 증진함을 목적으로 한다.

6 https://m.yna.co.kr/view/AKR19911126002100001?section=/index. 북한 선봉지구개발 국제협조요청

산구 지역을 자원개발 지구로 지정하는 등 두만강 지역에 대한 관심이 높아지기 시작했다.

나. 두만강 지역 국제사회 주목

20세기 말 국제화, 개방화, 지역주의(regionalism) 바람이 불면서 두만강 지역에 변화의 큰 바람이 불기 시작했다.

중국은 1978년 12월 제창한 개혁개방 정책의 성공을 바탕으로 내륙지역의 오지라 불리 우는 국경지역을 대외개방의 관문으로 활용하기 위해 변경개방도시로 지정하는 등 변경지역 발전정책을 추진하면서 부터 두만강 접경국가들이 경쟁적으로 이 지역을 대외에 개방하고 외국자본 유치에 나서기 시작했다.

동북아 국가 간 교류협력이 탄력을 받기 시작한 것은, 한국정부가 1980년대 말부터 북방정책을 추진하기 시작하면서부터라 할 수 있다. 한국은 당시 대표적인 사회주의 국가인 북방지역과 경제협력 확대를 위하여 1990년 몽골(3월) · 러시아(舊소련, 9월), 1992년 8월 중국과 수교를 맺음으로써 동북아 국가 간 경제교류 협력의 기반을 마련하였다.

일본 역시 환동해(일본해)경제권[7] 전략을 추진하는 등 동북아 지역은 개방과 협력의 분위기가 무르익어 가고 있었다.

특히 1991년 9월 18일 유엔본부에서 열린 제46차 유엔총회에서 남북한 유엔 동시가입을 승인함에 따라 남북이 함께 두만강지역개발에 참여할 수 있는 분위기가 조성되었다.

이처럼 동북아 국가 간 경제교류 협력의 기반이 마련됨에 따라, 중국 아태연구

---

7 일본학자는 환일본해경제권 혹은 동북아경제권이라한다. 한국에서는 환동해경제권이라 부른다. 1968년 일본에서 처음 제기하였으며,일본은 1986년 일본경제연구회, 1993년에는 ERINA를 설립했다. 이 지역은 협의로는 한국의 동해안, 북한의 함경북도 중국의 지린성 및 헤이룽장성, 일본 14개 연안부현, 러시아 연해주, 광의로는 한국·북한·일본·중국 동북3성, 몽골 및 러시아 극동지역으로 전체 동북아 지역을 가리킨다. 高宇轩·刘亚政：环日本海经济圈与中国东北振兴,2019年8月总第305期第8期.

회(API), 한국과 일본의 동북아 관련 학회, 미국 하와이대 동서센터(EWC)[8]를 비롯한 국내외 연구기관과 UNDP 등 국제기구가 중심이 되어, 중국 창춘·하얼빈, 북한 평양, 러시아 블라디보스토크, 몽골 울란바토르, 한국 서울, 일본 니가타 등에서 동북아경제협력과 두만강지역개발에 관한 국제학술회의를 개최함에 따라 동북아의 중심에 있는 두만강 지역에 대한 국제사회의 관심이 높아졌다.

특히 UNDP, UNIDO를 비롯한 유엔산하기구와 아시아개발은행(ADB) 등 국제금융기구는 두만강 지역의 특수한 지정학적 여건에 주목하고 다양한 협력사업을 모색하기 시작했다.

UNIDO는 러시아 대블라디보스토크계획 수립에 참여하였으며, UNDP는 1979년 북한에 대표부를 개설하고 1986년부터 1991년까지 나진·선봉지역에 1천7백만 달러를 투입하는 등 개발원조사업을 활발히 진행하고 있었다.

UNDP는 북한 개발원조 사업을 진행 하면서, 냉전의 유산이 서려있는 두만강 지역은 어느 한 나라 한 지역의 개발만으로 지역 발전의 성과를 얻기 어렵다는 것을 인식하고 다국 간 국제협력으로 두만강지역개발을 추진하기 위한 선행연구를 시작함으로써 이 지역 개발에 대한 불씨를 지폈다.[9]

---

8 미국 하와이대 동서센터가 두만강지역개발과 동북아 지역 협력을 위한 각종 학술회의를 주도적으로 추진하게 된 배경에는 당시 하와이대 동서센터 한국인 조이제 교수의 역할이 컸다. 조이제 교수는 UNDP와 협력하여 두만강지역의 국제협력개발 필요성을 국제사회에 홍보하는 데 기여했을 뿐만 아니라, 한중 수교의 막후 역할을 하는 등 동북아 지역 협력 증진과 한중 수교에 노력한 공로를 인정받아 1992년 10월 한국 정부로부터 국민훈장 무궁화장(1등급)을 받았다. https://m.yna.co.kr/view/ AKR2020110104 6751011. 한중 수교 가교 조이제 박사.

9 https://m.yna.co.kr/view/AKR19910719000100005?section=/index.두만강하구 南北韓.中.蘇 공동개발

3. 광역두만강협력 흐름

광역두만강협력과 관련하여 출범시기, 발전단계 등에 대하여 학자들마다 제각기 다르게 언급하는 사례가 많다. 본고에서는 GTI 사무국 홈페이지에 게재한 두만강협력 역사와 제2차동북아 소지역개발 조정관회의 합의사항을 기준으로 두만강지역개발계획을 UNDP의 동북아 지역협력 프로그램 확정, 두만강지역개발계획(TRADP: Tumen River Area Development Programme), 광역두만강협력(GTI:Greater Tumen Initiative) 등 3단계로 구분하여 기술한다.[10]

가. UNDP 동북아 지역협력 프로그램 확정

1990년 7월 중국 창춘에서 열린 "제1회 동북아 경제발전 국제학술 세미나"에서 중국 지린성 정부가 제안한 두만강지역개발계획을 1991년 7월 몽골 울란바토르에서 열린 UNDP 주관 제1차 동북아 소지역개발 조정관회의에서 UNDP 동북아 지역협력 프로그램으로 확정하고, 1991년 10월 북한 평양에서 열린 제2차 동북아 소지역개발 조정관회의에서 관련 당사국이 TRADP 실행계획 수립을 위한 두만강지역개발 계획관리위원회(PMC) 구성과 추진 일정 등에 합의하였다.

GTI 사무국은 두만강지역개발계획을 UNDP 동북아 지역협력 프로그램으로 확정하고 관련 당사국이 참여를 결정한 시기를 TRADP에 포함 시킨다. 그러나 일부 국가와 국내외 학자들은 1992년 PMC 활동시점을 TRADP 추진기간으로 기술하기도 한다.

---

10 http://www.tumenprogram.org/?list-1526.html, History,(검색일:2021. 5. 20)

나. 두만강지역개발계획(TRADP)

TRADP는 2단계로 나눌 수 있다.

제1단계는 UNDP와 관련 당사국이 1992년 1월부터 여섯 차례 PMC 회의를 거쳐 1995년 12월, 중국 · 남북한 · 러시아 · 몽골 5개국이 두만강지역개발을 위한 두 건의 협정과 한 건의 양해각서에 서명함으로써 TRADP 실행을 위한 정부 간 협력의 기틀을 마련하였다.

제2단계는 1996년 1월부터 UNDP 주도로 TRADP 실행계획을 추진한 2005년까지이다.

다. 광역두만강협력(GTI)

UNDP 주도의 TRADP를 회원국 주도의 GTI체제로 전환한 2006년 1월부터 현재까지이다. GTI는 지역적 범위를 두만강 지역에서 중국 동북 3성과 네이멍구, 북한 나선경제무역지대, 몽골 동부 지역, 한국 동해안지역(강원, 경북, 울산, 부산), 러시아 연해주 등 동북아 지역으로 확대하고 교통, 에너지, 관광, 무역 · 투자, 환경을 우선협력분야로 추진하고 있으며, 지방정부 및 민간 참여를 확대하였다.

광역두만강협력의 공식명칭은 "Greater Tumen Initiative"이다. 중국은 TRADP와 GTI를 통합하여 광역투먼이니셔티브(大图们倡议)라 부르고 있으며, 한국은 광역두만강개발계획 또는 광역두만개발계획이라 부르고 있으나 공식 언어인 영문 명칭과 부합되지 않을뿐더러 시대적 흐름에 적합한 표현은 아니다.

GTI는 지역적 범위를 두만강 지역에서 동북아 일부지역으로 확대하고 회원국 주도의 협력체로 운영한다는 의미가 담겨있다. 본고에서는 두만강지역개발계획의 공동협력 정신과 시대적 흐름을 반영하여 광역두만강협력(GTI)으로 표기한다.

4. UNDP 동북아 지역협력 프로그램 확정

가. UNDP와 동북아 경제발전 국제학술 세미나

UNDP와 TRADP 탄생은 불가분의 관계에 있다. 1965년 11월 유엔총회 결의로 설립된 UNDP는 유엔헌장 정신에 입각한 개발도상국의 경제적·정치적 자립과 경제·사회발전 달성을 목표로 개발도상국의 개발목표에 일치하는 원조를 체계적이고 지속적으로 제공함으로써 개발도상국의 경제·사회개발을 촉진·지원하는 것을 목적으로 한다.

당시 UNDP는 동북아 지역의 개발원조 사업을 통해 동북아 각국으로부터 신뢰를 한 몸에 받고 있었다. UNDP는 당시 세계에서 대표적 낙후국가로 꼽히는 동북아 각국에 대표부를 설치하고 각종 원조개발 사업을 추진하여 일정한 성과를 거두고 있었다. 특히, 한국은 1970년대와 1980년대에 UNDP로부터 자금지원을 받은 대표적인 수혜국가 중의 하나였다.

이와 같은 시기에 1990년 7월 16일부터 20일까지 중국 창춘에서, 중국 아태연구회(API), 미국 하이와대 동서센터(EWC), UNDP가 공동 주최하고, 지린성 과학기술위원회가 주관한 "제1회 동북아 경제발전 국제학술 세미나가 중국 송젠(宋健)국무위원, 왕중위(王忠禹) 지린성장을 비롯하여 북한, 한국, 몽골, 러시아(舊소련), 일본, 미국의 대표와 전문가 등 80여명이 참석한 가운데 "두만강지역개발과 동북아 지역 경제협력이라"는 주제를 갖고 열띤 토론을 통해 두만강지역개발 방안을 제시하였다. [11]

이 세미나에서 지린성 과학기술위원회 주임 딩스썽(丁士晟)이 《동북아 미래 금삼각─두만강 삼각주(东北亚未来金三角─图们江三角洲)》를 발표하여 참석자들로 부터 큰

---

11 丁东士北晟亚,"联合国开发计划署图们江地区开发项目述评(东北亚论坛1992年第1期),(农金纵横) 1994年第3期,"东北亚"的眼睛终于睁开了.

호응을 받았다.

딩스썽(丁士晟) **주임의 주요 발표내용을 정리하면 다음과 같다.**

- 두만강 지역은 인구가 적고 경제가 발달하지 않았지만, 중국, 러시아(舊소련), 북한 접경 3국에 위치한 지리적 중심
- 중국, 러시아(舊소련), 북한은 이미 이 지역에 특구, 개방지역 및 자유무역지대를 건립하였거나 추진 중임
- 두만강 지역은 해운항로를 통해 동북아 및 세계 각국으로 진출입 가능
- 중국 동북, 러시아 극동, 한국 등 배후 지역의 인구가 많음
- 두만강 접경 3국의 철도망이 기본적으로 구축되어 있음
- 중국의 새로운 항구 개발 계획 등이다.

딩스썽(丁士晟)주임은 두만강 지역의 지리적 이점과 두만강 접경 3국의 지역개발 의지로 두만강 지역은 동북아의 황금의 삼각지가 될 수 있는 조건을 갖추었으므로, 머지않은 장래에 이 지역의 경제가 비약적으로 발전할 것이라 주장했다.

또한 당시 세미나에 참석한 세계적 석학들이 세계경제의 중심이 대서양에서 태평양으로 이동하고 있으며, 태평양 경제가 도약하여 큰 발전을 모색할 때 여러 국가 모일 수 있는 두만강 삼각주가 태평양 발전의 중심이 될 것이라고 발표했다.

이 세미나에 참석한 UNDP와 각국의 대표, 전문가들은 아래와 같이 두만강 지역이 동북아에서 국제협력을 통해 개발이 필요한 지역이라는 데 인식을 같이했다.

- 이 지역은 역내 및 국제교통운송을 발전시키는 지리적 이점을 갖고 있으며, 환동해 연안국의 발전에 유리할 뿐만 아니라 내륙 국가인 몽골에도 장점이 있음
- 이 지역 국가는 자연자원, 노동력과 산업구조는 상호보완성을 갖추고 있음
- 중국, 러시아(舊소련), 북한 3국 모두 두만강 지역의 국제협력을 통해 경제발전을 가속화할 수 있음
- 주변국가 특히 일본, 한국은 이 지역의 국제무역과 투자를 촉진시키는 것에

대해 큰 관심을 갖고 있음

딩스썽(丁士晟) 주임을 비롯한 전문가들의 발표와 토론은 UNDP를 비롯한 각국에서 참가한 대표와 전문가들로부터 깊은 관심을 받았으며, UNDP가 두만강지역개발을 공식적으로 추진하는 계기를 만들어 주었음은 물론, "두만강지역개발구상"의 토대가 되었다고 할 수 있다.

창춘 국제학술 세미나 종료 후 며칠이 안되어, UNDP 중국 주재 수석대표 D.모리 박사는 지린성 정부를 재차 방문하여 두만강지역개발 방안에 대하여 딩스썽 주임 등 전문가들과 심도있는 토론회를 개최한 후 두만강지역개발계획을 UNDP 동북아 지역협력 프로그램에 포함시키겠다는 의사를 표명하였다. D.모리 박사의 노력으로 두만강지역개발계획은 UNDP와 동북아 각국의 주목을 받게 되었다.[12]

나. 제1차 동북아 소지역개발 조정관회의

UNDP 동북아 주재 각국 대표는 "제1회 동북아 경제발전 국제학술 세미나"에서 지린성 정부가 제안한 "두만강지역개발계획이 동북아 지역의 번영과 평화를 위한 중요한 프로그램이라는 데 인식을 같이하고 1991년 3월 UNDP 동북아 지역협력 프로그램으로 선정하기로 하였다.

1991년 7월 6일부터 7일까지 몽골 울란바토르에서 UNDP 주관으로 UNDP 본부 및 동북아 각국 주재 대표, 한국 권갑택 과학기술처 기술국장 · 김윤관 경제기획원 북방경제협력실장, 북한 한태혁 국제기구협력국장, 중국 · 몽골의 관련 담당 국장 등이 참석한 가운데 동북아 지역협력 프로그램(1992~1996년) 지원을 위한 제1차 동북아 소지역 개발 조정관회의를 개최하고 △온대 식용작물 개발 △지역의 공

---

12 丁士晟, 联合国开发计划署图们江地区开发项目述评(东北亚论坛1992年第1期), p.55.

기오염과 에너지 이용에 관한 평가대책 및 관리 △ 농촌 에너지 및 재생 에너지프로젝트 적용 △ 두만강 유역의 무역과 투자 촉진(이하 "두만강지역개발계획") 등 4개의 우선 개발프로그램으로 선정했다.

UNDP는 두만강지역개발계획을 지역협력 프로그램으로 선정한 배경에 대하여 "두만강 지역은 경제적 보완성으로 국제교역을 확대하는 데 있어서 전망이 밝고, 공업·철도·항만·도로·통신 방면의 투자기회 증가로 고용과 수익을 크게 증가시킬 수 있다."고 밝혔다.

회의에서 UNDP는 두만강지역개발계획을 추진하기 위해 두만강 지역 현지 조사연구팀을 구성, 두만강 지역을 조사연구한 뒤 1991년 10월 평양에서 열리는 제2차 동북아 소지역 개발 조정관회의에 보고서를 제출하기로 했다.

두만강지역개발계획이 합의를 도출하기까지는 UNDP의 노력이 컸다. UNDP는 1980년대 말부터 1970년대 메콩강지역개발을 모델로 한 두만강지역개발계획을 중국 주재 수석대표 로이 D.모리 박사에 의해 추진되었으나, 북한의 소극적인 태도로 성사되지 못했다.

그동안 두만강지역개발계획에 부정적인 입장을 보였던 북한은 1991년 2월 중국 창춘에서 열린「동북아 경제협력과 한반도 학술세미나」에서 한국 학자들과 만나 두만강지역개발에 참여할 수 있다는 입장을 처음으로 나타냈었다.

UNDP는 몽골 울란바토르 회의를 앞두고 허버트 버스톡 뉴욕본부 아태지역 동아시아국장(울란바토르회의 의장), 한국대표부 큐지트, 북한 대표부 킨쳐 및 중국 대표부 D.모리박사 등을 회의에 참석시키는 등 북한의 참여를 끌어내기 위한 전방위적인 노력을 기울였던 것으로 알려졌다.

북한은 UNDP 국제개발계획이라는 단서를 붙이는 조건으로 한국이 참여하는 두만강지역개발계획에 동의함으로써 두만강지역개발계획의 첫걸음을 떼게 되었

다.[13]

제2차 회의는 북한의 강력한 요청에 의해 평양에서 개최하기 결정했다. 당시 언론의 기사내용을 보면 북한의 두만강지역개발과 대외개방 의지, UNDP의 구상을 읽을 수 있다. 당시 언론 보도의 내용을 정리하면 다음과 같다.

《북한, 제2차 두만강개발 사업회의 평양개최 요청》

이 번 평양에서 개최되는 회의는 북한의 강력한 요청에 의해 성사되었다. UNDP 동북아국장 허버트 버스톡은 이번 평양 회담은 지난 달 몽골회의에 참석한 북한의 한태혁 국제기구협력국장 등이 개최 의사를 표명한데 이어 자신이 지난 달 평양을 방문했을 때 면담했던 북한의 김달현 제 1부총리가 강력히 희망해 옴으로써 이루게 됐다고 말하고 북한 측은 한국정부 관계자의 초청도 약속했다고 밝혔다.

버스톡 국장은 또 평양방문 당시 만났던 김달현 부총리는 두만강개발계획이 가능한 한 빨리 착수되길 희망했으며 현재 남북한 간의 정부 또는 민간차원의 협조와 투자문제가 깊이 있게 협의되고 있음을 밝혔다고 전하고 이 계획이 본격화 될 경우 하상준설 프로젝트에 경험이 많은 현대 등 국내기업들도 대거 참여하게 될 것이라고 밝혔다.

결국 UN동시가입 이후 더욱 두드러지게 조성되고 있는 남북한 간의 협력무드는 사실상 두만강을 동북아 경제의 새로운 중심지이자 남북관계에 신기원을 열게 할 지역으로 자리매김할 것으로 기대하고 있다.

몽골회의에서 의장을 맡았던 UNDP의 허버트 버스톡 국장은 두만강자유무역지대가 북한의 나진항과 웅기, 경원과 두만강 하구를 잇는 이른바 황금의 삼각지대에 건설될 것이라고 밝혔다.

UNDP는 이 지역에 대규모 공업단지를 건설하고 북한과 중국, 소련을 잇는 철

---

13 https://m.yna.co.kr/view/AKR19910719000100005?section=/index.두만강하구 南北韓.中.蘇 공동개발
(검색일:2021.3.2)

도를 부설하며 항만시설과 도로망, 전기통신 설비 등을 갖추도록 할 계획이다.

보스톡 국장은 내년부터 오는 96년까지 진행될 두만강 개발 5개년 계획에는 모두 32억 달러의 경비가 소요될 것이며 한국과 일본 미국 등의 대기업들이 참여하게 될 것이라고 말했다.

UNDP는 두만강개발계획의 본격적인 추진을 위해 남북한과 중국 소련 등 7개 국으로 구성된 기술 실무진이 다음달 5일 두만강 하류지역에서 현지조사연구를 진행한다. UNDP는 이어 다음달 18일에 평양에서 24일에 서울에서 차례로 실무회의를 열고 기술적인 검토를 마친 뒤 오는 10월 평양에서 열리는 정부 간 회의에서 두만강개발계획을 확정지을 예정이다.[14]

다. 두만강 지역 현지조사연구 실시

UNDP 동아시아 태평양지부는 두만강 지역 현지조사연구를 위해 각 분야별 전문가로 두만강 지역 현지조사연구팀(이하 "조사연구팀")을 조직했다. 조사연구팀은 Miller(캐나다계 러시아인, 하천유역 개발·관리, 경제 전문가), A. Holm(미국계 덴마크인, 항만 전문가, 세계 여러 개 항구에 참여 및 설계), T. Kelleher (미국인, 경제특구 전문가) 3명이며, 팀장은 Miller가 맡았다.[15]

조사연구팀은 1991년 8월 20일부터 9월 21일까지 두만강 지역에 대한 현지조사연구를 실시하고, 두만강 지역 현지조사연구 결과를 1991년 10월 16일~18일 평양에서 열리는 제2차 동북아 소지역개발 조정관회의에 보고하기로 했다.

조사연구팀은 두만강 지역 현지조사연구 기간에 창춘에서 열린 제2회 동북아 경제발전 국제학술 세미나(1991년 8월 29~31일)에 참석했다. 세미나 기간 중에 회의에 참석한 일본·한국·몽골·북한의 정부대표와 광범위한 의견을 교환했으며,

---

14 https://imnews.imbc.com/replay/1991/nwdesk/article/1850693_30445.html, 「제2차 두만강 개발 사업회의」

15 UNDP는 80년대말 350만달러(핀란드 100만달러 지원)를 투입하여 사전 가능성 논증을 실시했으므로 현지 조사연구 기간을 단축할 수 있었다. 张景安, 2015年, "图们经合作二十年", 社会科学文献出版社.

두만강 지역 현지조사연구 기간에는 중국 · 러시아 · 북한 3국의 고위 지방인사 및 전문가들과 두만강 지역의 개발 관련 의견수렴을 했다.

조사연구팀은 현지조사연구, 관련 당사국 정부 및 전문가 의견 수렴을 바탕으로 25,000자의 두만강지역개발 현지조사연구보고서(이하 "두만강지역개발구상")를 완료했다.

라. 제2차 동북아 소지역개발 조정관회의

UNDP는 1991년 10월16부터 18일까지 평양에서 열린 제2차 동북아 소지역개발 조정관회의에서 UNDP의 "두만강지역개발구상"을 토대로 두만강지역개발계획 실행방안에 관한 논의를 했다.

회의는 UNDP 사무총장 보좌관 겸 아시아 · 태평양 국장인 신거(辛格)가 주재하고, 중 · 남북한 · 몽에서 각 3명, 일본 · 러시아(옵서버), UNDP의 동북아 주재 각국 대표들이 참석했다.

참가국들은 두만강지역개발계획을 2단계로 나누어 ▲향후 18개월(1992.1~1993.6)간의 제1단계에서는 두만강지역개발사업의 개념, 방식, 추진기구 및 운영체제 등에 관한 기초조사를 통해 각국의 정책결정을 지원토록 하고 ▲제2단계에서는 국제협정을 통해 무역, 투자촉진, 통신 및 정보교환, 인력개발 등 사업효과의 극대화를 위한 상호 협력증진을 도모키로 했다.[16]

이를 위해 참가국들이 각각 3명씩의 정부관리(대표:차관)를 지정[17], 연내에 두만강지역개발 계획관리위원회(PMC:Programme Management Committee)를 구성하고 이 위원회 산하에 ▲관련제도 · 법률 · 금융 ▲경제성 분석 ▲기술적 타당성 분석 등을 담당할 3개 실무작업반을 구성키로 했다.

---

16 金圭倫, 1993, "豆滿江地域開發과 東北亞 經濟協力"統一研究論叢. p.3 인용정리

17 PMC 대표의 직급에 대하여 중국과 일본학자들은 차관급, 한국은 국장급으로 달리표기하고 있으며, 회의는 주로 국장급이 참석하였다.

그리고 1992년 1월, PMC 제1차 회의를 개최하여 위원회의 조직운영 및 활동계획을 승인하고 두만강지역개발계획 제1단계 시행을 위한 UNDP 기술협력 문서를 검토 · 승인키로 했다.

참가국들은 이어 1992년 7월과 1993년 1월에 2, 3차 PMC회의를 열고 실무작업반 별로 작성된 중간보고서를 검토, 향후 작업방향을 결정하는 한편 오는 1993년 7월에는 관련 당사국 간의 '고위정부관계관회의'를 개최, 실무작업반이 제출한 보고서를 토대로 두만강지역개발계획의 추진방향 등을 확정키로 했다.

회의에서 UNDP는 관련 국가들에게 △두만강지역개발계획 사업의 방침과 패러다임, 기구 프레임과 시행에 관하여 참여국가 간 원활한 협의 달성 △두만강지역개발계획 사업과 관련하여 지역의 최대 이익을 도모할 수 있도록 해당 국가에서 무역 · 투자 · 운송 등에 대한 정보교환, 용역 및 기타 방면에서 협조해 줄 것을 당부했다.

당시 관련국별 장단점과 각국의 개발에 대한 동향은 다음과 같다.

▣ 관련국별 장단점

일본은 자본과 기술, 우수 장비 공급의 신축성, 관리경험 등이 풍부한게 장점으로 꼽히나 에너지 산업자원, 곡물 및 농산물, 노동력 등이 부족하다.

러시아는 삼림, 비철금속, 수자원, 석유, 가스, 석탄, 중화학제품이 넉넉한 대신 농산물, 경공업제품, 자본, 산업장비 등이 모자란다.

중국은 농산물, 섬유류, 석유, 석탄, 건축자재, 한약재, 노동력 등은 풍부하나 자본, 장비 및 기술, 관리경험 등이 미숙하다.

북한은 광물자원, 수자원, 노동력은 넘치나 자본 및 경공업 제품이 부족하고 장비와 기술수준이 매우 뒤떨어진다.

한국은 자본이 풍부하고 기술 및 장비 공급이 가능하나 에너지 산업자원과 곡물 및 노동력이 부족하다.

몽골은 축산제품 및 광물자원은 풍부하나 동북아 국가와의 교통부재, 자원 및 기술장비, 농산물, 경공업제품이 부족한게 단점이다.

■ 관련국 입장

《중국》

두만강지역개발을 통해 동해 출구를 마련하려는데 목적이 있는 중국은 지린성 지역과 북한(北韓)의 양강도 및 함경북도, 러시아의 포시에트, 자루비노 등 3개국 접경지역의 공동개발을 원하고 있다.

《북한》

북한이 UNDP에 제출한 보고서에 따르면 북한은 1988년부터 경제무역지대 조성을 논의해 왔으며, 처음에는 청진~나진 사이에 경제무역지대를 건설할 예정이었다. 두만강지역개발 사업이 국제적 관심을 끌면서 북한의 경제무역지대는 나진에서 웅기사이로 옮겨졌다. UNDP가 두만강지역개발 사업을 최우선 항목으로 선정하자 경제무역지대를 두만강 하구 웅기로 옮겨 UNDP의 지원을 얻으려 했다.

건설계획은 물동량 1억 톤, 인구 백만 명에 달하는 항구 도시이다. 중국이 두만강에 항구를 건설하고 수로를 준설하는 것은 기술적으로 불가능하며 경제적으로 부적절하며 겨울에 얼음이 얼기 때문에 중국이 북한의 항구를 이용하는 것이 가장 경제적이고 적합하다고 밝혔다.[18]

《러시아》

러시아의 시베리아와 연해주는 세계 최대 자원의 보고(寶庫) 중 하나이다. 시베리아 철도와 바이칼아무르철도[19], 블라디보스토크항과 나홋카항은 유라시아 대륙을

---

18 중국은 팡촨항 건설을 추진했으나 수로 준설에 막대한 비용이 들어가고, 경제성이 없어 건설을 포기했다.

19 러시아가 1984년에 철로 부설을 완료한 철도로 길이 3,200km이며 제2시베리아 철도라고도 한다. 우스티쿠트를 기점으로 바이칼호(湖) 북쪽을 지나, 니지네앙가르스크·차라·틴다를 경유해서 아무르강(江) 연변인 콤소몰스크에 이르는 대(大)간선철도이며 틴다로부터 지선을 연장시킴으로써 제1시베리아 철도와 연결된다.네이버지식백과(검색일:2021.3.2)

잇는 육해복합운송 체계를 갖추고 있다. 이런 유리한 조건들은 일본과 한국을 끌어들이는 강한 흡인력이 될 수 있다.

일본과 한국의 자금과 기술도입을 위해서는 러시아 극동지역은 일본, 러시아, 한국 간 국제협력 체계를 구축하는 것이 중요하며, 블라디보스토크를 환동해 지역의 상하이로 건설하고 이 지역을 교통허브와 경제중심의 국제도시로 만들어야한다.

1988년 고르바초프가 극동을 시찰할 때 두만강 하산지역에 특구를 만들자고 제안했지만 3년이 지나도록 큰 진전이 없다. 연해주 지역은 두만강지역개발에 큰 관심을 보이지 않고 있으며, 블라디보스토크와 나홋카를 국제협력을 통해 발전시키길 희망하고 있다.

《몽골》

몽골은 두만강을 통해 일본으로 진출하기를 희망한다. 이 통로는 국제사회의 지름길로 통하고 있기 때문에 두만강지역개발 지원 프로젝트이다.

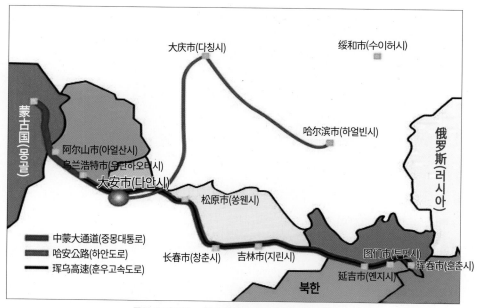

몽골 초이발산~ 중국 아얼산 철도 구상도(바이두)

《한국과 일본》

시장개척을 위해 환동해 지역에서 유라시아 대륙으로 진출을 희망하고 있으며, 일본, 한국 모두 두만강지역개발을 지지하고 아주 큰 열정을 갖고 이 지역에 투자를 원한다.

UNDP의 두만강지역개발 관련국가 동향보고서에도 나타났듯이 두만강 지역의 중국, 러시아, 북한은 특구를 건설하는 등 지역발전계획을 수립 추진 중에 있었으며, 한국의 남북경협 확대, 일본의 환동해경제권 진출전략은 UNDP가 이사업을 추진하는 데 큰 동력이 되었다고 볼 수 있다.

마. UNDP, "두만강지역개발구상" 발표

UNDP는 1991년 7월과 10월 두 차례에 걸친 동북아 소지역 개발 조정관회의에서 관련 당사국이 TRADP에 참여를 결정함에 따라, 유엔창립 46주년 기념일인 1991년 10월 24일 유엔 뉴욕본부에서 기자회견을 열고 동북아 3억 인구가 경제적으로 부유하고, 평화로운 삶을 가꾸어 나갈 수 있는 터전을 마련하기 위해 다국간 국제협력으로 300억 달러를 투입하는 특대형 프로젝트인 "두만강지역개발구상"을 국제사회에 발표했다.[20] 그리고 11월 1일, 동북아 6개국 유엔 주재 대사를 만나 두만강지역개발계획을 소개하고 협력을 부탁했다.

UNDP가 유엔창립 46주년을 맞이하여 "두만강지역개발구상"을 국제사회에 발표한 것은 냉전의 산물인 두만강 지역을 유엔과 다국 간 국제협력을 통해 평화와 번영의 지대로 개발하겠다는 의지를 국제사회에 천명한 것이라 할 수 있다.

UNDP는 국제사회에 "두만강지역개발구상"을 발표한 이후, 제2차 동북아 소지역 개발 조정관회의 합의에 따라 1991년 12월 두만강지역개발계획(TRADP) 추진을 위하여 82만 5천 달러를 지원하기로 결정하고 사전준비 지원을 위한 보고서

---

20 UNDP의 《현지조사연구보고서》를 관련당사국의 조정을 거쳐 "두만강지역개발구상"으로 발표하였다. 이찬우, 2003, "두만강지역개발 10년 평가와 과제", KDI북한경제 리뷰5권2호, p.45.

를 각국에 제출하였다.

《두만강지역개발구상》[21]

▣ 두만강 지역 여건

두만강 지역은 세계적인 시각에서 볼 때 이 지역의 전략적 지위와 잠재력이 크다.

중국에서 경제가 발달한 성(省)과 지린성(吉林省), 헤이룽장성(黑龍江省) 시장에 접근하기 편리하면서도 북한·러시아·몽골의 노동력과 자연자원 등 유리한 공급요소를 활용할 수 있다.

한국과 일본에게는 유럽진출에 유리한 이점을 제공하며, 동북아 지역의 자원과 역내 국가 간 상호 보완성은 두만강 삼각주가 미래 홍콩이나 싱가포르, 로테르담으로 발전 가능성을 보여준다.

중계무역과 동북아 지역 각국이 상호 연계하는 공업 발전의 잠재력이 있다. 현 상황은 이웃 국가 간 협력에 유리한 시기이다.

▣ 개발대상

중국 훈춘~북한 나진·선봉~러시아 하산의 포시에트를 연결하는 소삼각 지역 개발이며, 여기에 북한의 청진~중국 옌지, 러시아 블라디보스토크를 잇는 대삼각 지역을 개발해 소삼각 지역을 지원토록 한다.

▣ 개발방안

두만강지역개발 방안으로 다음 세 가지 안이 제시되었다.

① 각국은 자국 내 지역에 독자적으로 한 곳 이상 무역특구를 설치한다. 그리고 무역특구는 정책, 행정 측면에서 각국 간의 조정을 수행한다.

② 3개국이 인접하는 지역에는 영토지배권을 각자 보유하면서 특구를 설치한

---

21 《현지조사연구보고서》는 丁士晟, 联合国开发计划署们江地区开发项目述评(东北亚论坛1992年第1期) 자료와 https://www.yna.co.kr/view/AKR19911008000400006(두만강유역개발 전문가단 보고서) 나와로 정리하였다.

다. 이 특구는 3국의 행정단위에 의해 정책, 절차 등의 측면에서 조정을 수
행한다.

③ 3개국은 공동으로 경제특구 지역을 지정하고, 그 개발과 관리를 위해 공동
으로 행정상의 조정을 수행한다.

각국은 항만 · 에너지 · 도로 · 철도시설과 특정구역을 관리하고, 그 지역에 공장
지구 · 독립적인 생산현장 · 사무실 · 숙박종합시설 등의 건립을 담당하는 공동관리
사업기구를 설립하며, 이 기구는 각국의 영토와 인구 · 주권을 약화시키지 않되 투
자와 시설 복합시스템에 대한 관리를 강화해 각자의 효익을 높일 것이다.

■ 개발의 전제와 구상

두만강 삼각주는 동북아와 글로벌 교역 · 물류의 중심지로서 거대한 잠재력이
있다.

이와 같은 지역의 조정, 개발계획은 개별국가 단독으로 타당성 분석을 제시할
것이 아니라, 그것은 반드시 각 관련 국가의 명확한 정치적 결정으로 보장해야 한
다. 그러나 각각의 특정 항목은 규모와 특성면에서 타당성이 있어야 한다.

두만강지역개발계획에 참여하는 국가 또는 지역(중국 · 몽골 · 남북한)과 그 외의
두만강 주변 국가들이, UNDP 지원하에 두만강지역개발계획의 전면적 실현을 위
해서는 참가국이 공동으로 정치적 결정을 내려야 한다.

기타의 일부 국가 특히 일본은 특수한 이익으로 인하여 이 계획에 참여하기를
희망할 가능성이 있다.

두만강지역개발에는 두 가지 관련 요인이 있는데, 이는 지역 공업화의 큰 잠재
력과 전 세계 물류중심의 전략적 위치이다.

이 두 가지 요소의 결합은 이 계획의 원만한 실현에 중대한 영향을 끼친다. 이
계획의 목표는 선진기술을 대규모로 적용함으로써 경제 및 사회여건을 개선하고,
적은 노력으로 큰 성과를 거두는 것이다.

▷ 이 계획은 국제협력을 통해서만 실현될 수 있다.

이로 인해 두만강지역개발은 글로벌 경제개발과 안정에 영향을 미친다. 물류중심은 두만강 지역의 대륙교[22]를 통해서 유럽으로 가는 동서양 무역에 선택할 수 있는 통로를 제공함으로써 세계무역 발전을 크게 자극할 수 있을 것이다.

이 통로는 동북아시아와 중앙아시아에 중요한 의미를 갖는다. 동시에 공업화의 촉매제로서 두만강 지역의 발전을 촉진 시킬 수 있다. 또 에너지 자원과 원료의 결합, 게다가 중요한 국제무역 통로가 이 지역을 매력적으로 만들고 있다. 이것은 전 세계의 이익에 관계되는 대규모 수송과 인프라 프로젝트의 국제적 협력을 이끌어 낼 것이다.

▷ 이 지역 4개국이 필요로 하는 수송망과 기타 인프라 계획을 결정하기 위해서는 무역과 산업화 잠재력을 확인해야 한다.

이 지역의 국내와 국제무역, 동북아시아 및 중앙아시아의 중계무역, 유럽에 대한 중계무역 등의 무역관계가 3억 인구를 가진 동북아 전략 중심지에 자리잡기 시작할 때 10~20년이 지나면 로테르담과 비교 가능한 규모의 항구도시가 생길 것이다.

두만강지역개발은 주로 특별경제구내에서 4개 기본공업 분야(지역적 범위는 경제특구내로 한정)서 이뤄진다.

기초공업은 원재료를 기타 공업분야의 원료로 가공하며, 가공공업은 기초공업에서 제공하는 원료를 가공하여 완제품 및 기타 공업용으로 공급한다.

경공업은 최종 소비재를 생산한다. 보조공업은 기초공업, 가공공업, 경공업 및 기타사업과 공공이 필요한 건축자재 및 그 외의 상품과 서비스를 제공한다.

---

22 랜드브리지, 선박으로 우회하는 것보다 해상운송과 육상운송을 조합시켜 운항시간을 단축시키고 경비를 절감하려는 것. 예를 들어 시베리아 랜드브리지는 일본에서 나홋카까지 선박으로, 나홋카에서 유럽까지는 육상으로 수송한다. 이 랜드브리지는 수출국을 경유하는 경우가 보통인데 육상운송이 1개국내에 머물 경우는 '미니랜드브리지'라고 부른다.(한경 경제용어사전)

▣ 개발비용과 사업기간 등

지역의 전체 규모와 위치는 다음 단계에서 결정할 사항이지만 조사연구팀은 예상 잠재력을 개발하려면 현대식 전용부두 10개 또는 11개와 인구 50만 명이 넘는 신도시 건설을 목표로 도로, 항만, 철도, 전력 등 인프라 정비와 이에 필요한 인재 육성을 포함하여 300억 달러로 추산한다.(표1 참고)

표 1 두만강지역개발 비용 소요액(단위: 억 달러)

지역사회인프라	금액	수송인프라	금액
50만신도시개발	80	항만 건설	40
에너지(전력)	20	내륙항 건설(선착장 등)	10
통신	10	내륙터미널 건설	10
음용수	10	공항신증축	20
폐기물처리	10	기차도입	20
교육 · 인재육성	10	항만연계철도시스템	20
기타	20	고속도로 건설	20
300	160		140

자료: 丁士晟, 联合国开发计划署图们江地区开发项目述评(东北亚论坛1992年第1期), 저자 정리

개발기간은 △개발위원회 설립(3~6개월 이내) △개발조사의 기획(6~9개월 이내) △전제조건 및 목표완수를 위한 위원회 및 하위위원회의 구체화(18~24개월 이내) △개발조사 준비(4~5년 이내) △건설지원 완료(21~24개월 이내 결정해서 15개월 동안 계속) △단계별 설계, 기반구조 및 산업플랜트 건설; 마지막 단계 산업도시 건설(7~12년 이내) 등 총 20년으로 예측한다.

▷ **구축해야 할 인프라와 비용은 다음과 같다.**

① 항만: 부두(컨테이너, 벌크포장, 일반화물, 석유 및 유류, 석탄, 일반벌크, 식량, 목재, 여객 등) 40억 달러

② 내하(內河)선착장 : 중국 두만강 내하항 건설 약 10억 달러

③ 내륙터미널 : 훈춘 철도조차장, 컨테이너전환센터, 트럭센터 설치, 약 10억 달러

④ 공항 : 기존 공항 확장, 대형 국제공항 신축, 약 20억 달러

⑤ 기차시스템 : 100대의 대용량 기차와 2층 컨테이너 기차 도입, 약 20억 달러

⑥ 철도시스템 : 기존 철도시스템 업그레이드, 항만과 연계, 약 20억 달러

⑦ 도로시스템 : 지역 간 고속도로, 지역 내 고속도로 포함, 약 20억 달러

⑧ 도시개발 : 인구 50만 현대화 도시 건설(10~15년), 약 80억 달러

⑨ 에너지 : 중국·북한·소련 각 120만kW 발전소 1개 건설, 약 20억 달러

⑩ 통신: 광케이블, 위성통신시스템 구축, 약 10억 달러

⑪ 음용수 : 매일 50만 입방미터의 음용수 공급시설, 약 10억 달러

⑫ 폐기물 처리 : 산업·생활 폐수, 고형폐기물장 설치 약 10억 달러

⑬ 인력개발 강화를 위한 대규모 교육센터 설립, 대학과 직업학교 교육을 포함한 기능공 훈련에 약 10억 달러 여기에 예상할 수없는 비용까지 더하면 총 300억 달러가 투자될 것이다.

▷ 더 나은 개발을 위해 두만강지역개발 연구를 강화해야 할 주요 연구과제는 다음과 같다.

국경무역, 통과무역, 산업, 교통 및 통신시설, 환경보호, 관광, 직업훈련, 은행금융 및 투자, 법률문제, 환경보호 등이 있다.

5. TRADP 실행계획 확정을 위한 PMC 활동

UNDP의 "두만강지역개발계획" 추진으로 중국, 북한, 러시아 3국은 두만강지역개발에 대한 기대에 들떠 있었다. 당시 1인당 국민소득이 수 백 달러에 불과한 중국, 북한, 몽골에서는 유엔의 최대 조직이자 개발도상국 지역개발 원조사업을 수행하는 UNDP의 지역협력 프로그램으로 TRADP가 확정됨에 따라, 각국은 자국의 프로젝트를 더 많이 지역협력 프로그램에 포함시키기 위해 경쟁을 벌였다.

TRADP를 처음으로 제안한 중국의 경우는 1992년 4월 유엔개발계획(UNDP)의 "두만강지역개발계획"을 비준하고, 국가과학기술위원회 등 6개 중앙부처와 지린성 유관인원으로 UNDP 두만강지역개발항목 전기연구 협조소조(联合国开发署图们江地区合作项目前期研究协调小组)를 구성하였으며, 1999년에 중국 두만강개발항목 협조소조(中国图们江合作项目协调小组)로 전환하고, 관련 중앙부처와 지린성을 비롯한 각급 지방 정부에서는 두만강지역개발 전담부서의 조직을 강화하고 두만강지역개발을 본격적으로 추진하기 시작했다.[23]

UNDP는 동북아 중심에 위치한 두만강지역개발을 통해 동북아의 번영과 안정의 토대를 마련할 수 있을 것이라는 사명감을 갖고, 1993년 7월까지 TRADP 실행계획 확정을 위한 PMC회의와 분야별회의(법·제도·금융, 산업·자원·환경, 인프라, 통신)를 수시로 개최하였다.

가. 제1차 PMC 회의 : 1992년 2월 27일~28일(서울)

PMC의 역할은 UNDP가 제출한 "두만강지역개발구상"을 검토하고 관련 당사국 간 협의를 통하여 "TRADP 실행계획"을 확정하는 것이다. 이 회의에서는 두만강지역개발 대상의 지역범위 설정과 재원조달 협의반을 구성키로 합의했다. 개발

---

23 李铁主编, 2015年, 图们江合作二十年, p. 26~32.

대상의 지역범위는 아래와 같다.

- 소삼각(TREZ: Tumen River Economics Zone)은 훈춘~나진·선봉~포시에트를 잇는 1,000㎢ 이다.
- 대삼각(TREDA: Tumen River Economics Development Area)은 옌지~ 블라디보스토크~청진을 잇는 1만㎢이다.
- 동북아지역개발권역 (NEARDA: Northeast Asia Regeional Development Area)은 대삼각의 배후지역으로 극동러시아, 북한 함경북도, 중국의 동북3성과 내몽고 일부, 몽골 등이다. 동북아지역개발권역은 GTI의 지역적 범위를 확정하는 기초가 되었다.

나. 제2차 PMC 회의 : 1992년 10월 9일~11일(베이징)

관련 5개국 대표와 유엔개발계획(UNDP)의 전문가 외에 세계은행, 아시아개발은행, 일본 및 핀란드 대표가 옵서버로 참가하였다.

북한 대표단 PMC 회의 참가를 위해 판문점 통해 서울도착(92.2.26. KBS뉴스캡처)[24]

24 https://news.kbs.co.kr/mobile/news/view.do?ncd=3713225. 북한 대표단 PMC 회의 참가

회의에서는 우선 러시아가 PMC에 정식으로 가입하는 것을 확인하였으며, "TRADP 실행계획"을 추진하기 위하여 △관련 5개국으로 구성된 정부 간 위원회 (Inter-Governmental Commission, 이하 "Commission") △두만강 유역 3개국으로 구성된 두만강개발위원회 (Tumen River Committee, 이하 "Committee") △두만강지역개발을 담당할 두만강지역개발회사(TRADCO) 등 3개 기구 설립에 잠정합의하였으며, 두만강 지역 공동개발을 위해 각국은 법률에 의한 토지임대, 임대토지에 대한 각국의 주권인정, 두만강지역의 국제관리 필요성 인정, 외국인에 양호한 토지환경 제공 등의 원칙이 제시되는 등 진전을 이루었다.

다. 제3차 PMC 회의 : 1993년 5월 9일~10일(평양)

제2차 동북아 소지역 개발 조정관회의에서 합의한 마지막 제3차 PMC회의에는 관련 5개국 대표와 일본과 핀란드가 옵서버로 참가하였다. UNDP는 이번 회의에서 "TRADP 실행계획"이 확정될 것으로 기대하였으나, 국가 간의 이해관계 대립 등으로 정부 간 위원회 설립 합의 외는 별다른 성과를 얻지 못함에 따라 PMC 활동 기간을 연장하고 관련국 간 협력을 강화하는 등 새로운 방안을 모색하게 되었다.

세 차례 걸친 PMC회의 개최의 최대 성과는 TRADP 추진을 위한 2개의 정부 위원회 설립합의와 북한이 1993년 핵확산금지조약(NPT)에서 탈퇴하는 문제가 중대국면에 들어 선 시기였음에도 불구하고 두만강지역개발 참여에 변함없는 의지를 보여준 것이라 할 수 있다.

회의기간 중 두만강 접경 3국은 지역개발 대상·개발방식, 토지임대 등 법·제도적인 문제, 경제특구 공동개발에 대하여 심각한 이견을 노출하였다. 특히 TRADCO의 성격(지주회사, 개발회사)과 기능, 운영주체(Commission, Committee), 주식의 유형 등과 관련하여 합의를 보지 못했고, 러시아에서는 경제적 타당성에 대한 구체적 검토가 없다는 이유로 설립을 반대했다.

개발대상 지역설정도 쟁점이 되었다. 개발대상 지역설정이 쟁점이 된 것은 사업대상 지역에 포함되어야 UNDP로 부터 자금 등 각종 지원을 받을 수 있을 것으로 기대하였기 때문이라 할 수 있다.

UNDP는 당초 소삼각 중심의 개발방안을 제시하였다. 러시아는 소삼각 중심의 개발에 대한 반대 의견을 분명히 하였다. 러시아의 소삼각 지역인 두만강 하산구(자루비노와 포시에트 포함)는 전체 인구가 약 4만 여명에 불과할 뿐 만 아니라, 이 지역은 환경보호 및 군사지역이므로 개발에 제약이 많다는 이유를 제시하였으나,[25] 실질적으로 러시아는 이미 대블라디보스토크계획에 의거 나홋카를 경제자유무역지대로 지정하는 등 극동 연해지역 개발정책을 수립하여 추진하고 있었기 때문에 블라디보스토크 주변항구까지 대삼각을 확대하고 대삼각 중심의 개발을 주장하였다. 특히 300억 달러에 달하는 막대한 재원조달에 대한 회의론, 재원조달을 위한 경제적 타당성 조사 보고서 미제공 등도 합의를 지연시키는 요인으로 작용하였다.

라. UNDP, 뉴욕 실무회의 소집[26]

UNDP는은 제2차 동북아 소지역 개발 조정관회의에서 합의한 일정에 따른 "TRADP 실행계획" 협상이 진전이 없자, 1994년 1월 뉴욕에서 긴급 실무회의를 소집하고, 그간 PMC회의에서 논의 되었던 내용을 중심으로 다음과 같이 수정안을 제시하였다.

UNDP는 9월초까지 투자유치 전략을 포함한 실행계획(Action Plan)의 작성에 주력한다.

실행계획과 분야별 지역개발 전략의 작성에 있어서도 대삼각 지역 내 무역·투자 확대를 저해하는 수출입, 관세, 외환, 법제 등 각종 제도적 장애를 제거하는

---

25 1991년 11월, 유엔공업개발기구(UNIDO)의 협조로 러시아(구소련) 블라디보스토크, 나홋카와 하산에 개발구를 설립하는 것을 내용으로 하는 대블라디보스토크 경제자유구역 발전계획을 수립해 놓은 상태였다.
26 김익수, 1994, "두만강지역개발사업(TRADP)에 대한 분석평가"(대외경제정책연구원) 를 중심으로 정리

데 중점을 둠으로써 양호한 환경을 조성하는 데 힘쓴다.

러시아 측의 반대가 심했던 TRADCO의 설립에 관해서는 일반적인 개발회사
나 사업촉진 지구의 개념은 유지하되, 동회사의 공식적 설립은 조건 성숙 시까지
연기(포기는 아님)한다.

이로써 ① Commission 설립, ② Committee 설립, ③ 토지임대 및 TRADCO
설립 등 3개의 협정문안을 동시에 논의하려던 당초의 전략이 수정되어, 단일 협정문
내에 ① Commission 설립, ② Committee 설립, ③ 토지임대에 관한 내용을 넣는
방식으로 바뀌었고, TRADCO의 설립은 뒤로 미루어졌다.

UNDP 수정안을 중심으로 PMC 회의 개최를 통하여 "TRADP 실행계획"을 확
정하고 1994년 9월에 열릴 예정인 정부 간 고위급회의에서 정식 서명키로 했다.

UNDP 실무회의에서 TRADCO 설립 연기는 사실상 공동관리 방식의 경제특
구 건설을 포기하고, 두만강 접경 3국이 현재 기획하거나 건설 중인 경제특구를 독
자개발 하는 방식으로 계획을 변경 한 것이라 볼 수 있다.

UNDP가 이런 결정을 하게 된 배경에는 두만강 접경 3국은 표2와 같이 이미
경제특구 개발을 추진하고 있었으며, 일부 지역은 한국, 일본 등 세계 각국에서 이
미 투자를 하였거나 투자의향을 밝히는 등 경제특구 활성화가 기대되고 있었기 때
문이다.[27]

따라서 UNDP의 지원과 두만강 접경 3국의 경제특구에 한국, 일본 등 세계 각
국의 투자가 지속적으로 이루어진다면, 이 지역이 유라시아 대륙을 잇는 동북아의
교통물류 허브, 국제자유무역지대 건설이라는 "두만강지역개발구상"실현에 대한
가능성을 기대했기 때문이라 할 수 있다.

---

27 한국은 나홋카 한국공단 조성을 추진하였으며, 러시아 연해주, 중국 연변주에 한국, 일본 기업의 투자가 이
루어지기 시작했으며, 일본기업은 나선자유경제무역지대에 투자의향을 갖고 있었다.

표 2 접경 3국 두만강지역개발계획

구 분	중 국	북한	러시아
기본목표	· 훈춘자유경제무역지대	· 나선자유경제무역지대	· 대블라디보스토크 자유경제무역지대
개발유형	· 수출가공지대 · 자유무역항 (내륙)	· 중계형수출가공지대, 자유무역항	· 수출입가공지대, 자유무역항
중점도시	· 훈춘 → 옌지(보조)	· 나선→ 청진(보조)	· 나홋카 · 블라디보스토크 → 자루비노(보조)
정부의지	· 중앙정부의 적극적인 지원 · 지방정부의 강력한 지원	· 중앙정부의 강력한 지원 · 개발의지 강함	· 중앙정부의 소극적 지원 · 지방정부의 소극적 태도
정부지원	· 훈춘개발계획(1990) · 훈춘변경개방도시 지정 (1992. 3) · 훈춘변경경제합작구설립 (1992. 4)	· 나선자유경제무역지대 지정 (1991. 12) · 자유경제무역지대법 제정 (1993. 1)	· 나홋카자유경제무역 지대지정(1990.7) · 나홋카자유경제무역지대법 제정(1990.11)
지대기능	· 국제내륙항 · 지린성 중심 공업도시 · 동북아 중심공업도시	· 국제화물중계기지 · 가공수출기지 · 국제적 관광기지	· 국제화물중계기지(자루비노 항 개발)

자료: 배종렬, 1994, 접경3국 개발계획의 일관성 분석(KIEF), 저자 재정리

마. 제4차 PMC 회의 : 1994년 7월 16일~10일(모스크바)

제4차 PMC회의에서는 UNDP 뉴욕 실무회의 수정안을 확정할 계획이었으나, 북한이 김일성 주석의 돌연한 사망으로 참가하지 못함에 따라 동 회의는 반쪽회의가 될 수밖에 없었고, 정부 간 위원회 협정문에 관한 상당히 진전이 있었음에도 불구하고 북한 측의 사후동의가 필요한 잠정적인 합의문안만 내게 되었다.

또한 그동안 두만강지역개발에 따른 상대적 개발 지연을 우려한 러시아 측 의견을 받아들여, 대삼각의 러시아 측 꼭 지점을 블라디보스토크에서 나홋카, 보스토치니로 확대하였다.

UNDP는 회의결과를 북한에 통보하였으나, 북한은 TRADCO를 협정문안에 삽입을 포기하는 대신 Commission 명칭에 Consultative를 포함시킬 것을 주장하였다. 이것으로 인하여 접경 3국 주도의 Committee 기능은 강화되고, 한

국, 몽골 등 비접경국이 참가하는 Commission은 조정보다는 자문성격을 부여함으로써 5개국 정부위원회의 기능이 약화 되었다고 볼 수 있다.

바. 제5차 PMC 회의 : 1995년 5월 29일~6월 2일 (베이징)

북한이 5개국 정부위원회 영문명칭에 Consultative를 포함시키는 조건으로 UNDP 수정안을 수용함에 따라, 중국·북한·러시아 3개국 간 「두만강지역개발 조정위원회」 설립에 관한 협정(Tumen River Area Development Coordination Committee. 이하 "Committee")과 중국·북한·러시아·한국·몽골 5개국 간 「두만강경제개발구 및 동북아개발 자문위원회」(Consultative Commission for the development of the Tumen River Economic Development Area and Northeast Asia. 이하 "Commission")회의 설립에 관한 협정, 중국·북한·러시아·한국·몽골 간 「두만강경제개발구 및 동북아 환경준칙 양해각서」에 가서명하고 제6차 PMC 회의에서 정식 서명하기로 합의했다.

제5차 PMC회의(KBS 뉴스캡처)[28]

---

28 https://news.kbs.co.kr/mobile/news/view.do?ncd=3751579, 「두만강개발계획 관계협정 가서명」

그러나 이번 회의에서 합의된 두만강개발사업을 관장할 사무국 설치 및 협정서명 지점 등과 관련, 각국의 이해가 엇갈려 결정을 보지 못하고 추후 재 절충키로 했다. 사무국 설치장소에 대해 한국은 서울, 중국은 베이징, 그리고 러시아는 블라디보스토크를 각각 제의하고 북한과 몽골은 이에 관한 자국의 입장을 밝히지 않았다.

사. 제6차 PMC 회의 : 1995년 12월 4일~7일(뉴욕)

UNDP와 관련 당사국은 1991년 10월 제2차 동북아 소지역 개발 조정관회의에서 두만강지역개발계획 추진에 합의한지 4년 여 만에 1995년 12월, 뉴욕에서「두만강지역개발 조정위원회」와「두만강경제개발구 및 동북아개발 자문위원회」협정과 한 건의 환경관련 각서를 정식 조인함에 따라 21세기 동북아의 유망지로 손꼽히고 있는 이 지역 개발 사업을 본격 착수할 수 있는 제도적 기반을 마련했다.주요 협정내용은 다음과 같다.

《주요 협정내용》

관련 당사국 간에 체결한 두 건의 협정과 한 건의 양해각서(붙임1참고)는 TRADP 추진의 기본적인 방향을 정한 정부 간의 공식 문건이라 할 수 있다. 협정의 서문에는 "각 체결 당사국이 이 지역의 공동협력 개발에 대한 태도를 분명히 하는 것이며, UNDP가 1991년부터 TRADP를 제창하고 지원한 사업이 전기연구논증단계에서 본격적인 실시단계로 접어들었음을 의미한다."고 규정하고 있다.

두만강 접경 3국 간의《두만강지역개발 조정위원회 설립에 관한 협정》은 △제1조 기본원칙 △ 제2조 두만강지역개발 조정위원회 △제3조 기타로 구성되어 있다.

관련 5개국 간의《두만강경제개발구 및 동북아개발 자문위원회 설립에 관한 협정》은 △제1조 기본원칙 △제2조 두만강경제개발구 및 동북아개발위원회 △제3조 기타로 구성되어 있다.

주요 협정내용을 구체적으로 살펴보면,

첫째, 두만강경제특구 독자개발을 중심으로 하는《두만강지역개발 조정위원회 설립에 관한 협정》은 두만강경제개발구의 협력 강화와 각 프로젝트의 개발 및 무역 협력 개선을 목적으로 한다. 기본원칙은 ① 경제기술 협력강화와 양호한 무역·투자 환경 조성 ② "각 체결 당사국은 두만강 경제개발구의 국제투자, 무역 및 비즈니스에서의 흡인력을 보장하기 위한 노력한다." 등이다.

조정위원회 역할은 주권과 관련된 사회, 법률, 환경 및 경제문제에 대해 협의·조정하고, 무역·투자와 두만강경제개발구 설립 및 진행 관련 사항 추진 등이다.

둘째, 5개국 간 국제협력에 관한 사항을 담은《두만강경제개발구 및 동북아개발 자문위원회 설립에 관한 협정》의 기본원칙은 경제기술 협력을 강화하고, 동북아, 특히 두만강경제개발구 각국 간 지속발전을 추진하는 것이다.

위원회 역할은 동북아, 특히 두만강지역개발을 지원하며, 동북아, 특히 두만강 지역 각국과 공동이익 증진, 경제, 환경 및 기술협력을 추진하며, 교통, 통신, 무역, 산업, 전력, 환경, 금융 및 은행 등 주요 분야에 대한 투자를 촉진함에 있다.

협정의 해석 및 적용에 관한 논쟁이 발생할 경우《유엔헌장》이나 자발적 합의를 도모하도록 규정함으로써 유엔의 조정자 역할을 분명히 하였다.

셋째, 두 건 협정의 공통사항으로는 △위원회 구성인원은 차관급 1인과 기타 3인 △위원회는 설립 후 첫 2년 동안, 1년에 두 차례 정례회의 개최 △사무국 설립 △지역적 범위는 두만강 접경 3국 국경 인접지역을 가리키되 자체 수정가능 △협정서는 유엔사무총장에게 제출한 날부터 효력 발생 △협정서 유효기간은 10년이며 자동 10년 연장 가능 등이다.

가장 중요한 것은 협정서의 효력시점이다. 일반적으로 당사국 간 협정은 당사국이 협정에 서명함으로써 효력이 발생한다. TRADP 협정의 효력은 당사국이 서명 후 국내법에 따른 절차를 완료하고 유엔사무총장에게 제출한 시점을 효력 발생시기로 보고 있으며, 유엔사무국에서 TRADP 협정서를 등록한다고 규정되어 있다.

다른 하나는 두만강 지역적 범위의 확장성이다. PMC회의 시 가장 논쟁이 되었던 지역적 범위는 언제든지 자체 수정가능토록 규정함으로써 소삼각, 대삼각의 개념이 사라졌다.

협정은 동북아 5개국 간 최초의 다자협력이라는 상징성과 다국간 협력을 통해 두만강지역개발 촉진하겠다는 의지를 담고 있다.

아쉬운 점은 UNDP "두만강지역개발구상"을 토대로 UNDP와 회원국 간 타당성조사연구와 실행방안 협의 결과를 토대로 협정을 체결했지만 협정내용에는 TRDAP의 구체적인 실행계획과 당사국 간 권리의무를 담지 않은 것과 실질적으로 UNDP가 TRADP사업을 주도하고 있지만 유엔과 UNDP의 구체적인 역할이 없다. 단지 효력발생 요건, 협정서 유엔사무국 등록, 분쟁발생 시 유엔헌장에 의거 해결, UNDP 및 기타 국제기구 사무국 지원 가능 등만 규정하고 있을 뿐이다. 특히 TRADP를 대표하는 사무국은 UNDP가 직접운영하고 관리 감독함으로써 회원국들의 피동적인 참여를 유발하는 단초를 제공했다고 볼 수 있다.

붙임1

두만강지역개발을 위한 3건의 강령문서[29]

　1995년 12월 6일 UNDP 뉴욕본부에서 열린 TRADP 계획관리위원회(PMC) 제 6차 회의에서 중·러·조 3국 정부 대표가 《두만강지역개발 조정위원회 설립에 관한 협정》에 서명하고, 중·러·조·한·몽의 5국 정부 대표가 《두만강경제개발구 및 동북아개발 자문위원회 설립에 관한 협정》[30]과 《두만강경제개발구 및 동북아 환경준칙 양해각서》에 서명하였다. 위의 3건에 대한 문건의 서명은 각 체결 당사국이 이 지역의 공동협력 개발에 대한 태도를 분명히 하는 것이며, UNDP가 1991년부터 TRADP를 제창하고 지원한 사업이 전기연구논증단계에서 본격적인 실시단계로 접어들었음을 의미한다.

《두만강지역개발 조정위원회 설립에 관한 협정》

　조선민주주의 인민공화국과 중화인민공화국 및 러시아 연방 각국 정부(이하 '체결 당사국')는 두만강경제개발구의 협력 강화와 각 항목의 개발 활동 및 무역협력 개선을 위하여 다음과 같이 합의하였다.

제1조 기본 원칙

1.1. 각 체결 당사국은 다음 사항을 중요시한다. 두만강 지역의 협력은 각국 정부의 상호이익 증진을 기반으로 하며, 경제 기술 협력을 강화하고, 두만강 지역 각국과 국민들을 위하여 더욱 빠른 성장과 지속적인 발전 추구라는 공동이익을 기반으로 한다.

1.2. 각 체결 당사국은 국가 간 관계를 지도하는 국제법 준칙, 특히 각국의 주권과 독립, 호혜평등 및 선린우호의 상호 존중을 기반으로 하여 본 협정을

29　李铁主编:2015年12月, 图们江合作二十年附件资料(社会科学文献出版社), p.245~251.
30　중국은 일반적으로 "협상위원회(协商委员会)" 한국은 "자문위원회"라 부른다

이행한다.

1.3. 각 체결 당사국은 두만강경제개발구의 국제투자, 무역 및 비즈니스에서의 흡인력을 보장하기 위하여 노력한다.

제2조 두만강지역개발 조정위원회

2.1. 각 체결 당사국은 두만강지역개발 조정위원회(이하 '위원회')를 설립한다.

2.2. 위원회는 모든 체결 당사국이 제기한 주권과 관련된 사회, 법률, 환경 및 경제문제에 대해 협의하고 조정한다.

2.3. 위원회는 각 체결 당사국의 차관급 관료 1인 또는 각 체결 당사국이 만장일치로 결정한 기타 직급의 정부 관료 1인과 각 체결 당사국 기타 관리의 3인으로 구성된다.

2.4. 위원회는 두만강경제개발구의 경제발전에 대하여, 특히 무역과 투자의 추진을 위하여 협조하고 건의하며, 각 체결 당사국이 두만강경제개발구에 설립하고 개발활동을 진행하는 모든 기타 정부 간 기구 및 조직에 대하여 협조하고 의견을 제시한다.

2.5. 업무의 편의를 위하여 위원회는 산하기구를 설립할 수 있다.

2.6. 위원회는 매년 두 차례 정례회의를 개최하며, 필요시 의장은 체결 당사국의 요청에 따라 특별회의를 소집할 수 있다.

2.7. 위원회 의장은 각 체결 당사국이 국가별 영문자 순서에 따라 차례대로 1년씩 맡는다. 회의 장소는 체결 당사국의 협상을 통하여 만장일치로 결정된다.

2.8. 위원회의 결정은 각 체결 당사국의 협상을 통하여 만장일치로 진행된다.

2.9. 위원회 사무국은 동북아 및 두만강지역개발 자문위원회 사무국과 공동으로 기능과 활동을 조정할 수 있다. 본 위원회가 이러한 조정을 통하여 지출을 줄이고 임무를 더욱 효율적으로 수행할 수 있을 것이라 간주할 경우

그러하다.

2.10. 위원회의 업무 언어는 영어이다.

제3조 기타

3.1 . 본 협정의 의도를 고려하여, 본 협정 중의 '두만강경제개발구'는 동북아에 위치한 조선민주주의인민공화국, 중화인민공화국 및 러시아연방의 변경 인접지역을 가리키며, 그 범위는 해당 체결 당사국이 언제든지 자체적으로 수정하고 기타 체결 당사국에게 통보할 수 있다.

3.2. 본 협정은 각 체결 당사국의 국내법 절차를 이행해야 하며, 각 체결 당사국이 법률절차가 완료된 최종 문서를 UN사무총장에게 제출한 날부터 효력이 발생된다.

3.3. 본 협정은 발효일로부터 10년간 유효하며, 체결 당사국이 별도의 협정을 체결하지 않는 한 10년의 유효기간이 자동연장된다.

3.4. 모든 체결 당사국은 본 협정 개정을 제기할 수 있다. 본 협정의 개정 건의는 위원회 의장에게 제출해야 한다. 의장은 건의를 받은 후 30일 이내에 각 협정 작성국에게 배포한다. 위원회는 가장 가까운 정례회의에서 개정 건의에 관하여 토론해야 한다. 각 협정 체결 당사국은 만장일치를 통하여 개정안을 통과시킬 수 있다.

3.5. 모든 체결 당사국은 이 협정의 탈퇴를 제기할 수 있으나 정식 탈퇴 6개월 전에 서면으로 기타 체결 당사국에게 통지해야 하며, 6개월 기간이 만료되면 해당 체결 당사국의 탈퇴는 효력이 발생된다.

본 협정은 영문으로 작성되었다. 1995년 12월 6일 뉴욕시에서 체결 후 UN사무총장에게 제출하며, 사무총장은 검증된 사본을 각 체결 당사국에게 교부하고 본 협정을 유엔사무국에 등록한다.

《두만강경제개발구 및 동북아개발 자문위원회 설립에 관한 협정》

조선민주주의인민공화국, 중화인민공화국, 대한민국, 몽고 및 러시아연방 각국의 정부(이하 '체결 당사국')는 동북아, 특히 두만강경제개발구에서의 협력을 촉진하고 강화하기 위하여 다음과 같이 합의하였다.

제1조 기본원칙

1.1. 각 체결 당사국은 다음 사항을 중요시한다. 동북아 특히 두만강경제개발구의 협력은 각국 정부의 상호이익 증진을 기반으로 하며, 경제 기술 협력을 강화하고, 동북아, 특히 두만강경제개발구 각국과 국민들을 위한 더욱 빠른 성장과 지속적인 발전 추구라는 공동 이익을 기반으로 한다.

1.2. 각 체결 당사국은 국가 간 관계를 지도하는 국제법 준칙, 특히 각국의 주권과 독립, 호혜평등 및 선린우호에 대한 상호 존중을 기반으로 본 협정을 이행한다.

1.3. 각 체결 당사국은 두만강경제개발구의 국제투자, 무역 및 비즈니스에서의 흡인력을 보장하기 위하여 노력한다.

제2조 두만강경제개발구 및 동북아개발위원회

2.1. 각 체결 당사국은 하나의 《두만강경제개발구와 동북아개발위원회. 이하 '위원회(commission)'》를 설립한다.

2.2. 위원회는 각 체결 당사국의 차관급 정부관료 1인과 기타 관료 3인으로 구성된다.

2.3. 위원회는 동북아, 특히 두만강지역개발을 지원하며 동북아, 특히 두만강지역 각국과 각국 국민의 협상, 상호이해와 공동이익 증진, 경제, 환경 및 기술협력을 추진한다.

2.4. 위원회는 각 체결 당사국의 공동이익 추구를 위해 협력하며, 지속적인 발전의 기회를 포착하고, 각 체결 당사국에서의 투자를 촉진한다. 또한, 동

북아, 특히 두만강경제개발구의 교통, 통신, 무역, 산업, 전력, 환경, 금융 및 은행 등 주요 분야에 대한 투자를 촉진한다.

2.5. 업무상의 편의를 위하여, 위원회는 산하기구를 설립할 수 있다.

2.6. 위원회는 설립 후 첫 2년 동안, 1년에 두 차례 정례회의를 개최한 후 위원회의 만장일치로 회의 개최시기를 결정하되 1년에 한 차례 이상이어야 한다. 모든 체결 당사국이 요청할 경우 의장이 특별회의를 소집할 수 있지만 이러한 요청은 기타 2개 체결 당사국의 동의를 얻어야 한다.

2.7. 위원회 의장은 각 체결 당사국의 국가별 영문자 순서에 따라 차례대로 1년씩 맡는다. 회의 장소는 체결 당사국과 협상을 통하여 만장일치로 결정된다.

2.8. 위원회의 각항의 결정은 각 체결 당사국의 협상을 통해 만장 일치로 진행된다.

2.9. 위원회는 각 체결 당사국의 전문가로 구성된 사무국을 설립하며, 국제 전문가를 사무국 회원이나 고문으로 초빙할 수도 있다. 본 위원회의 요청이 있는 경우, UNDP 및 기타 국제기구가 사무국에 도움을 줄 수 있다. 사무국은 위원회의 권한 범위 내에서 두만강지역개발계획의 사업 방안 및 각종 후속 계획을 수립하고 감독한다.

2.10. 각 체결 당사국은 위원회의 협상을 거쳐 만장일치로 이에 관심을 가지고 있는 기타 동북아 국가 정부를 위원회에 초청할 수 있다.

2.11. 관심을 가지고 있는 정부, 국제조직 및 국제 금융기관에 대하여, 각 체결 당사국이 위원회의 협상을 거쳐 만장일치로 초청할 경우, 본 위원회의 옵서버가 될 수 있다. 옵서버는 본 위원회의 정책결정에 참여할 권리가 없다.

2.12. 위원회의 업무 언어는 영어이다.

제3조 기타

3.1. 본 협정의 의도를 고려할 때, 본 협정에서의 '두만강경제개발구'는 조선민주주의인민공화국, 중화인민공화국, 러시아 연방 변경 인접지역을 가리키며, 기타 체결 당사국과의 협상을 거쳐 각 체결 당사국에게 통보하면, 언제든지 그 범위를 수정할 수 있다. 본 협정의 의도를 고려할 때. 동북아는 두만강경제개발구와 각 체결 당사국의 상호이익과 관련된 사업을 진행하는 기타 체결 당사국과 접하고 있는 영역을 가리킨다.

3.2. 본 협정은 각 체결 당사국의 국내법 절차를 이행해야 하며, 해당 체결 당사국이 법률 절차의 최종 문건을 완성하여 UN사무총장에게 제출한 날로부터 효력이 발생된다.

3.3. 본 협정의 유효기간은 발효일로부터 10년이며, 체결 당사자가 협의 만료 6개월 전에 별도의 협정을 맺지 않는 한, 이 협정의 10년 유효기간이 자동 연장된다.

3.4. 모든 체결 당사국은 본 협정 개정을 제기할 수 있다. 본 협정의 개정 건의는 위원회 의장에게 제출해야 하며, 의장은 건의를 받은 후 30일 이내에 각 체결 당사국에게 통지한다. 위원회는 가장 가까운 정례회의에서 개정 건의에 관하여 토론해야 하며 각 체결 당사국은 만장일치를 통하여 개정안을 통과시킬 수 있다.

3.5. 모든 체결 당사국은 이 협정의 탈퇴를 제기할 수 있으나 정식 탈퇴 6개월 전에 서면으로 기타 체결 당사국에게 통지해야 하며, 6개월 기간이 만료되면 해당 체결 당사국의 탈퇴는 효력이 발생된다.

3.6. 각 체결 당사국 양자 또는 다자간에 본 협의의 해석 및 적용에 관한 논쟁이 발생할 경우, 상호 협의를 진행해야 하며, 이 경우 〈UN헌장〉에 의거하여 협상이나 기타 자발적인 합의를 도모해야 한다.

3.7. 본 협정의 해석과 적용은 반드시 성실의 원칙에 입각하여 협정 각 조항 문

안 중의 통상적인 의미에 의거 그 취지와 목적을 고려해야 한다.

본 협정은 영문으로 작성되었으며, 1995년 12월 6일 뉴욕시에서 체결된 후, UN 사무총장에게 제출되며, 사무총장은 검증된 사본을 각 체결 당사국에게 교부하고 본 협정을 유엔 사무국에 등록한다.

《두만강경제개발구 및 동북아 환경준칙 양해각서》

조선민주주의인민공화국과 몽골국, 중화인민공화국, 대한민국, 러시아연방정부(이하 '각 체결 당사국')는 다음 사항에 동의하였다.

취지

각 체결 당사국은 본 협약의 주요 목표가 동북아, 특히 두만강경제개발구(이하 "지역") 환경의 건강하고 지속적인 발전에 있음을 확인하였다.

1. 《두만강경제개발구 및 동북아개발 자문위원회 설립에 관한 협정》 중 각 체결 당사국이 담당해야 하는 의무
2. 유엔환경개발 총회에서 각국이 합의한 내용
3. 국내법과 법규 및 양자, 다자 간 환경협정의 요구사항
4. 그리고 각 체결 당사국이 회원인 다자 간 개발은행의 환경적 요구사항

본 양해각서의 의도를 고려할 때, 두만강경제개발구는 조선민주주의인민공화국과 중화인민공화국, 러시아연방의 변경 인접지역을 가리키며, 기타 체결 당사국과의 협상을 거쳐 각 체결 당사국에게 통보하면 언제든지 그 범위를 수정할 수 있다.

본 협정의 의도를 고려할 때. 동북아는 두만강경제개발구(별첨 묘사내용과 같음)와 각 체결 당사국의 상호이익과 관련된 사업을 진행하는 기타 체결 당사국과 인접한 영역을 가리킨다.

각 체결 당사국은 서로 협력하고 협조하여 본 지역의 환경을 보호하고 개선하려는 의사가 있음을 확인하였으며, 어떠한 체결 당사국이나 어떠한 국가 또는 국가

관할범위 이외 지역의 환경을 훼손하지 않는다는 전제하에서 본 지역에서 다양한 개발활동을 전개할 수 있다.

각 체결 당사국은 국가 간 관계를 지도하는 국제법 준칙, 특히 각국의 주권과 독립, 평등, 상호이익과 선린우호를 존중한다는 기초하에서 본 양해각서의 내용을 이행한다.

환경평가, 조절 및 관리

1.1. 각 체결 당사국은 국내 조정 및 공동 노력을 통하여 환경기준과 기타 지역 데이터를 수집, 대조, 공유, 호환, 분석하며, 데이터 부족을 식별하고 보충하는 것에 동의한다.

1.2. 각 체결 당사국은 공동(정기갱신)지역 도심 환경분석을 진행하여, 반복적 연구를 거친 지역 전체 발전계획이 현지, 국가, 지역 및 전 세계에 미치는 환경적 영향을 평가한다. 또한, 환경조정이 환경에 미치는 부정적인 영향을 방지하기 위하여 지역환경 조절 및 관리계획을 공동으로 수립하며, 지역환경 분석 및 기타 관련 데이터에 기초하여 환경개선을 추진한다.

1.3. 만약 본 지역 환경의 바람직한 지속적 발전을 위하여 법률, 협의 또는 정책이 필요한 경우, 각 체결 당사국은 적절한 국가 법률, 법규, 양자 및 다자 간 환경 협의 또는 정책을 마련하고 채택한다. 지역적, 소지역적, 국가 기구적 안배가 이에 포함된다.

1.4. 지역 도심의 환경조절 및 관리계획에는 토지이용 관리계획과 다음 행동의 실행을 위하여 확정된 목적에 적합한 조치가 포함되나 이에 국한되지 않는다.

　　— 토지자원, 특히 습지, 약한 연해지역, 삼림 및 민감한 생태계 보호
　　— 생물학적 다양성 보호, 위협을 받거나 위험에 처한 종과 서식지 보호 포함

— 자연 보호구역, 공원 및 보호구역 설립

— 공기와 물의 질적 보장 및 개선

— 해양자원과 해양생물자원의 보호

— 위험 및 고체폐기물의 건전한 배출, 관리, 처리 및 이전

— 응급계획 및 배설 방호

— 환경 위생

— 유독물질의 이용과 운반

— 에너지의 효율적 생산 및 이용

— 오염 및 환경 조건 측정

1.5. 각 체결 당사국은 세부항목의 '환경평가'를 주관(또는 초 청받아 진행)하고 세부항목의 '환경조절 및 관리계획'을 마련한다. 이는 해당 지역의 중요한 환경영향을 지니는 발전 사업을 겨냥한 계획으로, 이 세부항목 '환경평가' 및 '환경 조절 관리 계획'의 준비 업무는 사업 소재지 체결 당사국의 지도자가 담당하며 그 영향을 받는 기타 체결 당사국 전문가가 포함된다.

1.6. 각 체결 당사국은 해당 지역의 개발계획 활동과정에서 해당 지역의 성과 및 세부 항목 '환경평가'를 고려하기 위하여 상호간 조정 및 협력 강화에 동의하며, 지역의 세부사업과 관련된 '환경조절 및 관리계획'을 이행한다.

1.7. 모든 '환경평가'와 '환경조절 및 관리계획'은 국제적으로 승인된 절차와 원칙에 따라 진행된다.

각 체결 당사국의 기타 환경적 책임

2.1. 각 체결 당사국은 본 지역에서 진행되는 활동에서 국제환경 협정의 취지와 기준을 완성하기 위해 개별적으로 또는 기타 당사국들과 협력한다.

2.2. 각 체결 당사국은 본 지역에서 진행되는 활동 및 자국의 환경보호법률을 이행하는 과정에서 기타 당사국들과 조정하고, 이러한 법률이 점차적으로

조정될 수 있도록 고려한다.

2.3. 각 체결 당사국은 기타 체결 당사자와의 협력을 통하여, 과학기술지식 교류와 기술이전, 환경관리, 법률, 법규분야의 장점과 경험의 공유 및 기타 적절한 방식으로 지속발전강화 능력을 구축한다.

2.4. 각 체결 당사국은 본 지역개발과 환경계획 프로세스의 적절한 단계에서 영향을 받는 시민과 관심있는 민간단체에 대해 자문, 정보 및 참여의 기회를 제공한다.

2.5. 각 체결 당사국은 환경평가와 환경조정 및 관리계획을 마련하기 위하여 필요한 자금을 제공하거나 조달하고, 본 양해각서가 최우선적으로 규정하는 기타 환경 보호 책임을 이행한다.

기타조항

3.1. 각 체결 당사국은 본 양해각서를 이행할 기구 배치에 관한 공감대를 형성한다. 이 기구는 '두만강경제개발구 및 동북아 자문위원회 설립을 위한 협정'의 규정에 부합해야 한다.

3.2. 본 양해각서는 각 체결 당사국 국내법의 법률적 절차를 이행해야 하며, 체결 당사국이 법률적 절차를 마친 최종 문건을 UN 사무총장에게 제출한 날로부터 효력이 발생된다.

3.3. 각 체결 당사국의 합의가 이루어진 후 동북아의 관심국 정부를 초청하여 본 양해각서에 편입시킬 수 있다.

3.4. 본 양해각서의 유효기간은 발효일로부터 10년이며, 각 체결 당사국의 별도의 협정이 없는 경우, 10년 유효기간은 자동 연장된다.

3.5. 본 양해각서의 탈퇴를 희망하는 모든 체결 당사국은 정식탈퇴 6개월 전에 서면으로 기타 체결 당사국에게 통지해야 하며, 이(6개월) 기간이 만료되면 해당 체결 당사국의 탈퇴는 효력이 발생된다.

본 양해각서는 1995년 12월 6일 뉴욕시에서 영문으로 작성된 후, UN 사무총장에게 제출하며, 각 체결 당사국에게 검증된 사본을 전달하고 UN 사무국에 등록한다.

아. 소고(小考)

1995년 12월 UNDP와 관련 당사국이 두만강지역개발에 관한 두 건의 협정과 한 건의 양해각서에 서명함으로써, 지난 1991년 울란바토르에서 개최된 UNDP의 동북아 소지역개발 조정관회의에서 TRADP를 동북아 국가 간 최우선 사업으로 추진키로 합의한지 4년여 만에, 그리고 지난 5월 베이징에서 협정문과 각서에 가서명한지 7개월 만에 이 지역 국가 간 최초의 다자협력체를 구축했다.

UNDP와 관련 당사국은 1991년 10월 북한 평양에서 열린 제2차 동북아 소지역개발 조정관회의에서 1992년 1월부터 18개월 간의 타당성조사 등을 거쳐 TRADP 실행계획을 확정하기로 하였으나, 국가 간의 이해관계, 개발대상의 범위, 개발방식 등의 이견을 좁히지 못함에 따라 1994년 1월 UNDP는 미국 뉴욕에서 긴급실무회의를 개최하고 공동개발을 담당할 두만강지역개발회사(TRADCO) 설립을 잠정연기하고 투자유치 등 실행계획 수립, 무역·투자 장애 요소 해결 등에 중점을 두기로 하는 수정안을 제시하였다.

UNDP의 수정안은 "두만강지역개발구상"의 근간을 흔드는 것으로서 UNDP가 설계자, 주도자, 조정자로서의 역할과 재원조달의 한계를 드러냈다고 볼 수 있다.

UNDP가 유엔 창립 46주년 기념일 날 "두만강지역개발구상" 발표한 것에서 알 수 있듯이, UNDP는 냉전의 유산을 안고 있는 이 지역을 다국 간 협력을 통해 평화지대로 건설하고자 하는 의욕을 갖고 있었던 것으로 볼 수 있다.

UNDP는 당시 두만강 접경 3국이 외자유치를 위해 경제특구개발 및 투자환경 개선 등으로 한국, 일본, 미국 등 선진국가의 두만강 지역 투자가 확대됨에 따라, 비록 공동개발방식을 채택하지 않아도 공동협력을 통하여 두만강 지역을 동북아의 교통물류중심, 국제자유무역지대로 건설하겠다는 당초 "두만강지역개발구상" 실현이 가능할 것으로 기대됨에 따라 수정안을 강력히 추진하게 되었다.

UNDP는 동북아 지역 여건상 공동개발 방식의 "두만강지역개발구상" 실현이 어려운 상황에서 "공동협력"에 대한 기본정신만 유지된다면 국제협력을 통해 두만강지역개발이 가능할 것으로 보았다.

또한 갓 대외개방을 시작한 동북아 각국은 국제협력 경험 등의 부족으로 UNDP 등 국제기구의 도움이 절실히 필요함에 따라 당초의 "두만강지역개발구상"에 한참 못 미치는 TRADP 실행계획을 추진하게 되었다.

다자협력의 기본은 구체적인 목표, 실행계획, 재원조달 등과 참여국가의 권리의무 등을 명시하는 것이 기본적인 사항이나 TRADP 협정은 국제협력의 기본방향만 정하였을 뿐 구체적인 목표와 실행방법, 재원조달, UNDP와 관련 당사국의 권리의무를 정하지 않음으로써 동북아 최초 다자협력체의 협력사업 추진에 어려움을 제공하는 단초를 제공했다고 볼 수 있다.

그러나 UNDP와 관련 당사국은 두만강지역개발계획 실행을 위해 4년여의 긴 연구조사와 협상 끝에 유엔의 깃발아래 냉전의 유산이 서려있는 두만강 지역을 동북아 5개국이 공동협력을 통해 개발하기로 합의한 것은 큰 성과라 할 수 있다.

1995년 12월 미국 뉴욕 유엔본부에서 관련 당사국이 TRADP 협정에 서명함에 따라, 한국 언론들은 이 소식을 대대적으로 보도하였다.

당시 언론의 시각은 한국의 두만강지역개발 참여에 대한 기대감, 21세기 동북아의 유망지로 손꼽히고 있는 이 지역 개발 사업에 본격 착수할 수 있는 제도적 기반 마련 등 긍정적인 보도와 함께 구체적인 목표 결여, 재원조달의 어려움으로 두만강지역개발 사업에 대한 우려의 목소리를 함께 냈다. 초기 두만강지역개발에 대한 이해를 돕기 위하여 당시 언론 기사를 별첨하였다.(붙임2)

동북아 5개국이 다자협력체를 결성하고 TRADP를 본격적으로 추진할 수 있었던 것은 UNDP, 중국 중앙정부와 지린성 정부, 미국 하와이대 동서센터의 노력이 컸다고 할 수 있다.

UNDP는 두만강 지역에 대한 오랜 조사연구를 거쳐 두만강지역의 지정학적 특성과 협력의 방향을 제시한 "두만강지역개발구상"을 국제사회에 발표함으로써 동북아 국가 간 경제협력을 촉진시키는 계기를 만들었다. 이 구상안은 30년의 세월이 흐른 지금도 동북아 지역개발의 중요한 자료로 활용되고 있다. 그리고 북한의 두만강지역개발계획 참여를 끌어냄은 물론 남북협력 분위기 조성을 통하여 TRADP를 추진할 수 있는 토대를 마련하였다.

중국은 두만강출해권 회복과 변경지역 개발을 통하여 두만강 접3국의 경제특구 조성 등 대외개방을 촉진시켰으며, 특히 지린성 정부는 두만강지역개발을 위하여 "제1회 동북아 경제발전 국제학술 세미나"를 유치하고, 두만강지역개발을 제안하는 등 TRADP 출범에 큰 기여를 하였다. 지린성의 두만강지역개발계획 추진사례는 동북아 지방정부의 지역개발 모델이 되고 있다.

미국 하와이대 동서센터의 한국인 조이제 교수는 송젠(宋健) 중국 국무위원 겸 국가과학기술 위원회 위원장과 협력하여 "제1회 동북아 경제발전 국제학술 세미나"를 성공리에 개최하였다.

동서센터는 이 세미나 개최를 계기로 1991년 동북아경제포럼을 창설하고 매년 중국, 남북한, 러시아, 일본 등을 순회하면서 세미나를 개최함으로써 국제사회에 동북아 가치를 재조명하고 두만강지역개발계획을 추진하는 데 많은 기여를 했다.[31]

UNDP의 TRADP 추진에 따라 동북아 지역에는 많은 변화가 일어나기 시작했다.

---

31 http://apikorea.org/?act=info.page&pcode=sub1_3, 「(재)동아시아경제연구원API」 동북아경제포럼 (North East Asia Economic Forum, NEAEF)은, 미국 동서센터(East-West Center)의 총재를 역임한 바 있는 조이제 박사의 리더십과 네트워크에 의하여, 1991년에 동북아 지역의 경제·사회 발전을 위한 연구와 네트워크 형성, 대화를 지원하고 촉진하기 위하여 설립된 비정부 국제지역기구(Non-governmental regional organization, NGO)이며, 중국, 일본, 몽골 등 동북아 국가들과 미국 및 유럽의 정책 입안자, 기업인, 학자, NGO들 사이의 정보와 아이디어 교환을 위한 중심역할을 해왔다. NEAEF는 각 나라별 포럼의 활동과 연구를 추진하기 위하여, 한국, 일본, 중국, 러시아, 몽골 및 미국에 각 국가별 위원회(country committees)를 설립하여, 2020년 5월 현재 API Korea, API China, API Japan, API Mongolia, 및 Hawaii API의 네트워크로 이루어져 있다. NEAEF는 1991년부터 매년 여름 각 나라를 돌아가면서 국제포럼을 개최하고 있다.(검색일: 2021. 7.1)

첫째는 동북아 최초의 다자협력 추진에 따라, 정부, 학계, 기업계 등 각 방면에서 두만강 지역에 관심을 갖게 됨에 따라 지역홍보로 인한 투자 붐이 일어났다.

둘째는 1991년부터 UNDP 주도의 두만강지역개발 사업이 본격화되면서, 지역개발 사업의 주체인 지방정부가 중심이 되어 다자협력을 통한 협력사업을 추진하는 계기가 되었다.[32]

1994년 10월, 환동해권 5개 지방도시(훈춘, 속초, 동해, 요나고, 사카이미나토)가 중심이 되어 "환동해권거점도시회의"를 창설하였으며, 2020년 12월 기준 10개 도시가 참가하는 다자협력체로 발전하였다.

1994년 11월, GTI 핵심지역에 위치한 중국 지린성, 러시아 연해주, 한국 강원도가 중심되어 "동북아 지방정부 지사·성장회의"를 창설하고 경제, 문화, 관광 등 다양한 방면의 교류협력을 해오고 있다.

1995년에는 일본 시마네현, 중국 헤이룽장성, 러시아 하바롭스크 등 17개 지방정부가 중심이 되어 동북아지역자치단체연합(NEAR)을 출범시켰다. 2021년 6월 기준 NEAR는 동북아 6개국 78개 지방정부가 참여하는 협의체로 발전하였다.

이처럼 TRADP는 동북아 최초이자 유일한 국가 간 지역개발을 위한 다자협력체로서 큰 상징성을 갖고 있을 뿐만 아니라 두만강 접경 3국의 외자유치에 기여하였으며, 동북아 각국 지방정부 간의 교류협력을 촉진하는 등 순기능적인 역할을 하였다.

현재 북한의 핵문제 등으로 두만강지역개발이 진전을 보지 못하고 있는 현실에서 당시 북한의 두만강지역개발 참여를 끌어내었던 회원국들의 지혜가 필요한 시점이다.

---

32 全洪镇, 2009, 东北亚跨国地方间经济合作研究 ——以中国吉林省,俄罗斯滨海边疆区, 韩国江原道为主, 吉林大学, http://www.neargov.org.

붙임2

TRADP 협정 및 북한 투자유치활동 관련 언론기사

1996년 12월 6일 TRDAP 협정서명 관련, 2021년 3월 기준 검색 가능한 한국 언론의 기사내용이다. 기대와 우려가 교차함을 읽을 수 있다. 특히 북한이 미국에서 투자유치 활동을 전개한 것은 대단히 고무적인 일이다. 두만강지역개발이 당시 언론의 우려와 같이 큰 진전을 보지 못하고 있어 매우 안타깝다.

순서는 ① 한국경제 (1995. 12. 7), 두만강개발협정 서명..한/중 등 5국 "경제협력체" ② 한국경제(1995.12.11), 두만강개발 한국기업 진출 본격화..UNDP협정서명 ③ 중앙일보(1995.12.7), 두만강개발협의委 설립협정 서명–남북한 · 中 · 몽고 5國 ④ 중앙일보(1995.12.8.), 두만강 개발 국제금융없인 불가능 ⑤ 중앙일보(1995.12.10), 북한대표단 미국서 투자설명회 개최이다.

① 한국경제(1995. 12. 7)

두만강개발협정 서명..한/중 등 5국 "경제협력체"

한국과 북한 중국 몽골 러시아 등 5개국은 6일 오후(현지시간) 두만강 경제개발 지원을 촉진하기 위한 "두만강지역 개발사업 및 동북아개발(TRADP)협의위원회" 협정문과 환경양해 각서에 서명했다. 이날 오후 2시30분 유엔본부 신탁통치이사회 사무실에서 거행된 서명식에는 한국의 신명호 재정경제원 제2차관보, 북한 측 김정우 대외경제위원회부원장, 중국 진화손 주유엔대사, 러시아 자흐마토프 니콜라이 대외경제부 유럽 및 북미경제협력국장 그리고 몽골 뎀버럴 국가개발부 차관이 각각 수석대표로 참석했다.

이로써 이들 5개국은 지난 91년 울란바토르에서 개최된 유엔개발계획(UNDP)의 동북아지역 수혜국 회의에서 TRADP를 동북아 국가 간 최우선 사업으로 추진키로 합의한지 4년만에, 그리고 지난 5월 북경에서 협정문과 각서에 가조인한지 7

개월 만에 이 지역 국가 간 최초의 다자 지역경제협력체제를 구축했다.

이날 서명된 TRADP 5개국 협의위원회(Commission) 협정문은 두만강 경제개발지역의 개발지원 촉진과 이 지역에 대한 투자확대를 위해 위원회를 설립한다고 명시하고 위원회는 최초 2년간 정기적으로 연 2회 개최하고 그 이후 연 1회 이상 또는 특별회의를 개최할 수 있다고 규정하고 있다. 전문과 본문 3개조 그리고 부속서로 된 이 협정은 앞으로 한국 등 5개국이 각국의 국내법 절차(비준)를 거친후 절차 완료를 유엔사무총장에게 기탁한 날부터 발효된다.

또한 환경양해각서는 두만강 개발지역일대의 개발에 따른 자연환경경영향 등을 공동평가하고 장기적인 환경 관리계획 등의 수립 등을 통해 이 지역의 개발을 지속적으로 추진할 수 있도록 한다는 내용을 담고 있다.

이에 앞서 두만강 개발지역 당사국인 북한과 중국 러시아 등 3개국은 개발지역에서의 인적, 물적교류에 따른 국경개방과 금융제도 통일 등 투자환경의 조성 논의를 위한 3개국 조정위원회(Committee) 설립협정을 별도로 서명했다. 한국 등 5개국 대표들은 지난 4일부터 유엔본부에서 TRADP를 논의하기 위한 제6차 계획관리위원회(PMC) 회의를 열고 5개국 협의위원회 사무국 구성방안과 소재지 선정, 경비부담 등 사무국 관련 사항과 분야별 사업우선 순위 선정에 따른 사업 실행 및 재원조달 방안 등을 협의하고 있다.

유엔개발계획(UNDP) 주관으로 열리고 있는 이 회의에서 한국은 사무국 소재지 선정과 관련, 사무국을 서울에 유치하고자 하는 반면에 중국 북한 등은 북경을 적극 선호하고 있어 경합을 벌이고 있다.(출처: https://www.hankyung.com/news/article/1995120601931)

② 한국경제(1995.12.11)

[월드이슈] 두만강개발 한국기업 진출 본격화..UNDP 협정서명

지난 6일 유엔에서 한국과 북한 중국 러시아 몽골 등 5개국이 서명한 두만강지

역개발을 위한 위원회 설치 및 환경양해각서는 동북아 국가 간에 경제협력체제를 구축했다는 점에서 주변국들의 시선을 끌고 있다. 이를 계기로 이들 국가들은 경제협력은 물론 다른 분야에서의 협력도 쉽게 이루어질 수 있을 것으로 전망된다. 중국의 훈춘, 북한의 나진 선봉, 러시아의 포시에트를 연결하는 삼각지역의 두만강 개발은 관련 국가들은 물론 일본 홍콩 서방국가들의 관심을 모아왔다. 그러나 법적 제도적 뒷받침이 미흡해 투자를 망설여 왔던게 사실이다.

두만강지역 개발사업은 유엔개발계획(UNDP)이 지난 91년 7월 몽골의 울란바트로에서 개최된 UNDP의 동북아지역 수혜국회의에서 제안했다. 그후 서울 북경 평양 등을 오가며 5차례에 걸쳐 회합을 갖고 개발원칙, 개발관리기구 설치, 인프라의 공동개발 등에 대해 논의를 거듭해 왔다. 특히 올 5월 북경회의에서는 4년여를 끌며 난상토론을 벌여온 각국의 이해를 조정, 협정문에 가서명하기에 이르렀다.

이 과정에서 한국이 가장 큰 소득을 올렸다는게 전문가들의 평가다. 5개국이 관련국이라고는 하지만 실제 투자여력이 있는 국가는 한국밖에 없기 때문이다. 일본은 업저버 자격으로 아직 관망자세를 취하고 있다. 이번 협정문에 한국의 의견이 대부분 반영된 것도 이와 무관치 않다고 신명호 차관보는 설명하고 있다. 서명식에서 행한 각국대표의 연설에서도 투자문제는 우리 측에 많은 희망을 걸고 있었다.

우리 측의 기대효과로는 첫째 개발 잠재력이 풍부한 동북아 지역에 우리 기업의 진출이 잇따를 것이라는 점이다. 풍부하고 다양한 지하자원과 싼 노동력을 이용한 제조업의 투자도 많겠지만 무엇보다도 도로 항만 통신 등 인프라분야에 관심을 갖는다면 큰 투자실익을 거둘게 확실하다. 둘째 동북아 내륙시장의 진출거점을 확보할 수 있다는 것이다. 두만강의 배후지역인 동북 3성(길림성, 요령성, 흑룡강성)은 1억의 인구를 가진데다 석탄, 석유, 농산물이 풍부해 소비시장과 자원확보라는 두 가지의 이점을 동시에 누릴 수 있다. 셋째 운송망의 구축이다. 두만강하구와 시베리아를 잇는 수송로를 확보하면 유럽 및 중국내륙으로의 상품수송이 용이할 뿐더러 비용도 훨씬 절감된다. 이밖에 정치 외교적 의미도 크다. 동북아 국가 간에 다자 간 경제협력 체제를 구축했을 뿐더러 남북한이 공식협정을 맺었다는 사실도 부수적인 성과로 지적되고 있다. 특히 두만강 개발지역은 현재 북한이 투자를 적극 유치하고 있는 나진 선봉과 한국의 동해안 및 부산, 일본의 니가타, 중국의 내륙지방 등을 연결하는 중계무역이 가능한 곳이다. 이러한 지역 특성을 활용, 두만강개발 당사국들이 기술과 개발경험 그리고 양질의 노동력과 풍부한 자원활용, 개발에 필요한 자금을 투입할 경우 상호보완적인 경제발전을 이룩할 수 있다는 것이다. 그러나 해결해야 할 과제도 많다. 인프라를 시급히 정비해야 하고 투자재원을 마련해야 한다. 특히 투자재원은 세계은행 아시아개발은행 등에서 조달해야 하나 현재로선 쉽지가 않다. 두만 트러스트 펀드설치도 아직 구체적인 계획이 없다. 또 북한 중국 러시아 3국이 각각 자기측 영토의 우선개발을 고집할 때 오히려 개발이 지체될 것이라는 우려가 제기되고 있기도 하다.(출처: https://www.hankyung.com/international/article/1995121100641)

③ 중앙일보(1995. 12. 7)

두만강개발 협의委 설립협정 서명–남북한, 中, 몽골 5國

남 · 북한과 중국 · 러시아 · 몽고 등 5개국은 6일 뉴욕에서 두만강지역개발사업(TRADP)협의위원회 설립협정에 정식 서명함으로써 21세기 동북아의 유망지로 손꼽히고 있는 이 지역 개발사업에 본격 착수할 수 있는 제도적 기반을 마련했다.

이들 5개국은 앞으로 국내비준 절차가 완료되는 대로 차관급 인사들로 협의위원회를 구성, 두만강지역개발을 위한 구체적 사업계획 수립과 집행에 나서게 된다. 5개국은 또 두만강지역개발사업 사무국을 베이징(北京)에 두기로 하고, 연 100만~150만달러로 예상되는 사무국운영경비 분담방안에 대해서도 합의했다.

(출처: https://mnews.joins.com/article/3174561)

④ **중앙일보**(1995. 12. 8)

두만강 개발 국제금융없인 불가능

두만강(豆滿江)개발계획은 과연 현실성이 있는 것인가. 추진 4년만에 마침내 협정문이 정식 체결됐음에도 불구하고 많은 사람들이 의문을 제기한다. 난제들이 아직도 산적해 있는 까닭이다. 명분상으로는 협정체결 자체에 상당한 의미를 부여할 수 있다. 남북한을 포함, 중국·러시아·몽고 등 동북아시아 5개국이 이같은 국제조약을 체결했다는 것부터가 처음 있는 일이기 때문이다. 동북아 국가 간에 최초로 결성된 다자간 경제협력체제인 셈이다. 특히 개발대상지역이 각국의 전략적 요충지이고 보면 이것의 공동개발노력은 국제적으로도 대단한 관심사다.

문제는 실질적인 진전 여부다. 작게는 훈춘(중국)-포시에트(러시아)-나진·선봉(북한)을 잇는 소삼각 지역, 크게는 연길-블라디보스토크-청진을 잇는 대삼각 지역을 자유경제지역으로 만들자는 것인데, 구체적인 방법 찾기는 이제부터 할 일이다.

이번 협정문 서명으로 일단 사무국이 설립된다. 최소한 유엔의 깃발 아래 참가국들이 머리를 맞대고 논의할 공식채널을 상설하는데는 성공한 셈이다. 북한은 그동안 한국의 영향력을 최소화하려고 무진 애를 썼다. 개발대상 지역의 접경당사국이 아닌 만큼 돈만 내고 적극적으로 끼어들지 말라는 주장을 펴왔다.

그러나 5개 참가국 중에 돈낼 나라는 그나마 한국 뿐이었으므로 결국 북한도 어쩔수 없이 현실에 승복할 수밖에 없었다. 지금 뉴욕에서 열리고 있는 제6차 실무회의에서도 돈 문제만 나오면 다른 나라들은 꿀 먹은 벙어리가 된다는 것이 회의 참석자의 전언이다.

사무국을 운영하는 경상비용 정도야 한국 혼자서 생색 내가며 당분간 감당해 나갈 수 있을 것이다. 기업차원의 적극적인 투자 또한 개발재원 충당에 중요한 몫을 할 것이다. 그러나 인프라 구축 등 본격적인 기초투자가 이뤄지려면 국제적인 금융지원 없이는 불가능하다. 돈 문제 말고도 각국의 상충된 이해관계를 정리하는데도

상당한 노력과 시간이 걸릴 것이다. 그런 뜻에서 이번 협정문 서명에는 아무런 구체적인 대안을 담지 못했다.

이제부터 시작이다. 일본이 어떤 태도를 취하느냐가 가장 큰 변수다. 유보적인 입장을 취하고 있는 일본으로서는 러시아와의 정치적인 함수뿐 아니라, 경제적으로도 서두를 게 없다는 생각이다.

어차피 일본의 막강한 기술력과 자본력을 배제하고는 본격적인 개발사업이 시작될 수 없다고 보는 것이다. 따라서 국제금융지원 여부도 일본의 태도 변화시기와 직접적으로 연계될 수밖에 없다고 봐야 할 것이다. 일본의 참여에 대한 한국의 입장은 양면성을 지니고 있다. 일본이 들어오기 전에 선점효과를 노려야 하는 반면, 일본이 빨리 들어와 줘야 개발의 본격적인 진척을 기대할 수 있기 때문이다.(출처:https://mnews.joins.com/article/3175439)

⑤ 중앙일보(1995. 12. 10)

북한대표단 미국서 투자설명회 개최

북한도 드디어 감세혜택까지 선전하며 해외투자 유치를 위한 세일즈에 나섰다. 유엔이 주관한 두만강개발계획 협정서명을 위해 미국에 온 북한 대표단이 미국 방송국 CNN에 취재요청까지 해가면서 8일 투자설명회를 개최했다.

뉴저지 포트리 힐튼호텔에서 열린 투자설명회는 북한 대외경제협력추진위원회 김정우(金正宇)위원장과 임태덕(林泰德)부위원장 등 5명이 참석한 가운데 나진·선봉 자유무역지대에 관심이 있는 50여 명의 한국의 지사·상사 및 교포 실업인을 대상으로 진행됐다. 참가비 3백달러(23만원)로 사전 신청받아 아침 9시30분부터 시작된 이날 설명회는 질의·응답까지 포함, 꼬박 3시간동안 계속됐다. 오후에는 관심 있는 기업과의 개별 면담시간을 가진 후 다음 저녁 만찬까지 준비하는 등 제법 짜임새 있는 투자설명회를 마련했다.

나진·선봉 자유무역지대 한국기업인 무비자입국 가능

「황금의 삼각주」라는 제목의 30분짜리 비디오 상영에 이어 연설에 나선 金위원장은 『세계경제는 지각변동을 일으키며 지역화·집단화하고 있으며, 투자가들에게 유리한 조건을 최대한 제공하는 나진·선봉지대야말로 21세기 세계경제의 주축이 될 것』임을 강조하면서 시종 경제문제로만 분위기를 끌어갔다.

그는 또 『미국의 GM, AT&T, MCI 등 대기업들이 나진·선봉지역에 투자를 모색중』이라며 『남한 기업인들의 투자를 언제든지 환영한다』고 말했다. 뒤이어 나선 林부위원장은 나진·선봉지역의 구체적 실태와 북한정부 당국의 정책대응을 나름대로 설명하면서 적극적인 투자를 참석자들에게 부탁했다. 『746평방㎞에 달하는 싱가포르보다 큰 면적이 두만강을 사이에 두고 중·러·일을 마주하고 있는 황금의 삼각주』임을 누차 강조했다. 또한 세금조항으로는 법인세가 14%이나 이익을 낼 때로부터 처음 3년간은 면제해주며 그 후 2년간은 50%를 깎아주는 면세제도를 마련하고 있다고 했다.

설명회 후반에 진행된 공개적인 질의·응답도 전에 없던 일이었다.

다음은 그 요약.

－한국기업에도 다른나라 기업과 동등한 기준이 적용되나.

　『한국기업이라고 해서 불리한 대우를 해줄리 있나.』

－한국기업인도 비자없이 들어갈 수 있나.

　『북한의 다른 지역을 거치지 않고 들어갈 때는 한국인도 비자가 필요없다. 교통편에 상관없다.』

－지금까지 한국기업들의 반응은 어떠했는가.

　『수십개 기업에서 많은 사람들이 다녀갔고, 일부 계약하기도 했다. 그러나 성사된 것은 하나도 없다. 어느 대기업 사장은 이곳에 통신센터를 세우겠다고 했는데 여태 소식이 없다.』

－자유무역지대 최저임금이 월 80달러(6만2,400원)라고 했는데 너무 높지 않나.

『우리 노동자를 베트남이나 태국·필리핀과 비교해선 안된다. 11년간 의무교
육을 받아 이들 나라 근로자들과는 질적으로 다르다.』

-나진·선봉의 상주인구는 얼마인가.

『현재 14만명선이다. 2010년께에는 30만~50만명이 될 것이고 장차 100만
명의 도시로 발전할 것이다.』

-나진~부산간 컨테이너 정기운항을 확대할 것이라고 했는데.

『앞으로 컨테이너뿐 아니라 여객선도 다니게 해 선박을 통해 무역지대에 인력
을 출입할 수 있게 할 계획이다.』

(출처:https://mnews.joins.com/article/3175439)

6. 두만강지역개발계획(TRADP) 추진실태

가. TRADP 개요

UNDP가 1991년 10월 24일 국제사회에 발표한 "두만강지역개발구상"은 1995년 12월 제6차 PMC회의에서 중국·북한·러시아 간에 「두만강지역개발 조정위원회, 이하 "조정위원회"」 설립에 관한 협정과 중국·북한·러시아·한국·몽골 5개국 간 「두만강경제개발구 및 동북아개발 자문위원회, 이하 "자문위원회"」 설립에 관한 협정과 「두만강경제개발구 및 동북아 환경준칙 양해각서」를 정식으로 조인함에 따라 TRADP를 본격적으로 추진하게 되었다.

PMC와 협정내용을 토대로 TRADP 개요를 정리하면 다음과 같다.

TRADP는 UNDP의 지역협력 프로그램으로써 중국·남북한·몽골·러시아 5개국이 참여하는 동북아 국가 전역을 대상으로 하는 것이 아닌 두만강 지역 접경 3국을 중심으로 동북아 지역개발과 경제협력 증진을 위한 정부 간 다자협력체이다.

사업추진 기구는 국가별 "차관급(중국 부부장급)"으로 구성된 "조정위원회"와 "자문위원회", 조정관회의, 두만사무국, 실무반(working group)으로 구성된다.

조정위원회는 두만강 접경 3국인 중국·북한·러시아로 구성되며, 경제특구 개발과 이와 관련된 경제·사회적, 법적문제나 초국경 경제협력에 관한 사항을 협의·조정한다.

자문위원회는 두만강 접경 3국과 한국, 몽골로 구성되며, TRADP 지역에 개발·투자 촉진을 위한 지원과 동북아 및 TRADP 지역의 경제, 환경 및 기술적 측면에서의 협력증진을 추진한다.

정례회의는 설립 후 첫 2년 동안은 1년에 두 차례 정례회의를 개최 후, 매년 1회 순회개최를 원칙으로 하며 자문위원회 개최 후 별도의 조정위원회를 개최한

다.[33]

조정관회의는 TRADP 총회 안건 준비 및 회원국 간 협력사항 조정 등을 수행하며, 각 회원국의 과장급(중국 처장급)으로 구성되었다.[34]

두만사무국은 두 위원회를 보좌하며 베이징에 설치하였다. 회원국을 대표하는 두만사무국의 법인격은 유엔개발계획(UNDP)이며, 직원의 임면권은 유엔이 갖고 있었다. 두만사무국은 위원회의 권한 범위 내에서 TRADP의 사업방안 및 각종 후속계획을 수립하고 감독한다.[35]

실무반(working group)은 분야별 전문가와 국가별 실무자로 구성되며, 투자촉진, 관광, 수송, 환경, 조정·조화 등 5개 분야이며, 이중 조정·조화는 두만강 접경 3국만 참가한다. 주요임무는 관련분야의 주요과제 연구·검토·협의를 하며, 주요의제는 위원회에 상정한다.

사업대상 지역은 두만강 지역에 한정하지 않고 회원국 협의에 의하여 수시로 조정이 가능하도록 규정하고 있어, 두만강 지역 전체가 사업대상이라 볼 수 있으며, 기존의 소삼각, 대삼각 구분은 의미가 없다.

참고로 PMC회의에서 논의되었던 사업대상 지역은

△소삼각 (훈춘 ~자루비노(포시에트)~나선)

△대삼각(옌지~블라디보스토크(나홋카, 보스토치니)~청진)

△동북아지역개발권[36]은(극동러시아, 북한 함경북도, 중국 동북3성과 내몽고 일부, 몽골 동부지역)으로 나눈다. 동북아지역개발권은 GTI 사업대상 지역 확대 기준이 되었다.

사업내용은 두만강 접경 3국이 경제특구를 독자적으로 개발하되, 회원국 간 공

---

33 "정례회의" 명칭과 관련하여 "차관급회의", "5개국자문위원회", "당사국 총회" 등 다양하게 부르고 있으나, 본고에서는 시대적 흐름에 맞게 "총회"로 통일하여 사용한다.

34 중국의 처장급은 한국의 사무관과 서기관의 중간 직급이라 할 수 있다. 처장은 중앙정부의 팀장, 광역지방 자치단체의 팀장(담당)이다.

35 崔勛, 2015년12월, 构筑"后GTI"体制的意义与东北亚经济合作 및 1996년 12월6일 회원국 협정

36 중국에서는 동북아지역개발권을 광역투먼지역(大图们区域)이라 한다.

동협력을 통하여 두만강 지역을 동북아 교통물류의 중심, 자유무역지대로 개발하여 평화와 번영의 동북아를 실현하는 것이다. 사업기간은 10년(2005년)이며 자동연장(10년)이 가능하다.

사업예산은 UNDP의 지원금과 회원국 분담금(국별 25천달러)으로 하나, 이 시기에 대부분의 운영비와 사업비는 UNDP가 부담하였다.

국가별 주관부서는 중국 대외무역경제합작부(현 상무부), 북한 무역성, 한국 재정경제부(현 기획재정부), 몽골 인프라개발부, 러시아 무역·경제개발부이다.

나. TRADP 총회 개최현황

1995년 12월 TRADP 추진을 위한 두 개의 위원회가 공식적으로 출범한 이래, TRADP 총회는 1996년 4월부터 2005년 9월까지 총 8회 개최되었다. 회의는 첫 2년은 매년에 2회를 개최한 후 매년 1회 개최가 원칙이었으나 제3차 총회부터 이 원칙은 지켜지지 않았다. 회의경비 부담, 남북관계 원인 등으로 중국 6회(베이징4, 홍콩1, 창춘1), 러시아(블라디보스토크)1회, 몽골(울란바토르)에서 1회 개최하였다.

총회는 차관회의이며 최고 의사결정기구이다. 총회 개최상황을 통해 두만강지역개발계획의 추진실태를 파악할 수 있다.

TRADP 총회 개회현황을 개괄적으로 살펴보면, 1996년 4월 중국 베이징에서 열린 제1차 총회에서는 회의정관 제정, 사무국 베이징 설립 등 TRADP실행을 위한 조직체계를 정비하고, 투자유치를 중점업무로 추진하기로 하고 사무국에 재원조달 방안 마련을 촉구했다.

1996년 중국 베이징에서 열린 제2차 총회에서는 경제협력 장애요소 해결방안을 집중논의 하였으며, 1997년 11월 중국 베이징에서 열린 3차 총회에서는 회의운영에 관한 시스템을 정비하였다.

1998년은 총회가 열리지 않았다. 1999년 6월 몽골 울란바토르에서 열린 제4차 총회에서는 동북아두만투자회사 설립을 논의하였으며, UNDP는 TRADP 신발전 방향으로 △ 초국경 협력, 교통회랑 건설과 환경보호 △지역적 범위를 두만강에서 동북아로 확대를 제시하였다.

2000년에는 총회가 열리지 않았다. 총회가 개최되지 않은 이유는 1999년 12월 UNDP가 내부적으로 TRADP에 대한 전면적인 재평가를 하고 새로운 방안 준비에 시간이 필요했기 때문이라 할 수 있다.

UNDP의 재평가서는 TRADP가 비현실적인 전망에 기초한 초기의 목표 제시가 과도하였다고 평가하였으며 다음과 같은 문제점을 지적하였다.

- 지역 내 다국 간 협력체제를 안정시키고 참가국의 주도성을 제고하는 활동이 불충분하였다.
- 두만강 지역이라는 소지역개발에 집중함으로써 동북아 지역에서 협력이 필요한 항목의 개발을 추진하지 못하였다.
- 동북아 지역의 잠재성을 평가하는 타당성 조사가 불충분하였다.

이상과 같은 평가에 기초하여 TRADP에서 UNDP의 역할 축소 및 회원국 역할 제고, TRADP의 지역적 범위를 동북아 지역으로 확대, 일본의 참가를 요청하기로 했다.[37]

2001년 4월 중국 홍콩에서 열린 제5차 총회부터 2005년 9월 중국 창춘에서 열린 제8차 총회까지는 주로 UNDP 주도의 TRADP를 회원국 주도로 전환하는 데 집중함으로써 협력사업에 대한 논의가 거의 이루어지 않았다.

선행연구 자료 등을 중심으로 TRADP 총회 개최현황을 정리하면 다음과 같다.

1) 제1차 TRADP 총회 : 1996년 4월 18일, 중국 베이징

TRADP 실행프로그램 전환이후 열린 첫 총회로서 주로 TRADP의 안정적 추진을 위한 회의정관 제정, 사무국 베이징에 설립 및 운영비 회원국 균분부담(각 25천 달러), 향후 18개월 중점업무로 지역 간 무역협력 촉진을 위해 나진·블라디보스

---

37 이찬우, 2003, "두만강지역개발 10년 평가와 과제", KDI북한경제 리뷰5권2호, p.53.

토크 등지에서 투자포럼 집중개최를 결정하고 사무국에 외자유치의 중요성 제기 및 외부 재원조달 방안을 촉구했다.

2) 제2차 TRADP 총회 : 1996년 10월 21일, 중국 베이징

중국, 러시아, 북한 3국 간 경제협력 장애요소(무역, 교통, 관광)를 해소하고 경제협력 촉진을 위한 환경개선, 지역개발에 따른 재원조달 방안을 집중 논의하였으며, 중·러·남북한 철도 건설 및 연변~나진~속초 관광교통 노선 개설을 제안하고, 일본의 정식 회원국 초청을 결의하였다.

3) 제 3차 TRADP 총회 : 1997년 11월 17일, 중국 베이징

총회운영의 효율성을 높이기 위해 국가 간 실무협의를 위한 조정관회의는 매년 상반기, 총회는 하반기에 개최하기로 결정하는 등 총회운영시스템을 정비했다.(표3 참고)

표 3 제3차 총회 주요내용

구 분	주요내용
보고사항	· TRADP 2단계사업이 1997년 2월부터 순조롭게 추진 · 회원국의 자금지원 외에 기타 자금조달 방안 추진 · 금융, 투자, 환경, 관광, 초국경 화물 운수, 능력개발(훈련 및 고찰) · 국제회의 개최 및 나진, 연변 등 투자 홍보 각 8회, 방문고찰 4회, 프로젝트 업무 능력 배양 · 가능성 연구보고 실시 : 관광, 상업은행타당성조사, 몽골 초이발산~중국 아얼산 철도건설 등 3건 · 최근 두만강경제개발구 외국인 투자추세와 성과 · 관광산업 홍보프로세스 · 자금유동과 운전 · 환경준칙과 원칙 · 장백산관광개발 원칙 등 5건
1998년 사업계획	· 블라디보스토크, 나선 투자홍보 · 몽골기술지원과 교통건설 프로젝트 개발 · 몽골과 두만강 지역 통상구(口岸)[39] 간 연계협력을 강화 · 회원국과 유효한 지역협력네트워트 건립

---

38 통상구는 중국의 커우안(口岸)을 일반적으로 부르는 명칭이다. 커우안은 국가가 지정한 대외교류의 관문이다. 출입국 및 통관 등 국제공항·항구 기능이 있다.

4) 제 4차 TRADP 총회 : 1999년 6월 9일, 몽골 울란바토르

매년 총회를 개최하였으나, 사정에 의거 1998년 총회를 개최하지 못하고 1999년 6월 9일, 몽골 울란바토르에서 개최하였다. TRADP 향후 발전계획, 자금운영, 중점 분야의 구체적 사업 추진계획, 경제발전과 환경보호 등에 대하여 논의 했다. 북한은 불참했다.(표4참고)

표 4 제4차 총회 주요내용

구 분	주요 내용
UNDP, 신발전 방향 제시	· 초국경 협력, 교통회랑 건설과 환경보호 · 지역적 범위를 두만강에서 동북아로 확대
논의사항	· 동북아두만투자회사 설립
추진상황보고	· 세계관광기구(WTO)와 다목적 관광상품 개발 홍보 논의 · 일본 PADECO회사의 지원으로 초국경 교류 장애요인 연구 · 지구환경기구 (Global Environment Facility, GEF)에서 두만강 지역 환경보호프로젝트 지원 · 두만사무국, 에이즈가 사회경제에 미치는 영향을 소개하고 협력 분야의 다양화 제안

5) 제5차 TRADP 총회 : 2001년 4월 5일, 중국 홍콩

TRADP 10주년을 맞이하여 UNDP와 회원국은 그간 추진사업을 평가하고 당면한 문제에 대하여 집중적으로 논의하고, "TRADP 제3단계 개발진전"과 "두만강 투자네트워크 서비스발전계획"에 서명했다.(표5참고)

표 5 제5차총회 주요내용

구 분	주요내용
UNDP, 추진사업 평가와 방향제시	· TRADP는 동북아 발전에 중요한 역할을 해왔음 · 지속적으로 두만강 지역의 경제개발과 협력을 위해 중요한 지원을 할 것임
	· TRADP 사업에 풍부한 자금지원을 하고 있으나, 동남아에 비해 동북아지역은 지역협력과 경제통합 등에서 크게 뒤쳐져 있음 · 지정학적 여건과 중러 금융위기 영향으로 지역협력의 어려움 가중 · UNDP의 사업지원 중단 이후 준비 필요(사업의 지속 가능성 검토 등) · 무역 · 교통 등 분야에서 경제협력이 활발하게 진행되었음 · 회원국들은 국경개방으로 각종 교류협력에 편의를 제공하고 있음

구분	주요 내용
각 회원국, TRADP 당면사항 제시	· 프로젝트 규모가 작아 국제사회 주목을 끌지 못함 · 프로젝트와 인프라 자원의 한계 · 역내국가 간 분쟁요소 미해결과 동북아 전체 정세의 복잡성 · 중앙정부가 지방정부의 구체적 요구에 대한 지원이 미흡함
총회의장 룽용투 (龙永图) 건의사항	· 일본의 정식 회원국 가입 초청 · 회원국 간 양자대화 추진, 몽골과 북한 지원
협의 및 논의	· 지역협력네트워크 건설 논의 및 전문가위원회 설립 제안

6) 제6차 TRADP 총회 : 2002년 6월 1일, 러시아 블라디보스토크

일본이 처음으로 옵서버로 참가하였다. UNDP와 회원국들은 2005년말로 10년의 사업기간이 종료되는 TRADP 추진방향에 대해 집중적으로 논의했다. TRADP의 향후 추진일정 등에 대하여는 각국 조정관회의에서 논의하기로 합의했다.(표6 참고)

표 6 제6차 총회 주요내용

구분	주요 내용
UNDP입장표명과 대안제시	· TRADP가 동북아 지역의 평화와 안정을 위해 중요한 역할을 하고 있음 · TRADP 사업을 지속적으로 지원할 계획임 · UNDP의 지원정책에 의거 18개월 후 TRADP에 대한 지원을 중단할 계획임 · 향후 사업진행 과정, 전망 등에 대한 평가를 진행하여 UNDP의 참여정도를 다시 결정 · 회원국들에게 TRADP 향후 발전 방향 논의를 위한 워킹그룹 신설 제안
회원국 견해	· 중국은 UNDP의 지속적인 지지의 중요성을 강조하고, 회원국들에게 낙관적인 시각과 함께, 장기적인 안목과 실질적인 태도가 중요함을 역설 · 북한은 그동안 UNDP의 지원에 감사를 표하고, 발전방향으로 에너지와 교통시설 투자유치를 제안 · 몽골의 관심은 에너지 개발 분야임을 강조 · 한국은 UNDP의 지원이 회원국들에게 중요하며, 각 회원국 중앙정부가 다자 간 협력과 정보교류에 더 많은 관심을 가져줄 것을 제안 · 러시아는 지방정부가 사업협력에 더 큰 역할을 해야 한다는 점을 강조하면서 UNDP 지원의 중요성에 공감

7) 제7차 TRADP 총회 : 2004년 7월 8일, 중국 창춘

제6차 총회에 이어 TRADP 10년 사업 종료에 따른 대응방안을 집중 논의하고, UNDP주도의 TRADP를 회원국 주도로 전환하는 데 인식을 같이하고 새로운 협력방안을 제시했다.(표7참고)

표 7 제7차 총회 주요내용

구 분	주 요 내 용
회원국 공동인식	· TRADP 사업은 회원국이 주도적이고, 결과 지향적인 협력 체제로 전환 · 업무 연찬회, 협의회, 세미나 등을 통해 프로젝트 발굴 · 프로젝트는 회원국의 공통 이익에 기초하여 프로젝트에 참여하는 모든 회원국의 일치된 승인을 얻을 것 · 프로젝트는 반드시 국제금융기구나 민간부문의 투자유치가 가능한 것으로 선정 · 회원국 대표의 직급 상향조정을 고려할 필요가 있음
우선협력분야	· 교통, 에너지, 관광, 투자, 무역 · TRADP 성공의 관건인 민간부문 참여를 위해 TRADP 이미지 향상이 필요함
UNDP의 입장	· TRADP 사업에 대한 전문적인 지원 유지 · 2005년 12월 이후, 유엔차원에서의 TRADP 자금지원 중단 · 해당 국가의 경제적 자원을 활용한 지원사업 지속 추진 · 회원국의 자율적 운영능력 구축 시까지, 능력개발 지원 및 파트너 발굴
UNDP의 회원국들에 대한 협조요청사항	· 회원국들은 자신의 프로젝트에 대한 의무와 책임을 중시하고, 경제협력 발전에 더욱 노력해야 함 · 회원국들은 사무에 직원 파견 및 2005년 12월 이후 프로젝트에 대하여 자금지원 · TRADP 사업은 UNDP 프로그램에서 회원국이 주도로 전환
회원국 자금조달 방안 제시	· 회원국 정부의 사무에 대한 자금지원 · UNDP의 구체적인 항목에 대한 자금지원 · 국제금융기구에서 투자(아시아개발은행과 협력) · 민간부문에서 투자(홍보활동 강화), 기타

8) 제 8차 TRADP 총회 : 2005년 9월 2일, 중국 창춘

UNDP 지역협력 프로그램인 TRADP의 사업기간 10년이 종료되는 마지막 총회이다. 회원국들은 TRADP의 명칭을 GTI(광역두만강협력)으로 변경, 사업기간 10년 연장, 사업범위 확대를 내용으로 하는 《창춘선언》을 채택하고 이와 관련하여

전략실행계획(SPA2006-2015)을 승인함으로써 UNDP 주도의 TRADP가 회원국 주도의 광역두만강협력(GTI) 체제로 전환하게 되었다.

《창춘선언》

2005년 9월 2일 두만강지역개발계획 제8차 총회가 중국 창춘에서 열렸다. 회의에서 회원국들은 공동으로 미래 발전방향을 정하고, 협력 10년 연장, 개발 범위를 확대하기로 하였다. 회의에서 창춘협약(2005)이 체결됐다. 이번 회의는 기념비적인 회의로, 미래 지역 실행계획에 대하여 아래와 같이 합의했다.

1. 1995년에 12월 6일 체결된 "두만강경제개발구 및 자문위원회"와 "두만강지역개발 조정위원회" 협정의 틀에서 사업을 10년 연장한다.

2. TRADP 발전을 촉진하기 위하여 광역두만강협력(大图们倡议)으로 명칭을 변경한다. 기존의 협력관계를 더욱 강화하여 동북아 경제성장과 번영을 촉진한다. 차관회의와 함께 동북아투자포럼을 개최한다.

3. 회원국 주도로 GTI 틀 안에서 협력을 형성한다. UNDP는 더 많은 구체적인 프로젝트를 계속 지지할 것과 GTI를 통해 동북아경제 협력을 촉진할 것을 약속했다.

4. GTI 범위를 동북아 지역까지 확대하며 회원국의 입법결정에 따라 중국 동북 3성과 네이멍구, 북한 나선경제무역지대, 몽골 동부지역, 한국 동해안 항구지역, 러시아 연해주를 포함한다.

5. 기업인자문위원회(BAC)를 설립하고 GTI와 민간부문의 협력을 강화한다.

6. GTI 사무국의 우선협력분야는 교통, 에너지, 관광, 투자, 환경이다. 이와 동시에 새로운 파트너십 관계를 구축하고 융자루트를 넓힌다.

7. 회원국은 GTI 사무국에 대한 자금지원과 전문가 파견을 통하여 회원국들의 주도성을 공고히 하고 사무국의 구체적인 프로젝트 추진 능력을 높인다.

TRADP 제8차 총회(CNR)

다. 소고(小考)

이 기간은 UNDP가 사업을 주도하고 사업계획 및 예산집행, 사무국 운영 및 감독권 등 모든 권한을 갖고 있었으며 회원국은 단지 회의에 참석하여 사업을 결정하는 이중구조로 운영되었다.

두만강지역개발의 원칙은 크게 두 가지로 나눌 수 있다.

하나는 두만강 접경 3국이 프로젝트를 개발하고 국제적인 자본유치를 위한 우수한 투자 및 무역 환경을 조성하고, 경제특구를 자체개발하는 것이다. 다른 하나는 회원국들이 공동협력을 통해 자체개발을 지원하는 것이라 할 수 있다.

두만강지역발계획의 추진은 1995년 12월 관련 당사국 간에 체결한 두만강지역개발에 관한 협정에 의거 사업계획을 수립하고 추진하는 것이 기본원칙이라 할 수 있다.

총회에서 가장 먼저 논의할 사항은 두만강 지역 3국의 지역개발 목표, 추진 로드맵, 협력에 필요한 사항을 청취하고 회원국들은 이것을 바탕으로 공동협력의 목표와 추진계획을 수립한 후 협력사업을 추진하여야 하나 이러한 사항들이 의제로 거론조차 되지 않았다.

총회 초기에는 민간자본 유치 지원을 위한 투자포럼과 홍보(표8참고), 투자서비스센터 설치, 재원조달, 동북아두만투자회사 설립, 연구조사활동, 일본 회원국 가입 등에 집중함으로써 사업의 안정적 추진을 위한 실행계획 수립의 기회를 상실함에 따라 사업추진의 지연과 혼선을 초래하였다.

표 8 두만사무국 주요 활동내용

주요활동	시 기	장 소
두만강개발지역 투자환경 설명회 나진 · 선봉 투자포럼	1996년 2월 1996년 9월	니가타 나진 · 선봉
투자촉진 및 환경 워크숍 몽골 외국투자촉진회의 교통인프라 워크숍	1997년 1월 1997년 5월 1997년 6월 1997년 11월	베이징 블라디보스토크 블라디보스토크 베이징
투자환경 개선방안에 관한 워크숍 연해지방 국제투자비지니스포럼 두만강지역투자촉진회의, 관광 워크숍 환경 워크숍 훈춘 투자포럼, 나진 · 선봉투자 미니포럼 교통 워크숍	1998년 2월 1998월 5월 1998년 7월 1998년 7월 1998년 9월 1998년 9월 1998년 12월	블라디보스토크 블라디보스토크 요나고 옌지 불라디보스토크 훈춘, 나진 · 선봉 옌지
관광 워크숍 동서수송회랑회의 관광 워크숍 세계은행 등에 의한 투자환경 조사	1999년 1월 1999년 5월 1999년 8월 1999년 9월	창춘 블라디보스토크 훈춘 두만강지역
두만강지역무역 · 투자촉진 워크숍 관광개발조사 관광 워크숍 두만강지역개발계획의 재구성 워크숍	2000년 3월 2000년 4월 2000년 5월 2000년 12월	베이징 두만강지역 블라디보스토크 베이징

자료 : 이찬우, 2003, "두만강지역개발 10년 평가와 과제", KDI북한경제 리뷰5권2호, p.50. 재인용

UNDP는 두만강지역개발계획이 지지부진함에 따라 1999년 12월 사업에 대한 재평가를 실시하고 2001년 4월 홍콩에서 열린 제5차 총회부터 2005년 9월 중국 창춘에서 열린 제8차 총회까지 회원국 주도의 두만강지역개발계획 전환에 집중

함으로써 협력사업에 대한 논의가 이루어지지 않았다.

이 시기에 UNDP는 주로 회원국 주도의 두만강지역개발계획에 관한 발전방안을 제시하였고, 회원국들은 UNDP의 지속적 참여의 필요성 등을 제기하였을 뿐 특별한 대안을 제시하지 못하였다.

2004년 8월 중국 베이징에서 열린 제7차 총회에서 UNDP는 10년 사업기간이 종료되는 2005년까지 자금을 지원할 것이라고 밝힘에 따라 회원국들은 UNDP에 지속 참여를 요청하였다.

당시 한국의 언론은 UNDP의 재정지원 중단을 "두만지역개발계획 무산 위기라"는 제하의 기사로 대대적으로 보도했다. 이 기사는 당시의 UNDP와 회원국 간의 관계, 재원조달 등에 대한 문제점을 이해하는 데 도움이 될 것이다.

《두만강 유역 개발회의 무산위기》[39]

1995년에 한국을 포함해 동북아 지역 최초의 다자간 국가협력체로 탄생한 두만강유역개발회의가 무산위기에 처해 있다.

이 회의를 창설한 UN개발계획이 참가국들이 성의가 없다며 더 이상 재정지원을 하지 않겠다는 입장을 밝혔기 때문이다.

두만강유역개발회의를 주도해 왔던 UNDP가 더 이상 재정지원을 하지 않겠다며 최근 갑자기 입장을 바꾼 것으로 알려졌다.

회원국들이 1년에 2만 5,000달러 밖에 되지 않는 사무국 운영비조차 제대로 내지 않을 정도로 성의가 없기 때문이라는 것이다.

우리나라도 지난 10년 가까이 단 한 차례만 운영비를 냈고 지난 96년까지 투자하기로 약속했던 500만 달러는 아직도 다 내지 않은 상태이다.

UNDP가 빠지면 10년 간 계속돼 온 두만강유역 개발회의는 사실상 무산될 가능성이 크다.

---

39 https://news.kbs.co.kr/mobile/news/view.do?ncd=610843, 두만강 유역 개발회의 무산위기

두만강 개발 회의 베이징 사무국 관계자: UNDP가 최대 기여자이면서도 최대 협력자인데 상당히 타격을 받는 것은 사실이고...

재정경제부 경제협력국장 : 시베리아 등 등 해서 자원개발에도 큰 가능성을 가진 그런 지역으로 저희가 생각을 했죠. 그래서 거기에 참여하게 됐습니다.

하지만 회원국들의 무성의로 그 동안 회의체 운영에 들어간 대부분의 비용은 UNDP가 대부분 투자했거나 투자 유치한 1,000만달러로 충당해 왔다.

이에 따라 일단 다음 주 중국 장춘에서 열리는 회의에서 UNDP의 계속적인 참여와 지원을 설득해 회의가 무산되는 것만은 막아야 한다는 게 정부의 생각이다.

한국 언론의 기사처럼 회원국들은 2만 5천 달러에 불과한 운영비 부담 약속을 지키지 않는 등 거의 대부분을 UNDP에 의존해왔다.

두만강지역개발계획의 성패는 두만강지역개발에 관한 협정에 따라 실행계획을 확정하고 접경국(중국, 북한, 러시아)과 비접경국(한국, 몽골)간의 인식의 차이를 극복하고 공동협력 정신을 발휘하는 것에 달려있다고 할 수 있다.

TRADP는 출범초기부터 국가 간에 사업에 대한 인식의 차이가 있었다. 접경국은 UNDP의 지역협력 프로그램인 두만강지역개발계획에 적극적인 참여를 통해 외자유치를 추진하고자 했으나 비접경국으로 유일하게 이 지역에 투자 능력을 갖고 있던 한국은 동북아 지역 간 경제협력 활성화와 남북 간 경제교류 협력의 장으로 활용하고자 하였다.

이처럼 회원국 간 국제협력의 방식에 대한 이견이 노출된 것은 UNDP가 이 사업의 설계자, 주도자, 조정자로서의 역할을 하지 못함에 따라 두만강지역개발계획에 대한 정체성마저 흔들리면서 러시아와 한국의 관심이 떨어지게 되었기 때문이다.

당시 한국은 두만강지역개발계획 출범과 동시에 협정에 따라 재경부(기재부 전신) 차관, 재경부 경제협력국장, 외통부 국제경제국장, 통일부 교류협력국장을 위원으로 위촉하는 등 이 사업에 적극적인 참여 의지를 갖고 있었다.

그러나 2002년 6월 재경부는 한국 언론에 배부한 보도자료에서 두만강지역개발계획의 성격을 "△동 계획은 이 지역에 대한 종합적인 개발계획을 세워 추진하는 것도 아니고 대규모 재원을 동원하여 실제로 투자사업을 추진하는 것도 아님 △인 프라 등에 대한 투자는 각국이 담당하며, TRADP의 주된 역할은 이 지역의 상호 연관성을 감안, 정부 간 회의를 통하여 각 나라의 투자계획에 대한 정보를 교환하고 개발방향을 협의하는 것임"[40]이라고 대내외에 발표한 것에서처럼 TRADP 참여를 단순히 정보교류의 장으로 인식하고 있는 것임을 알 수가 있다.

한국이 이 같은 인식을 갖게 된 배경은 하나는 UNDP의 사업추진 방식에 문제가 있는 것이고, 다른 하나는 한국 공무원의 잦은 인사이동에 따라 두만강지역개발계획에 대한 이해가 부족한 것에 기인하였다고 볼 수 있다.

정말 두만강지역개발계획은 실제적인 협력사업을 추진하기 어려운 다자협력체인가. 필자의 견해는 다르다. 두만강지역개발 관련 협정에 의거 실행계획을 수립하고 실질적인 국제협력 사업을 발굴하여 추진할 수 있었지만 UNDP는 다국 간 국제협력에 의한 개발사업의 경험이 없었고, 회원국들은 단지 UNDP의 프로그램에 참여한다는 피동적인 자세를 갖고 있었기 때문에 실질적인 국제협력 사업을 추진할 수 있는 기회를 잃어버린 것이라 할 수 있다.

특히, 정책적 최종 결정은 회원국이 결정하고 국제협력 사업의 소유권과 집행권은 유엔이 갖고 있음으로써 UNDP의 지역개발 목표체계가 일련의 문제에 직면하게 되었고, 그 결과 개별 회원국의 중점과 일치하지 않는 모순이 발생했다.

두만강지역개발사업이 지역현안과 연계되지 못함은 물론 진전을 얻지 못함에 따라 지방정부와 국내외 학자들은 이 사업에 대한 비판적인 시각과 함께 발전방안을 제시하기 시작했다.

지방정부에서는 두만강지역개발계획이 역내의 중요한 사업들(2000년 4월 훈춘수출가공구설립·북방항로 개통, 2001년 2월 중러자유무역시장개설)이 총회에서 논의 조차 되지 않는 것에 대하여 다자협력체의 정체성에 대하여 심각한 의문을 제기하였다.

---

40 재정경제부 보도자료 : 경제협력국 국제경제과(2110 - 2188. 9)

러시아 접경지역 훈춘에 설립한 중러자유무역시장 전경(바이두)

중국의 한싱하이(韓兴海)는 2006년에 발표한 논문 "두만강 지역경제 합작 현존하는 문제 및 대책(图们江区域经济合作现存的问题及对策)"에서 두만강지역개발계획에 대하여 아래와 같이 총체적인 평가를 내리고 있다.

5개국 위원회는 느슨하고 구속력이 없으며, 각국의 일을 의논만 하고 결정하지 않으며, 결정한 일은 실행하지 않는다. 그리고 중대하고 핵심적인 사안에서 권위적인 역할, 구속적인 역할, 통합적인 역할, 제재의 역할을 할 수 없다.

그래서 10년간 여덟 차례 총회를 개최했지만 두만강지역개발의 총체적 · 핵심적 · 실질적 문제는 하나도 해결되지 않았다."고 문제를 제기하고 있다.

한싱하이(韓兴海)는 회원국들이 두만강지역개발에 대한 큰 기대를 갖고 참여하였으나 제도적 미비 등으로 위원회가 제 역할을 하지 못하므로 두만강지역개발을 실제적으로 추진할 수 있는 새로운 모델개발의 필요성을 주장한다.

지방정부와 한싱하이(韓兴海)는 당시의 두만강지역개발계획에 대한 문제점을 가장 잘 제시 했다고 볼 수 있다.

UNDP와 회원국들은 4년 여의 타당성조사를 거쳐 TRADP를 본격적으로 추진하였지만, 종합적인 실행계획 부재, UNDP의 협력사업 추진의 한계, 경제특구 자체개발 능력 부족, 재원조달 실패, 회원국의 자주성 결여 등으로 제대로 된 경제협력사업을 추진하지도 못한 채 회원국 주도의 GTI체제로 전환하게 되었다.

그러나 TRADP가 상술한 내용처럼 미흡한 점만 있는 것은 아니다. TRADP의 최대의 성과는 동북아 최초이자 유일의 국가 간 다자협력체의 토대를 마련하였음은 물론 국제사회에 두만강 지역의 지정학적 특성과 개발방향을 제시하고 투자포럼 등을 통해 이 지역에 투자 붐을 조성하여 투자유치를 끌어내는 데 크게 기여했다.

이 기간에는 중국 연변조선족자치주와 러시아 연해주를 중심으로 외자유치의 성과가 나타나기 시작했다. 실제로 1998년 말 기준 중국 연변조선족자치주는 4억 5천7백만 달러, 나선특구는 8천8백만달러, 러시아 연해주는 4억4천4백만 달러, 몽골은 2억1천3백백만 달러의 외국인 직접투자를 유치했다.(표9참고)

표 9TRADP지역의 외국인 직접투자유치(실행기준) (단위: 백만달러)

	1985~1993	1994	1995	1996	1997	1998	합계
중국연변주	42	61	78	134	95	47	457
조선 나선특구	1	1	4	31	26	25	88
러시아 연해주	141	2	53	97	95	56	444
몽골	10	29	46	41	42	45	213

자료 : UNDP두만사무국. 저자정리

TRADP 또 하나의 성과는 동북아 지방정부 간 경제교류 협력의 촉진이라 할 수 있다.

두만강지역개발 사업이 추진되면서 지역개발의 주체인 동북아 지방정부는 다자협력체를 구성하고 지역경제 발전을 추진하기 시작했다.

동북아 지방정부는 양자 혹은 다자협력을 통해 지역 간 투자, 무역, 박람회 상호 참가, 관광, 해운항로 개통 등을 통하여 지역경제 발전을 촉진하고 있다.

동북아 지방정부 간 국제협력의 모범사례는 2000년 4월 28일 강원도, 지린성, 연해주가 중심이 되어 강원도 속초~러시아 자루비노·블라디보스토크~훈춘 항로를 개통한 것이라 할 수 있다.

TRADP는 지역개발사업이지만 국가 간 협력사업이라는 이유로, 지방정부의 참여가 배제되었지만 동북아 지방정부 간 경제협력사업의 대부분이 TRADP 사업의 범주 안에 있음을 고려할 때 중앙정부와 지방정부 간의 역할 분담을 통한 지역발전 전략 추진이라는 과제를 남기고 있다.

2006년 4월 6일 기존 동춘호를 대체하는 뉴동춘호(1만3천톤급, 여객649명, 컨테이너132TEU) 취항식 (강원도)

7. 광역두만강협력(GTI)

2005년 중국 창춘에서 열린 제8차 TRADP 총회에서 채택한 창춘선언과 현재 GTI 조직 및 운영현황을 중심으로 "개요"를 정리하고, GTI 추진실태 분석을 통해 과제를 도출하고자 한다.

가. 개요

GTI는 회원국 주도의 동북아 지역 경제개발 협력을 위한 역내 다자 간 협력체이며, 회원국은 한국·중국·러시아·몽골 등 4개국이다. 북한도 회원국이었으나, 핵실험 관련 국제사회 제재에 반발하여 2009년 11월 탈퇴하였다.

사업대상 지역은 두만강 지역에서 중국 동북 3성과 내몽고 일부, 러시아 연해주, 한국 동해안(강원, 경북, 울산, 부산), 북한 나선 등이나, 회원국 협의에 의하여 지역조정이 가능하므로, 동북아개발권역으로 정의하는 것이 발전적이라 할 수 있다.

우선협력분야는 교통, 에너지, 관광, 무역·투자, 환경, 농업이며, 역내 경제통합 및 무역·투자 증진을 위한 **협력활동** 및 **경협사업 발굴**을 위한 연구 프로젝트를 추진하고 있다. 우선협력분야 추진을 위해 **2006년부터** 전략실행계획을 수립·추진해 오고 있다. 2020년 12월 한국 서울에서 열린 제20차 GTI 총회에서 전략실행계획(2021년-2024년)이 승인되었다. 전략실행계획은 GTI의 전략적 목표와 실행계획을 담고 있으므로 GTI를 가장 정확하게 이해할 수 있는 공식문건이므로 별도 기술한다.

GTI 주요 추진기구는 총회, 조정관회의, 사무국, 분야별 위원회 및 협의체로 구성되어 있다.

GTI 추진기구

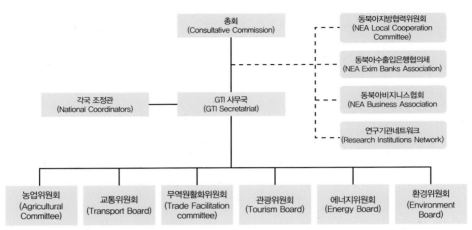

자료 : http://www.tumenprogram.org/?list-1529.html, Institutional Structure

총회(Consultative Commission) 전반적인 사업을 기획·추진·조정하는 최고 의사결정기구로 연1회 열리며, 각국의 GTI 주관 중앙부처 차관과 관계자들이 참석한다. GTI체제 전환이후 2020년까지 총 12회 열렸다.

조정관회의(National Coordinators) 각국의 과장급이 참석하여 사업우선순위, 예산집행 및 사무국 인력수급 등을 검토하는 회의로 최고의사결정에 앞선 실무급 회의라 할수 있다.

사무국은 총회에서 결정된 사업을 추진하고 기타 행정 지원을 담당하고 있는데, 2014년 기준 책임자 1인(중국), 책임 자문관 1인(한국), 한국파견 프로그램 자문관 1인, 중국파견 프로그램 자문관 1인, 프로그램 관리자 3인 및 사무소 관리자 1인 등 8명의 직원으로 구성되어있다.[41]

위원회(Sectoral Boards)는 우선협력분야를 실행기 위한 조직으로써 교통, 에너지, 관광, 무역·투자, 환경, 농업 등 6개 위원회가 있으며, 회원국 정부 간 국

---

41 박지연, 2015, 광역두만강개발계획(GTI)의 현황과 과제, 한국수출입은행, p.67. 사무국 운영과 관련하여 공동기금이 650천 달러에서 675천 달러로 증액 (몽골25천달러→50천달러)되었을 뿐 직원 등은 큰 변동이 없어 그대로 인용하였다.

장급 협의채널로 해당분야의 협력 사업을 발굴해 실천계획을 마련하는 데 있다.

협의체는 협력 파트너로서 지방정부 간 교류협력을 촉진하기 위한 동북아지방협력위원회, 금융협력 강화를 위한 동북아수출입은행협의체, 민간기업 참여를 확대를 위한 동북아비지니스협회(상공 회의소 및 유사기관), 협력사업 발굴 등 지속 가능한 대안 마련을 위한 연구기관네트워크(한국 KIEP참여) 등이 있다.

주요재원은 회원국 공동기금과 신탁기금이다. 공동기금은 GDP비율에 따라 분담금액을 결정하며, 2005년 이후 2012년까지는 650천 달러였으며, 2013년부터 몽골 분담금 조정에 따라 연 675천 달러(중국 260, 한국152.5, 러시아212.5, 몽골 50)로 유지 되고 있다. 공동기금은 사무실 운영, 현지 인력고용, 공통 운영비 등으로 지출된다.[42] 신탁기금은 자국에 유리한 사업을 집행하는데 지정하여 사용할 수 있는 재원으로 한국은 1992년부터 2012년까지 총 500만 달러를 불입하였으며, 불입국은 한국이 유일하다. 한국은 2014년부터 매년 60만 달러 규모의 신탁기금을 조성·운영 중에 있다. 사무국 청사는 중국이 제공하고 있으며, 그 외 사업예산은 회원국 및 관련기관 간 협의를 거쳐 사업별로 조달되고 있다.

국가별 주관부서는 중국 상무부, 한국 기획재정부, 몽골 재무부, 러시아 경제개발부이다.

사업추진 구조는 분야별 위원회에서 합의된 사업계획은 최종적 으로 각국의 차관으로 구성된 총회에서 승인되어 추진되며, 동북아지방협력위원회(LCC), 수출입은행협의체 등이 각각 지방정부 간 협력, 인프라 건설재원 조달 등 맡은 분야에서 GTI 사업이행을 뒷받침 하고 있다.

현재 GTI는 국제기구 전환을 위한 사무국 법적전환을 준비하고 있으나, 러시아에서 북한의 GTI 미복귀에 따른 반대, 협의체 명칭 등에 대한 이견으로 진전이 없는 실정이다.

---

42 박지연, 2015, 광역두만강개발계획(GTI) 현황과 과제, p.68. 및 기재부 보도자료

나. 전략실행계획(SAP2021년-2024년)

전략실행계획(SAP2021-2024)은 GTI 추진의 기본방향을 제시한 공식문건이다. 이 실행계획을 통해 GTI 전체적인 흐름과 발전방향을 가늠할 수 있으므로 GTI 사무국 홈페이지에 게재한 원문을 중심으로 이해하기 쉽게 재구성하였다.[43]

1) 서론

동북아 정부 간 지역협력을 토대로 두만강지역개발계획(TRADP)에서 비롯된 광역두만강협력(GTI)은 중국 몽골, 한국, 러시아 4개국으로 구성되며 UNDP가 지원하고 있다.

2020년 SAP2017-2020는 만료될 예정이기 때문에 2021년부터 시작되는 향후 몇 년 동안 SAP를 개정하는 것이 중요하다. 이에 따라 새로운 SAP2021-2024는 호혜와 공통된 인식을 기반으로 회원국 간 협력을 강화하는 새로운 아이디어와 전략을 통합하는 SAP2017-2020의 후속 문서이다. SAP2021-2024는 해당 위원회의 활동계획 및 로드맵을 반영하기 위해 개정될 수 있다.

2) 주요목적 및 공통비전, 전략적 목표

(1) 주요목적

SAP2021-2024의 가장 중요한 목적은 향후 지역 내 경제협력을 충족하기 위해 우선분야 및 프로젝트에 해당 역량 및 자원을 집중시켜 주요 분야에서 효과와 효율성을 강화하기 위해 GTI의 전략적 목적을 지속시키며 수정하는 것이다.

SAP2021-2024는 SAP2017-2020과 SAP2012-2015, 개정

---

43 http://www.tumenprogram.org/?list-1527.html,Strategic Action Plan 2021-2024

SAP2006-2015의 후속 문건으로서 이전 SAP에 명시된 목표를 재승인하고 보강한다.

(2) 공통비전

광역두만강지역(GTR)은 회원국들의 지역개발 정책과 이니셔티브의 교차점이다. 회원국들은 정책을 조정하고 전략적 융합을 확대하여 개방적인 자유무역 및 투자, 금융통합, 지역개발(특히 오지 및 농촌), 기관 간 및 국민 간 연계성 강화를 권장한다. 이러한 활동은 GTR 내에서 포괄적인 지역 연계성을 구축하는 것과 긴밀하게 관련되어 있다.

특히 회원국들은 이웃 국가와 번영을 위한 포괄적 협력관계를 구축한다는 공통 비전을 공유한다.

회원국들은 지역경제통합 촉진 및 상호 이익증대, 무역 및 경제성장 가속화, GTR를 포괄하는 동북아 역내 포용적이며 지속 가능한 발전에 적합한 환경 제공을 목적으로 GTI 체제 내에서 협력을 강화하기 위해 최선을 다한다. 일련의 행동은 동북아 역내 지역협력을 실현할 것이다. 회원국들은 특정한 조건으로 동북아 역내 성장거점을 구축하는 것을 목적으로 한다.

(3) 전략적 목적

회원국들은 다음과 같이 15개의 전략적 목적을 공유한다.

① 회원국 간 경제협력 및 개발지원을 위한 주요 교통거점 확보 및 국가 간 교통 기반시설 구축재개 활동을 촉진한다.

② 사람과 상품의 자유로운 이동을 위해 회원국 국경을 통과하는 행정절차 효율성 및 효과를 증진한다.

③ 농업분야의 지속 가능한 발전을 위한 협력을 권장하고, 지역내 식량 안전을 확보한다.

④ 지역 내 민간부문 무역 및 투자를 위해 우호적인 환경을 조성하고, 공공 및

민간부문 투자를 위한 국제금융기관의 접근성을 강화한다.

⑤ 전 세계적으로 매력적인 관광지로서 GTR을 홍보하고, 동북아 국가 간 관광객 이동을 증가시킨다.

⑥ 에너지 정책 협력을 위해 효율적인 제도적 체계를 수립하고, 에너지 거래 장벽을 제거한다.

⑦ 경제활동에 의한 이익을 추구하면서 지속 가능한 환경을 확보하기 위한 방법론을 개발한다.

⑧ 각 회원국의 수출입은행(EXIM) 간 협력을 강화하고, 지역협력을 목적으로 하는 프로젝트를 위해 재정자원을 동원할 수 있도록 지역 내 기타 금융기관과 새로운 협력방식을 개발한다.

⑨ 회원국들의 경제성장을 촉진하기 위한 과학적 근거를 확보할 수 있도록 정책연구기관 간 네트워크(RIN)와 협력을 장려한다.

⑩ 동북아 전역의 협력과 번영을 위해 북한이 GTI 체계에 참여하도록 유도하며 일본과 협력관계를 강화한다.

⑪ 각 회원국이 추진하는 지역 및 분야별 발전과 관련된 정책 동기화 및 어려운 프로젝트 실시를 위해 GTI 운영능력을 향상시킨다.

⑫ 중요한 프로젝트 및 의제와 관련해서 다자 간 자문 절차를 수립하기 위해 GTI 토대 및 기타 관련 플랫폼을 토대로 하는 프로젝트 사무소를 설립하기 위한 대안을 개발한다.

⑬ 합법적인 플랫폼 변화뿐만 아니라 GTI의 성과에 대한 전세계적인 인식향상의 측면에서 동북아 역내 경제 및 정치협력관계 중심축으로서 GTI의 역량을 강화한다.

⑭ 기타 국제기구/기관과 협력관계를 강화한다.

⑮ GTI를 효과적이고 결과 지향적이며 회원국 중심의 정부 간 경제협력기구로 변화시키기 위해 건설적인 방식으로 협의할 수 있도록 최선을 다하며, 긴급

한 사항에 대한 합의를 도출하기 위해 노력한다.

(4) 협력원칙

GTI 회원국들은 GTI 정신을 토대로 다음과 같은 협력원칙을 준수한다. 이 원칙은 상호 호혜 및 공정을 원칙으로 협력 및 자문을 통해 결정한다.

① 회원국의 상황에 따라 지역발전 및 협력과 관련된 의제를 해결하기 위한 협력적 활동을 실시한다.

② 각 회원국의 법률을 존중하고, 해당되는 경우 국제규정을 준수하며, 발전 및 협력분야에 적용되는 규정을 준수한다.

③ 둘 이상의 회원국 간 유연한 협력을 위해 '신속 프로젝트'를 개발한다.

(5) 협력관계(파트너십) 개발

협력관계 개발은 상기 명시한 전략을 실시할 수 있는 중요한 경로이며, 이에 따라 협력관계 성공은 GTI 체계를 토대로 우선 분야에서 회원국 간 협력에 의한 성공적인 결과에 따라 결정된다.

GTI는 GTI의 회원국이 아닌 이해 관계자 뿐만 아니라 국제금융기관, 기부국가, 민간분야의 지원을 유치하기 위해 노력한다. GTI는 공동 개발한 프로젝트를 수행하기 위해 지역 내 지방정부와 동북아 역내 이웃 국가, 기타 국제기구의 지원을 모색한다. GTI는 다음과 같이 협력관계를 강화한다.

① 국제기구와 협력관계

국제기구와 협력은 GTI 회원국이 함께 번영할 수 있도록 협력을 강화하고, 다양한 형태의 자원을 동원하며, 경제발전을 위한 재정 지원을 유치하기 위한 수단이다.

또한, 전 세계 우수사례를 공유함으로써 GTI의 역량을 증진할 수 있다. GTI는 GTI가 시작한 프로젝트에 대한 국제공동체의 지원과 교류를 증가시키기 위해 국제협력기관들과 논의를 정기적으로 개최할 것이다.

② 동북아 이웃 국가와 협력 강화

GTI는 GTR 이외 중앙 및 지방정부와 협력 필요성을 인식한다. GTI는 일본 및 북한을 포함한 동북아 전역에서 상호 번영을 위한 경제협력을 강화하기 위해 최선을 다한다.

③ 공공-민간분야 협력 증진

잠재적 투자자들을 포함한 민간분야와 협력관계 및 생산적 참여는 GTI가 수립한 발전 목표를 달성하기 위한 중요한 요인이다. 민간분야는 지역경제 성장을 촉진하기 위한 동력으로 인식된다. 따라서 GTI는 GTR내 기업들이 협력해서 해당 지역의 지원을 토대로 민간분야가 주도하는 프로젝트에 투자할 수 있는 플랫폼을 구축하기 위해 노력한다.

④ 지방정부와 협력 강화

GTI는 동북아지방협력위원회(LCC)를 구성하고, 지역경제협력을 촉진하기 위해 동북아 지방정부들의 참여에 중점을 두고 있다. 지역 수준에서 동북아의 협력 플랫폼인 LCC는 동북아 지역 지방정부의 역량 강화, 회원국 간 그리고 지방정부와 중앙정부 간 정책 조정 향상, 공동 프로젝트 실시, 지역협력 구상에 대한 국제 지원 확보, GTI 회원국 및 동북아 이웃 국가들과 정보 및 지식 교류 촉진을 지원한다. LCC는 또한 일반에 공개된 온라인 LCC 플랫폼을 포함한 다양한 수단을 통해 민간분야와 협력관계를 구축하는 것을 목적으로 한다.

⑤ 연구기관과 협력강화

GTI는 GTI의 체계가 확장되고 발전하면서 동북아 역내 경제협력 및 통합을 증진하기 위한 전문 위원회로서 활동하는 회원국의 학술/연구기관과 GTI 간의 네트워크를 구축해야 한다고 인식해 왔다.

전문위원회는 장기적인 목표와 전략, GTI가 철저한 공동 연구수행에 의해 시작할 수 있는 프로젝트에 대한 정책 권고사항을 제공하는 자문기관으로 활동해 왔다. 이를 위해 GTI는 다음과 같은 활동을 수행할 것이다.

- GTI의 주요 전문위원회로서 GTI RIN 운영범위 및 수준을 강화하고 확대할 것이다.
- 회원국 및 필요한 경우 민간분야의 지원으로 우선 순위 프로젝트에 대한 자문을 위해 RIN과 협의할 것이다.

⑥ 금융기관과 협력 강화

동북아 지역발전을 오랫동안 저해해 온 재원부족과 관련해서 지역 내 금융기관과 다양한 의견 교류경로를 확보함으로써 재원을 조달할 수 있는 새롭고 효과적인 체계를 수립해야 한다. 이를 위해 GTI는 다음과 같은 활동을 수행할 것이다.

- 동북아수출입은행협의체 협력을 강화하고 확대한다.
- 우선 순위 프로젝트를 파악하고 회원국 및 민간분야 지원으로 해당 프로젝트에 대한 자문을 제공하기 위해 수출입은행협회 회원들과 협의한다.
- 유형의 결과를 도출하고, 공동으로 재정을 지원한 어려운 프로젝트의 성공적인 사례로 제시할 수 있도록 한다.

⑦ 동북아비지니스협회와 협력 강화

동북아비지니스협회(NEA BA) 설립은 2019년 중국 창춘에서 개최된 제19차 GTI 총회에서 승인되었으며, 동북아 기업 분야에서 지역 내 협력 강화를 목적으로 회의 직후 활동을 시작했다. NEA BA 창립은 동북아 기업들의 협력을 강화해서 장기적으로 동북아 역내 지역통합 및 경제발전을 촉진할 것으로 기대된다. 이를 위해 GTI는 다음과 같은 활동을 수행할 것이다.

- 지역 내 기업활동을 가속화하고 해외 직접투자를 유치하기 위해 동북아 역내 기타 민간분야 뿐만 아니라 기업과 NEA BA 간 협력 토대를 구축한다.
- NEA BA와 회원국 중앙/지방정부 뿐만 아니라 GTI 위원회 간협력을 확대하고 강화한다.

3) 분야별 실행 우선순위 결정

GTI는 교통, 무역 및 투자, 관광, 에너지, 농업 및 환경분야의 협력 활동을 지속적으로 추진한다. 구체적인 목표, 계획에서의 조치 및 예상 결과는 다음과 같다.

(1) 교통

회원국들은 동북아 전체를 망라하는 GTR 역내와 그 밖의 지역 교통망을 연결하는 것이 중요하다는 점을 재확인하였다. 이 과제는 GTI 전반에 걸친 협력을 강화하기 위한 최우선 과제이다. 주요 항만, 철도, 도로를 연결하는 지역 교통회랑의 개발과 건설을 목표로 하며, 화물 및 승객 운송을 위한 교통비용을 대폭 감소시키는 것을 목표로 한다. 교통분야의 목표, 실행계획, 기대효과는 표10과 같다.

표 10 교통분야

목 표	· 교통 및 물류 분야에서 물리적 인프라를 구축하여 GTR 내 국가 간 인프라 개발 · 철도, 항만, 도로 네트워크 구축으로 남북, 중국, 러시아를 포함하는 GTR 외부 지역 연결성 강화 · 국경 간 운송과 관련하여 복잡한 행정 절차 제거 　(예 : 통관 및 기타 비물리적 장벽감소) · 효율적이며 안전하고 지속 가능한 운송 및 물류분야 서비스 제공을 위한 전략개발 · 화물 · 여객 운송의 원활화
실행계획	· GTR내 복합운송 서비스 제공을 위해 GTR 뿐만 아니라 일본 등 이웃 국가들을 연결하는 자루비노항 공동 개발 · 한국 및 북한, 중국, 러시아, 몽골을 연결하는 철도 건설 시범 프로젝트 운영 · 정부 간 회의, 전문가 세미나, 이해 관계자 자문을 통해 GTI교통위원회 체계하에서 정치적 논의를 위한 접근 방식을 활용하도록 장려 · 회원국 승인을 받아 우선 순위 프로젝트 계획 및 실행, 국제 금융기관 및 민간부문 자원 동원 · 포괄적인 연구 및 조사, 이를 토대로 한 예측에 의해 수행해야 하는 활동 파악 · 이해 관계자들에게 자문 제공 및 실현 가능한 방안 소개 · 이해 관계자들의 역량 향상을 위한 역량 강화 및 교육 프로그램 개시
기대효과	· GTR 뿐만 아니라 일본과 북한을 포함한 인접 국가까지 아우르는 동북아 철도 및 도로, 항만 네트워크 연결 · 통관 및 기타 행정절차에 지장이 없는 GTI 회원국 간 원활한 화물 및 승객 수송 · 동북아 전반의 보다 효율적이고 지속 가능한 교통 및 물류 네트워크

(2) 무역·투자

회원국들은 동북아 전역에서 무역·투자에 양호한 환경 조성의 중요성을 인정했다. GTI는 동북아 지역에서 경제성장 촉진을 위해 국가 간 무역·투자를 증진할 수 있는 방법을 논의할 수 있는 기반을 제공한다.

또한 GTI는 무역 참여의 위험 및 불확실성의 원인이 되는 주요 요소 중 하나로서 전 세계적으로 증가하고 있는 보호무역주의를 해결하기 위해 논의된 절차를 실시하기로 결정했다. 마지막으로 해외 직접 투자 유출이 증가하는 상황을 해결하기 위한 방안이다. 무역·투자분야의 목표, 실행계획, 기대효과는 표11과 같다.

표 11 무역·투자 분야

목표	· 전세계 보호무역주의에 대한 통합된 대응 실시 · 무역·투자 관련 정책 및 규제 측면에서 우호적인 환경 조성 · GTR내 FDI 유입 증대를 위한 노력 · GTI 회원국 간 무역·투자 절차 통일 및 간소화 강화 · 산업발전 및 무역 장애 요소 제거를 위한 노력 · 경제성장을 촉진하는 새로운 전략모색 및 혁신 독려 · 특히 교통분야 및 EXIM 은행협의회를 포함해서 GTI 체계 내 기타 위원회와 협력 및 네트워크 강화 · 지역의 모든 형태의 산업단지에 대한 정기적인 정보공유 및 역량 강화 메커니즘 장려 · 회원국 간 FTA/RTA 사안 교류를 위한 정보 공유 및 역량 구축 체계 촉진 · 무역·투자 촉진을 위해 더욱 광범위하게 회원국 기업들을 연결하고 해당 정부간 강력하고 안정적인 관계 수립 · 중소기업(SMEs) 파트너십 및 협력 강화 · 지역 내 개발을 촉진하고 기업활동을 장려하기 위한 재정지원이 가능한 제도적 정비 강화
실행계획	· 지역 내 기업들이 새로 출범한 GTI NEA BA와 민간부문의 프로젝트에 참여하도록 유도 · 무역·투자위원회의 지침에 따라 회원국 간 정책통합을 위한 논의 경로 수립 · 정부 간 회의 이전 또는 이후 정기적인 무역 및 투자 회의, 세미나, 기타 관련행사 주최 및 각 회의 결과 후속 조치 실시 · GTI 체제 내에 중소기업을 참여시키는 방법 개발 · 무역·투자에 대한 장애 요소를 파악하고, 개선하기 위한 조치 제안 · 정부 및 국제금융기관, 민간부문과 우선 순위 프로젝트 파악 · 국가 간 무역·투자 정책 및 규제에 대한 이해관계자 역량 강화 · 무역·투자 분야 협력 속도 촉진 및 범위 확대 · 무역·투자 재무 흐름 개선을 위한 방안 모색 · GTI 사무국, 회원국 정부, 금융기관, 기업이 우선 순위 프로젝트 실시에 대한 아이디어와 의견을 교류할 수 있는 특별한 플랫폼 개발

실행계획	· 공공분야와 민간부문 간 논의 공간 마련 · 동북아 역내 프로젝트 실시를 위한 재정지원 체계 개발
기대효과	· 동북아 역내 다자간 공동 정책 확보 및 무역 · 투자 활성화 · 무역 · 투자 촉진을 위한 행정 절차 간소화 · 동북아 역내 해외직접투자 유입 증가 및 혁신, 지속가능한 경제번영

(3) 관광

GTI는 회원국들이 전 세계에서 방문하는 관광객 수를 늘릴 수 있는 양호한 환경을 조성하기 위한 방법을 모색하고 있다. 지금까지 이용 가능한 교통수단에 제약이 있어, 해상운송으로 해당 회원국의 관광지를 방문하는 다목적지 관광 프로그램을 계획하는데 중점을 두었다. GTI는 GTR과 주변국들을 매력적인 관광지로 조성하기 위해 표12와 같은 전략적 목표에 따라 관광분야 협력을 추진한다.

표 12 관광분야

목 표	· 다목적지 관광을 접목한 프로그램 확대 · 관광 기반시설 개조 및 현대화, GTR내 주요 관광지에 더 나은 지원 제공 · 회원국 전체 공통 비자신청 절차 수립의 타당성 조사에 협력해서 비자 신청을 포함한 국경 통관 절차 간소화 · 환경보존 및 지속 가능성을 강화하는 관광 프로그램 개발
실행계획	· 다목적지 관광증진을 위해 일본 현 지방 뿐만 아니라 회원국과 협력 · 전세계 관광객 유치를 위해 GTR내 기존 자연유적지 활용 · 환경친화적 관광 프로그램 구축 · GTI 관광위원회를 회원국과 이해 관계자들이 국경 통관 절차 및 행정 절차를 간소화할 수 있는 국경 간 관광에 대한 정책에 합의할 수 있는 플랫폼으로 활용 · 관광산업 및 신제품 홍보를 위한 새로운 아이디어 개발 · 관광분야 국내외 기업과 협업하여 시범관광 프로그램 시작 · GTR 관광사업 종사자를 위한 역량강화 및 공유 프로그램 시작 · 중앙 및 지방정부에 관광 기반시설 개선과 국제표준에 따른 서비스 수준 향상요청
기대효과	· 광범위한 동북아 지역을 아우르는 다목적지 관광계획 중에서 소비자가 선택할수 있는 다양한 옵션 제공 · 환경보존 및 지속 가능성을 목적으로 하는 관광 프로그램 · 방문하고 싶은 지역 · 관광산업 종사자의의 서비스 및 교육 수준 향상

(4) 에너지

GTI는 GTI 회원국의 행정 수준에서 에너지 분야 자문 및 논의 기회를 제공하기 위한 제도적 체계를 확보하기 위해 노력한다. 이와 같은 체계는 GTI 회원국 정부와 민간부문의 정보교류 기회를 회원국에 제공하며, GTR 내에서 상호 이익이 되는 에너지 분야 협력 토대를 구축하는 것을 목적으로 한다. 또한, GTI는 전세계 환경에 중점을 두는 공통된 가치를 지지하며, 연료와 에너지 복합단지의 활동이 환경에 미치는 부정적인 영향을 감소시키기 위해 노력한다. 상기 목표와 각각의 실행계획 및 기대효과는 표13과 같다.

표 13 에너지 분야

목표	· 에너지 분야 협력 및 에너지 관련 정책 협의 강화 · GTR내 투자 활동 증진 · 회원국 간 에너지 분야 관련 정보 교류 촉진
실행계획	· GTI 에너지위원회를 지역 에너지 관련 정책통합 협력을 위해 가장 효율적인 체계로 유지 · 에너지 분야 역량 강화 프로그램 제공 및 에너지 분야 공동 연구 결과를 공유할 수 있는 워크숍 개최 · 제도적 환경 관리 투명성 증진 · 에너지 자원 생산 및 운송, 보관, 사용을 위한 환경 친화적 자원 절감 기술 개발 및 활용을 위한 인센티브 제공
기대효과	· 에너지 분야의 지역협력 강화 · GTR내 연료 및 에너지 단지 투자 활동 증대. · 에너지 분야 유연성 확보

(5) 농업

GTI는 곡물 뿐만 아니라 기타 농산물을 생산하는 기존방식을 지속 가능한 환경 친화적 방식으로 전환하기 위해 통합적 활동을 계획하고 있다. 이를 위해 GTI는 해당되는 경우, 지역 내 풍부한 천연자원과 노동력, 첨단기술을 연계하기 위해 노력한다. 또한, GTI는 기후변화에 의해 발생할 수 있는 곡물 생산량 및 농산물 종류 변화를 인식하고 있다. 지구 온난화의 부정적 영향은 토양, 습도, 강수량, 일조량 등 적합한 수확 환경을 변화시켜서 지역 전체 식량 안보를 위태롭게 하고 있다.

실행계획은 표14와 같다.

표 14 농업분야

목 표	· 농업분야 정책통합 및 공동 투자, 재정확보를 통해 지역경제 활성화 지원 및 농산물 무역 증진 · 농산물 무역증진을 위한 방법 모색 · 관련 정보교류 및 첨단농업기술 및 혁신 장려에 의해 지속가능한 농산물 관리방식 권장 · 특히 지속가능한 방식으로 주식 곡물을 생산하기 위한 방법을 개발함으로써 GTR내 식량 안보에 기여
실행계획	· 지역 농업생산의 비교우위를 토대로 전략적 활동으로 GTI 회원국 간 협력 강화 · 지역 농업정책 통합으로 GTI 농업위원회를 가장 효율적인 체제로 활용 · 회원국 동의하에 민간부문 자원을 통합해서 우선순위 프로젝트 검토 및 실시 · 농업분야 우수 사례 및 자문 서비스를 이해 관계자들에게 제공 · 이해 관계자 역량강화를 위해 역량 구축 및 교육 프로그램 실시
기대효과	· 안정적인 농산물 공급 · 농산물 무역 발전 · 지속가능한 농업생산 관리 · GTR 식량 안보 확보

(6) 환경

GTI는 지역 내 통합 · 조정 활동을 실시해서 GTR내 환경 지속가능성을 촉진한다. GTI는 해당 GTI 위원회를 통해서 제안한 적합한 프로젝트를 파악하고 실시하기 위해 회원국 전체의 협력을 모색한다.

전략적 목표에 따른 제안은 GTR 역내 환경보전 및 지속가능성을 위한 정책수립에 따라 수행한다. 목표, 실행계획, 기대효과는 표15와 같다.

표 15 환경분야

목 표	· 지역 환경보전 및 지속가능성을 증진하는 통합 · 조정 활동 실시 · 기후변화 또는 기타 파악할 수 없는 환경현상에 의해 발생한 부정적 영향에 대한 공동대응
실행계획	· 대기오염 방지활동 공동지원 및 촉진 · 기후변화에 따른 영향에 대한 공동대응 · 수자원 관리 정책 및 기술교류 촉진 및 통합 · GTI 환경위원회와의 조정을 통한 정책대화 추진 · GTI 환경위원회 지도하에 해당 프로젝트 조사 및 실시

실행계획	· 환경정책을 국가 및 지역 개발계획에 통합 · 환경 지속가능성의 중요성에 대한 일반 인식 및 이해 강화 · 중앙 및 지방정부의 환경문제 해결능력 강화 · 운송 및 무역 · 투자, 관광, 에너지에 대한 환경영향 평가
기대효과	· 기후변화에 의한 부정적 영향 완화 · 지역 전체의 지속가능한 환경 확보

다. GTI 총회 개최현황[44]

GTI 총회 개최현황을 개괄적으로 살펴보면 총회는 2006년부터 2020년까지 회원국 별로 각 3회 총12회가 열렸다. 2006년과 2008년, 2015년에는 총회가 열리지 않았으며, 2020년은 코로나19로 인하여 화상회의로 열렸다.

GTI 체제전환 이후 2007년 11월 러시아 블라디보스토크에서 처음으로 열린 제9차 총회에서 회원국들은 GTI 활성화를 위해 기업인자문위원회(BAC) 정관제정 및 구성요건을 확정하고 핵심 분야별 위원회 설립과 신규 프로젝트 선정에 합의함으로써 GTI가 본격 추진될 수 있는 토대를 마련하였다. 특히 한국은 신규 프로젝트가 본격 추진될 것에 대비하여 처음 설립된 BAC 운영위원회(25명)에 대한상의, (주)대성, 롯데건설, 대우인터내셔널 등 7개 기업이 참여하는 등 큰 관심을 보였다.

2009년 3월 몽골 울란바토르에서 열린 제10차 총회에서는 두만강지역개발계획을 회원국이 주도함에 따라 UNDP 명의의 두만사무국을 GTI로 법적전환을 위한 "GTI양해협정"의 조속체결 의지를 확인하고 UNDP에게 지속적인 지원을 요청하였으며[45], 동북아의 역내 경제협력 강화를 위한 비전, 민관협력을 통한 투자유치 증진방안, 두만강개발계획 강화문제 등을 논의했다.

2010년 9월 중국 창춘에서 열린 제11차 총회에서는 주요현안 사항으로 GTI

---

44 李铁主编, 2015年, 图们江合作二十年,社会科学文献出版社,한국 기획재정부 보도자료, GTI사무국 홈페이지(http://www.tumenprogram.org/)를 중심으로 재정리
45 사무국의 법적전환과 국제기구 전환 등이 일부 혼용되고 있으나, UNDP 명의 사무국을 회원국 명의 사무국으로 법적전환을 완료함으로써 국제기구를 완성하는 것이다.

법적전환 의지를 재확인하고, 교통, 에너지, 관광, 투자, 환경 등 5개 분과별로 추진되고 있는 동북아 지역 내 다양한 협력 프로젝트의 추진 경과를 점검하고 역내 국가 간 호혜적 협력의 확대·발전을 위해 공동 노력을 배가해 나가기로 하였다.

2011년 9월 GTI 역사상 처음으로 한국 평창에서 제12차 총회가 한국, 중국, 러시아, 몽골, UNDP 대표단을 비롯해 학계, 연구기관 관계자 등 총 250여 명이 참가하는 등 역대 최대규모로 열렸다. 그간 한국은 북한의 반대로 총회를 개최하지 못하였다. 이번 회의에서는 동북아지방협력위원회 창립을 선포함으로써 지방정부가 공식적으로 GTI에 참여하는 토대를 마련하였다.

동북아지방협력위원회 창립총회에 참석한 각국대표들
(강원도지사, 튜브도지사, 돗토리현 부지사, 연변주 부주장 등이 기념촬영을 했다.(강원도)

2012년 10월 러시아 블라디보스토크에서 열린 제13차 총회에서는 차기총회에서 GTI 법적전환 관련 로드맵을 승인하기로 하였으며, 수출입은행협의체 설립을 위한 양해각서를 체결하고 APEC, 광역메콩강지역경제협력, 한중일 정상회의 등 다자협력체와 협력을 강화해 나가기로 했다.

2013년 10월 몽골 울란바토르에서 열린 제14차 총회에서는 GTI를 동북아경제통합 촉진을 위한 중추적인 국제기구로 발전시키기 위하여 2016년까지 GTI 법적전환을 완료하기로 하였다.

2014년 9월 중국 엔지에서 열린 제15차 총회에서는 GTI 법적전환을 앞두고 발전방향에 대하여 집중 논의하였다.

2016년 4월 한국 서울에서 열린 제16차 총회에서는 2016년 5월까지 GTI 법적전환을 완료하기로 하였으나, 북한의 미복귀 등의 사유로, 합의를 보지 못함에 따라 차기 총회에서 법적전환 관련문건에 서명을 위한 노력을 기울이기로 하였으며, 정책연구기관 간 네트워크 구축을 위한 MOU에 서명하였다.

2017년 6월 러시아 모스크바에서 열린 제17차 총회에서는 GTI의 조속한 법적전환 필요성에 공감하고, 이를 위해 현재 GTI의 조직구조 및 역량을 더욱 효율화할 필요가 있음을 확인하고 GTI의 향후 협력원칙과 활동계획에 대한 지침을 담은 '2017-2020 전략실행계획'(Strategic Action Plan 2017-2020)을 채택하였다.

2018년 6월 몽골 울란바토르에서 열린 제18차 총회에서는 GTI 법적전환을 재확인하고, 교통, 무역·투자, 관광 등 6개 분야별 위원회의 성과를 평가하고, 6개의 신규 프로젝트를 승인하였다.

2019년 8월 창춘에서 열린 제19차 총회에서는 GTI 운영성과와 향후계획을 점검하고 동북아 번영 및 상생을 위한 경제협력 강화방안과 GTI 법적전환에 대하여 논의하였다.

2020년 12월 한국에서 열린 총회는 코로나19로 인하여 화상으로 회의를 진행하였으며, GTI사업의 주요 진행경과를 점검하고, 신규사업으로 "몽골의 중소기업 생산 활성화를 위한 역내외 가공제도 도입지원"을 승인했다. 보다 상세한 GTI 총회 개최현황은 다음과 같다.

1) 제9차 GTI 총회 : 2007년 11월 15일, 러시아 블라디보스토크

2005년 제8차 총회에서 두만강지역개발계획(TRADP)을 10년간 연장하고, 회원국의 Ownership을 강조하는 GTI 체제로 출범키로 합의한 후 열리는 첫 회의로 관심이 집중되었다. 이번 회의에서 회원국들은 "창춘선언"이행을 위한 협력의 틀을 마련하는 데 노력을 했다.(표16 참고)

표 16 제9차 GTI 총회 주요내용

구분	주요내용
토론 및 결의	· 기업인자문위원회(BAC : Business Advisory Council(BAC)정관 제정 및 구성요건 확정 - 한국 BAC 운영위원회(25명)에 대한상의, (주)대성, 롯데건설, 대우인터내셔널 등 7개 기업이 참가하는 등 관심표명 · GTI 신규프로젝트 10개 선정(표17참고) · 재원조달 노력, 공동기금으로 사무국 운영비 지원
제8차 총회 추진사항	· 에너지(Energy Board), 관광(Tourism Council), 환경협력(Cooperation Framework on Environment) 위원회 설립 합의
부대행사	· 동북아투자포럼 개최

표 17 GTI 신규프로젝트 10개

분야	사업명	사 업 내 용	소요비용 /재원조달
교통	① 동북아 페리 루트 국경 인프라	· 트로이차—속초—니가타 간 정기항로 개설	5만 달러 / 민간협력투자
	② 자루비노항 현대화	· 자루비노항 컨테이너 터미널 건설공사	8억 달러/민간협력투자
	③ 몽골 – 중국간 철도 타당성 평가	· 경제적 타당성조사 및 철도 상세도안 마련	50만 달러 / 민간협력투자
	④ 훈춘—마하리노 철도운행 재개	· 경기도지역협력연구센터(GRRC)와 미국연구협의회(NRC) 간 협정체결 방안마련	5만 달러 / 민간협력투자
	⑤ 중국 – 북한 국경의 중국 도로 · 항만 활용	· 국경 간 수송촉진 협정체결을 위한 프로젝트 추진단 구성	5만 달러 / 민간협력투자
에너지	⑥ GTI 에너지 역량 구축	· 에너지위원회 신설 · 에너지 교역을 저해하는 비물리적 장벽 축소	25만 달러 / 민간협력투자

분야	사업명	사업 내용	소요비용/재원조달
관광	⑦ GTI 관광산업 역량 구축	· 관광위원회 구성 · GTI 관광가이드 제작 · 백두/장백산多목적지관광방안 마련	20만 달러 / 민간협력투자
투자	⑧ TRADP 회원국 관료 시장경제 교육	· TRADP 회원국 중 저개발 국가의 관료를 대상으로 시장경제학습 기회제공	20만 달러 / 한국 및 관련국가
환경	⑨ 월경성 환경영향 평가 및 환경기준 표준화	· GTR 월경 간 환경영향 평가 (TEIA) · 동북아 환경기준 표준화	30만 달러 / GEF와 회원국 정부
	⑩ 두만강 수자원 보호 타당성 평가	· 두만강 환경보호를 위한 다자간 협력 구축	5만 달러 / Toshiba(일본)

자료 : 한국 재정경제부, 보도참고자료(2007. 11. 16), 저자정리

2) 제10차 GTI 총회 : 2009년 3월 24일, 몽골 울란바토르

중 · 몽 · 한 · 러 및 UNDP는 북한의 적극적인 활동 참여의 중요성을 강조하고 동북아 역내 경제협력 강화를 위한 비전, 민관협력을 통한 투자유치 증진, 두만강 지역개발계획 강화방안 등을 논의했다. (표18참고)

표 18 제10차 GTI 총회 주요내용

구분	주요내용
프로젝트	· 지속적으로 프로젝트 추진을 위한 국내외 자본 유치 · 회원국과 국제조직, 민간기구와 긴밀한 협력 필요
법적전환	· 회원국 주도의 GTI 추진 재확인, 조속한 시일내 "GTI 양해협정"서명 추진 의지 표명, UNDP의 진일보한 지원 요망 · 동 협정은 1995년 TRADP 협정의 효력을 보충하는 것임
동북아 지역 간 협력	· GTI는 동북아 경제교류협력의 중요한 플랫폼 · 동북아투자포럼을 더 큰 정치적 차원으로 발전 · 매년 지역발전포럼(LocalDevelopment Forum, LDF) 개최 동의 · 지역경제협력 촉진을 위한 신속통로 건설 추진 동의 · 교통위원회 창립 및 제1차 회의 2009년 하반기 개최 동의
파트너십 개발	· 유엔파트너십 판공실의 도움으로 BAC 제1차 회의 개최 - 정부 및 기업대표 100여명 참가, 지역투자환경 관련 토론 - 세관과 초국경 화물운송 문제에 관심 집중 - 투자유치를 위한 무역장벽 해소 조치 필요

3) 제11차 GTI 총회 : 2010년 9월 1일, 중국 창춘

북한이 2009년 11월 탈퇴하고 처음 열리는 회의에서는 교통, 에너지, 관광, 투자, 환경 등 5개 분과별로 추진되고 있는 동북아 지역 내 다양한 협력 프로젝트의 추진 경과를 점검하고 GTI가 경제협력의 플랫폼으로 동북아 지역발전의 지속가능성과 안정성을 강화하는 적극적인 역할을 하고 있다는 데 인식을 같이했다.(표19참고)

표 19 제11차 GTI 총회 주요내용

구분	주요내용
법적전환	· 두만사무국의 법적전환 의지 재확인 · UNDP에 두만사무국의 법적전환에 필요한 지원요청 · 법적전환 이후 두만사무국은 UNDP의 틀 안에서 각종업무 지속 추진
우선협력분야	· 각 위원회가 우선협력분야에 중요한 역할을 하고 있음 · 각 위원회에 고위관료 참여지지 · 무역원활화위원회 창립, 정관 통과 · 2010년~2012년 교통협력계획 통과 　– 교통회랑 종합발전계획 추진의 중요성 강조 　– 관광자원개발, 초국경관광, 다목적지 관광 촉진 · 관광자원개발, 초국경 및 다목적지 관광프로젝트 통과 · 2011년 주요 협력사업 확정 　– GTI 통합 교통 · 물류 · 인프라 개발 연구」, 「다국가 경유 관광상품 개 발」, 「동북아 페리루트 구축」 등 12개 프로젝트
파트너십 개발	· 기업인자문위원회(BAC)와 연석회의 개최 　– 정부와 재계 대표 80여 명이 참석 　– GTI 지역의 투자방법, 환경보호 조치 등 논의 　– 일본과 북한의 GTI 참여 필요성을 제기 · ADB 등 국제금융 기구와 협력강화 · 지방정부 간의 협력을 위해 협력메커니즘 건립 　– 지린성과 강원도에서 설립 제안 · 동북아 각국의 중앙정부, 지방정부, 재계, 학계 등과 네트워크 구축

4) 제12차 GTI 총회 : 2011년 9월 28일, 한국 평창

두만강지역개발계획 출범 이래 처음으로 한국 평창에서 열렸다.

한국, 중국, 러시아, 몽골, UNDP 대표단을 비롯해 학계, 연구기관, 관계자 등 총 250여 명이 참가(지난 11차 장춘 총회에 비해 참석 인원은 약 30% 증가)하였다.

회원국 이외에도 미국, EU 등에서도 참석하여 평창동계올림픽 유치, 중국의 동북진흥계획, 러시아의 극동개발 등으로 인한 지역개발 수요 확대에 대한 기대감을 반영했다.

특히 금번 총회의 한국 개최를 축하하기 위해 반기문 UN 사무총장은 GTI 발전을 위한 회원국의 정치적 관심 제고와 북한의 GTI 복귀를 희망하고, UN의 지속적인 관심과 지원 의사를 표명하는 특별 메시지를 전달하는 등 GTI 사상 처음으로 열리는 이번 회의에 관심이 집중되었다. 그러나 기대를 모았던 기업인자문위원회는 열리지 않았다.

회의개최지인 강원도는 2018년 평창 동계올림픽 관련 투자유치 활동을 전개하는 등 홍보활동에 주력하였다.

이번 회의에서 GTI의 중장기 사업추진 방향, 지방정부 간 협력체제, 사업추진과 재원조달을 위한 가이드라인, 사무국 인적구성 등을 승인해 GTI 발전을 위한 추진체계를 확립하였다. (표20 참고)

표 20 제12차 GTI 총회 주요내용

구분	주요내용
전략적 전망	·《2006-2015GTI 전략실행계획(2005)》개정 결정
우선협력분야	· GTI의 핵심사업은 교통협력임, 종합교통망 구축이 필요 · GTI 통합 교통망 개발 연구, 에너지 역량강화, 무역원활화 교육, 관광가이드 제작(총 4개 사업)을 핵심사업으로 추진 · 한국, GTI 통합 교통망 개발 연구에 대한 추가적인 지원 · 지방정부 간 협력 : 지방정부의 GTI 사업에 핵심적인 역할 인정 　- 동북아지방협력위원 (LCC)창립 선포 　- 중앙정부와 지방정부가 함께하는 지역협력 모델로 발전 　- 일본 돗토리현 가입으로 일본과 협력의 가능성 기대
부대행사	· 동북아경제협력포럼(GTI 사무국 주관) · 지역발전 포럼(강원도 주관, 정운찬 동반성장위원장 기조연설) · 한국관광공사 주관 남북협력포럼, 강원도 주관 무역투자 상담회 · 기업인자문위원회(BAC)회의 미개최

정운찬 전총리(동반성장위원장)가 지역발전포럼 기조연설을 하고 참가기업을 격려(강원도)

5) 제13차 GTI 총회 : 2012년 10월 10일, 러시아 블라디보스토크

우선협력분야별(교통, 무역·투자, 관광, 환경 및 에너지) 추진사업 동향점검 및 협력프로젝트에 대해 심도있게 논의하였으며, GTI를 동북아경제통합 촉진을 위한 중추적인 국제기구 형태로 발전시키기 위해「GTI 법적전환」문제를 협의하고 GTI에 대한 지원을 강화하기로 합의하였다.(표21 참고)

표 21 제13차 GTI 총회 주요내용

구분	주요내용
법적전환	· 조정관회의의 특별세션을 통해 조정관 및 사무국이 차기 총회에서 승인할 GTI 법적전환 문서 및 로드맵 개발
전략적 전망	· 모든 동북아 국가에 GTI 가입 장려 · 구체적 프로젝트 실시과정에서 일본, 북한과 연계 강조 · 《2012-2015GTI 전략실행계획》비준
우선협력분야	· GTI의 지역 연결성을 위한 교통인프라 협력이 최우선 사업임을 재확인 · 교통분야 신규사업(육해로조사연구, 2013 GTI 강원무역투자박람회 등 발전에 지속적인 지원을 약속함 · 한국 관세청 주관 무역원활화연수사업의 정례화와 10월 한국에서 개최되는 2차 회의와 세미나를 환영함 · 비자원활화 사업 추진의 중요성을 확인하였으며 동북아다국가경유관광사업 촉진센터 설립에 대한 아이디어에 동의함
파트너십 개발	· 동북아수출입은행 간 협의체 창설 MOU 체결 　－ 중국 수출입은행, 한국 수출입은행, 몽골 개발은행 　－ 러시아 수출입은행의 참여를 독려하는 바임 　－ 한국정부에서 협의체 1차회의 개최 제안 · APEC, 메콩강지역개발협력체, 상하이협력기구 및 한중일정상회의와 같은 타지역협력메커니즘과 교류강화 및 경험을 배우는 것이 중요

6) 제14차 GTI 총회 : 2013년 10월 30일, 몽골 울란바토르

GTI 법적전환, 파트너십 강화, 북한과 일본 참여 방안 등이 논의 하였다.(표22 참고)

표 22 제14차 GTI 총회 주요내용

구분	주요내용
법적전환	· GTI가 독립적 기구로서 발전하기 위한 전략적 방향에 대한 공감 · 2014년 제2차 조정관회의 이전에 신설 기구 설립 방안에 대한 컨셉보고서 마무리 · 2016년까지의 법적전환 절차 및 추진일정을 담은 로드맵 확정
전략적 전망	· GTI는 동북아 국가들의 공동 번영을 위한 파트너십을 구축하는 플랫폼으로서 주요한 역할을 한다는 점을 재확인 · GTI가 교통 · 무역투자 · 관광 · 에너지 · 환경 등 주요 분야에서 경제협력을 증진시키는 데 실제적이고 전략적 역할을 하는 조직으로 전환기대 · 지역경제통합 증진 차원에서 일본과 북한의 GTI 참여를 독려
우선협력분야	· 교통위원회에서 'GTI 지역 교통전략과 액션플랜' 비준 · GTI 교통수송망 연구 프로젝트의 성공적 수행 · 동북아 교통협력 국제세미나를 승인 · 2013년 6월 강원도 주관 제1회 GTI박람회 큰 성과를 거둠 · 기업인자문위원회 재활성화 · 동북아경제협력포럼을 강화하기 위하여 각 상공회의소의 GTI 참여활성화 및 정기적인 대화와 교류 확대 · 중국 국가여유국, 지린성, 세계관광기구 공동으로 동북아 관광데이터베이스 프로젝트 개시 환영 · 동북아 다목적관광센터 창설 동의 · 에너지위원회" 2013~2014년 GTI 에너지 액션플랜"승인 · 농업위원회 설립 논의
파트너십 개발	· GTI 지역협력 및 개발 관련 국제기구 · 동북아 지방정부 · 민간분야 참여의 중요성을 재확인 · UNDP · 독일국제개발협력단(GIZ) · ESCAP · ADB의 GTI에 대한 지원 노력에 사의를 표명 · GTI와 ESCAP간 협력 강화를 위한 MOU 체결('13.6월) · GTI 지방협력위 창립 총회의 성공적 개최와 일본 돗토리현의 제2차 지방협력위 개최 제안(2014년)을 환영함 · GTI 4개 회원국 수출입은행들로 구성된 동북아수은협의체의 출범 2014년 창립총회 개최 결정 　– 수은협의체 시범사업 검토 후보사업목록 작성 합의 · 정책연구기관 간 네트워크 구축제안 환영

7) 제15차 GTI 총회 : 2014년 9월 18일, 중국 옌지

2016년 GTI 법적전환을 앞두고 △GTI의 전략적 전환 △GTI 틀 안에서 각 회원국의 우선협력분야 추진상황 △GTI와 타 기관과의 파트너십 관계의 발전에 대한 토론을 통해 발전방안을 제시했다.(표23 참고)

표 23 제15차 GTI 총회 주요내용

구분	주요내용
법적전환	· 2015년 총회에서 국제기구 설립협정문 승인 - 2016년 5월까지 법적전환 완료 - 기구는 장관이사회, 고위급회의, 위원회와 사무국으로 구성 - 현 단계의 차관회의체로 2~ 3년 유지이후 대표 직급 상향조정 고려
우선협력분야	· 제4차교통위원회 "GTR지역 육해상복합교통로에 관한 세미나"와 "자루비노항 발전을 위한 시장 조사 연구"프로젝트 승인 · 동북아관광포럼 영구 개최지로 훈춘 결정 - 지린성에 다목적관광홍보센터 설립 · 무역원활화 지속 지원할 계획임 · 강원도 GTI무역투자박람회 기업참가 홍보 및 독려 · 2014~15 에너지 액션플랜 승인 - 동북아 발전과 송전문제 해결 프로젝트, 석탄 추출 합성 천연가스 공급 사업의 타당성 분석 등 4개 사업
파트너십 개발	· GTI와 독일국제개발협력단(GIZ) 간 협력 강화를 위한 MOU 갱신(2015년6월까지)) · 일본 돗토리현의 제2차 지방협력위원회 및 지방협력포럼의 성공적 개최 · 제3차 지방협력위('15년, 몽골) 개최 · 동북아수출입은행협의체 창립 총회 개최 - 한 · 중 수은, 러시아 대외경제개발은행, 몽골 개발은행 - 역내 양자 · 다자 간 공동 프로젝트 발굴 및 협조융자를 위한 수은 간 협력을 내용으로 하는 기본협약 채택 - 한러몽에서 10개의 사업계획안 제안 · GTI 정책연구기관 간 네트워크 구축 승인

8) 제16차 GTI 총회 : 2016년 4월 28, 한국 서울

모든 회원국은 GTI의 조속한 법적전환의 필요성에 공감하고, 다음 총회에서 법적전환 관련 문건에 서명을 위해 함께 노력하기로 하였다.(표24 참고)

표 24 제16차 GTI 총회 주요내용

구분	주요내용
법적전환	· 국제기구 설립협정문안 서명 목표시점을 다음 총회로 정함
우선협력분야	· 농업위원회 출범 · 무역원활화위원회를 '무역과 투자위원회'로 개편하고, 산하에 관세소위원회를 설치함 · AEO(Authorized Economic Operator) 실행을 위한 몽골 관세 공무원의 능력향상 프로그램(2015.9.14–18, 천안) 성공적 실시 · 제4회 GTI 국제박람회 기업참가를 위한 긴밀한 협력 · 동북아 상공회의소 연합회의 조속 설립 추진
파트너십 개발	· 한국의 부산광역시와 제주특별자치도의 지방협력위원회 가입 　– 산하에 Logistics Committee 설립 승인 · GTI 연구기관 네트워크 설립을 위한 MOU가 체결 　–(한국) 대외경제정책연구원, (중국) China Association of International Trade, (몽골) Institute for Strategic Studies of National Security of Mongolia, (러시아) Russian Foreign Trade Academy

9) 제17차 GTI 총회 : 2017년 6월 29일, 러시아 모스크바

GTI의 조속한 법적전환 전환을 위해 프로젝트 역량 강화 등 GTI의 조직구조 및 기능 효율화 노력에 합의하였다.(표25 참고)

표 25 제17차 GTI 총회 주요내용

구분	주요내용
법적전환	· GTI의 조속한 국제기구 전환 필요성에 공감 　– 조정관회의 등을 통해 프로젝트 발굴 및 수행을 담당하는 조직을 설립하는 방안 등을 논의하기로 함
전략적 전망	· 전략실행계획(2017–2020) 채택

구분	주요내용
우선협력분야	· 제5차 GTI 국제박람회의 성공적 개최를 위해 적극 협력 · 무역투자위원회 운영규칙(TOR) 및 로드맵 채택 · 농업위원회 중기 액션플랜 등 합의문서를 채택 · 무역투자위원회의 신규 연구 프로젝트 3건 등 승인

파트너십 개발	· 정책연구기관 네트워크의 공동연구 프로젝트 2건 승인
	  – GTI의 물리적, 제도적, 인적 연결성(connectivity) 증진 방안
	  – 광역 두만강 유역의 협력 전망 연구
	· 수은협의체의 우선 시범사업인 러시아 Zarubino港 개발사업 추진을 위한 참여은행 간 금융협력 MOU 체결
	  – 러시아 연해주 농산물 수출
	  – 중국 동북 2성(지린, 헤이룽장) 농산물의 남부지방 환적 등을 위한 곡물터미널 건설

동북아경제한류의 축제 2016 GTI국제무역투자박람회 개막식 전경(강원도)

10) 제18차 GTI총회 : 2018년 6월 22일, 몽골 울란바토르

GTI 법적전환을 재확인하고, 관련 협의를 진전시켜 나가기로 하였다. 회원국들은 4월 27일 판문점 선언 및 6월 12일 북미정상회담 합의문 채택을 환영하고, 동 합의가 동북아의 평화와 번영을 가져올 것이라는 기대를 표명하고 북한의 재가입을 초청하였다.(표26 참고)

표 26 제18차 GTI 총회 주요내용

구분	주요내용
법적전환	· GTI 국제기구 전환을 재확인하고, 관련 협의 지속 추진
우선협력분야	· 교통, 투자·무역, 관광, 에너지, 환경, 농업위원회의 성과를 평가하고 신규프로젝트 승인
파트너십 개발	· 수은협의체 자루비노항 전문 양곡터미널 자금조달 협력 양해각서의 유효기간 연장 · 한국정부가 제안한 동북아경제협력 세미나 개최건을 신규 프로젝트로 승인 - 금년 10월, 서울에서 한국 신북방 정책과 연계 방안 모색

11) 제19차 GTI 총회 : 2019년 8월 22일, 중국 창춘

GTI 운영성과와 향후계획을 점검하고 동북아 번영 및 상생을 위한 경제협력 강화방안과 GTI 법적전환을 논의하였다. 회원국들은 동북아의 지역경제통합 심화와 포용적 경제성장 촉진을 위한 협력방안을 논의하였으며, GTI 법적전환 논의 진전을 위해 노력하기로 하였다. 각국 상공회의소 및 유사기관이 참여하는 동북아비즈니스 협회 출범으로 향후 민간교류 협력 활성화의 플랫폼이 될 것으로 기대된다.

2018년 평양 남북 정상회담 및 평양공동선언을 지지하고, 6월 30일 판문점 회동이 한반도의 평화와 번영으로 이어지기를 기대하였다. 또한, 2009년 GTI를 탈퇴한 북한의 GTI 복귀를 요청하였다.

제19차 GTI 총회에 참석한 각국 대표 기념촬영(중국상무신문망)

12) 제20차 GTI 총회 : 2020년 12월 16일 서울

코로나19 상황에 따라 회원국 간 화상연결 방식으로 회의가 진행되었다. GTI 사업의 주요 진행경과를 점검하고, GTI 전략실행계획(2021-2024)과 신규사업을 승인하였다.

신규사업으로「몽골의 중소기업 생산 활성화를 위한 역내외 가공제도 도입지원」을 승인하였다.

동북아지방협력위원회(LCC) 활동은 한국 인천광역시가 2021년 10월 13일 화상회의로 열린 제8차 LCC에서 정식으로 회원 가입승인을 받음으로써 회원은 4개국 24개 지자체이며, 한국은 인천광역시 외에 부산광역시·제주특별자치도·강원도가 활동 중이다.

이번 총회에서는 GTI 사상 처음으로 동북아 지방정부와 관련기관의 유망한 프로젝트를 발표하는 시간을 마련하였다.

부산광역시와 강원도에서「동북아 물류 활성화 방안」이라는 주제로 "(한국)부산·속초·동해~(러시아)연해주~(중국)동북3성"을 연결하는 물류루트 추진현황에 대해 발표하고, 통관·검역 등의 애로사항 해소를 위해 회원국 간 협력할 것을 건의하였다.

총회를 주재한 윤태식 기획재정부 국제경제관리관은 역내 경제협력 및 개발이 활성화되기 위해서는 물류 흐름이 원활화되는 것이 중요한 과제이므로, 동 사안에 대해 회원국 간 협의를 통해 해결방안을 마련하여 다음 총회에 보고해줄 것을 요청하였다.

환경부(수자원공사)는 GTI의 유망사업으로 두만강 유역 물관리 방안에 대한 공동연구계획을 발표하고, 국제하천인 두만강에 대한 통합관리 필요성을 강조하였다. 동 연구는「동북아 수자원 연구협력 협의회(NAWRA)」[46]의 첫 공동연구사업으로 한국·중국·러시아 및 몽골 수자원 연구기관이 상호 협력하여 기초자료 수집,

---

46 NAWRA(Northeast Asia Water Research Association): 한국·중국·러시아 수자원 연구기관 간 동북아 수자원·환경 분야 다자협력을 위해 설립(2019.5.23)한 협회

모델링 분석, 습지·연안 생태 연구 등을 통해 향후 두만강 유역관리방안을 마련할 계획임을 밝혔다.

외부 전문가를 초청하여 향후 GTI의 미래와 비전에 대해 발표·청취하였다. 한국해외인프라도시개발지원공사(KIND)에서 역내 개발협력사업을 발굴·추진하기 위한 회원국 간 협력방안 및 인프라 사업 공동개발을 제안하였으며, 통일보건의료학회 이사장 김신곤 교수는 대규모 검사, 효과적 감염경로 추적 등 한국의 코로나19 대응현황에 대해 설명하고, 포스트 코로나 시대 동북아 보건협력을 위한 방안으로 회원국 간 정보공유, 접경지역 바이오메디컬 클러스터 설립 등을 제시하였다.

제20차 GTI 총회일정(표27 참고)을 보면 비록 화상회의로 열렸지만 연례 반복적이며 실질적 다자협력체로서의 발전적 모습을 보여주지 못하고 있다.

표 27 제20차 GTI 총회 일정

일시	일정	비고
15:00~15:20 (20분)	개회	
	− 1차관 기조연설 − 러시아·몽골·중국 대표 모두발언	
15:20~15:40 (20분)	세션 1	
	− 주요사업 진행상황 보고 − 신규사업 승인	보고: GTI 사무국장
15:40~16:00 (20분)	세션 2	
	− 유망 신규 프로젝트 발표	
	1. 신북방 복합물류루트 활성화 사업	발표: 부산광역시
	2. 동북아 물류루트 활성화 방안	발표: 강원도
	3. 두만강 수자원 관리방안 연구	발표: 환경부(수자원공사)
16:00~16:10 (10분)	휴식	

일시	일 정	비 고
16:10~16:40 (30분)	세션 3	
	− GTI의 미래와 비전(웨비나)	사회: 대외경제정책연구원(KIEP)
	1. GTI 개발협력 프로젝트 발굴	발표: 해외인프라도시개발지원공사(KIND)
	2. 포스트−코로나 동북아 보건협력	발표: 통일보건의료학회
16:40~16:50 (10분)	세션 4	
	− 결산 및 예산 승인 − 사업계획 확정	보고: GTI 사무국장
16:50~17:00 (10분)	폐회	
	− 서울 선언문 채택 − 차기 총회 일정 승인 − 폐회사	

자료: 기획재정부 보도자료, 제20차광역두만개발계획(GTI)총회 개최(2020. 12.16)

라. 소고(小考)

GTI는 사업의 주체가 UNDP에서 회원국으로 전환되었을 뿐 UNDP의 지역협력 프로그램으로 연속성을 갖고 추진하는 사업이다.

따라서 TRADP 추진과정에서 제기되었던 문제점 보완여부와 새로운 사업 추진 실태를 통하여 발전과제를 도출할 필요가 있다.

GTI 추진실태는 제8차 총회에서 채택한 "창춘선언"과 GTI 역내사업과 연계협력 사업 추진여부를 중심으로 분석하고자한다.

1) 창춘선언 이행여부

"창춘선언"은 두만강지역개발계획 10년 연장을 포함한 총 7개항으로 구성되어 있으며 회원국 주도의 강한 의지를 담고 있다. 주요 항별로 이행여부를 살펴보면 다음과 같다.

첫째, 총회와 함께 "동북아투자포럼"를 개최하기 하였다.

회원국들은 "동북아투자포럼"을 GTI의 대표 브랜드로 육성함으로써 GTI의 위상을 높이고 경제협력을 증진시키는 플랫폼으로 활용하고자 하였으나 초기에 몇 회 열리고 중단되었다.

포럼 성공의 관건은 국제적으로 주목 받을 만한 저명인사, 경제계 또는 학계의 권위가 있는 발제자 섭외와 시대적 흐름에 맞는 이슈를 선점하고 대안을 제시하는 것이 중요하다.

2011년 9월 한국 강원도에서 열린 제12차 총회의 부대행사로 "동북아투자포럼" 및 "지역발전포럼"이 열렸다.

GTI 사무국이 주관한 "동북아투자포럼"은 대부분 GTI 파트너기구의 전문가를 중심으로 포럼이 구성됨으로써 현지성이 떨어져 동북아 지역 간 실질적 경제협력을 기대한 각국의 참여자, 기업인, 전문가로부터 외면을 받았다.

총회 개최지 강원도가 주관한 "지역발전포럼"에서는 기조연설은 한국의 정운찬 전 총리가 하였으며, 그 밖에 동북아 지방정부 도지사, 한국의 대기업 산하 연구원장 등이 참석하여 실질적인 지방정부 간 협력방안을 토론함으로써 한국에서 처음으로 열린 제12차 총회의 위상을 높였다.

이 두 개의 포럼을 통해서 GTI 사무국이 주관하는 각종 포럼이 연속성을 갖고 추진되지 못하는 이유를 가늠할 수 있다.

둘째, 회원국 주도로 GTI 틀 안에서 협력형성을 목표로 사업을 추진하였지만 TRDAP와 차별화된 모습을 보여주지 못하고 있다.

① 회원국 대표의 직급과 총회운영은 UNDP의 틀에서 벗어나지 못했다.

현재 회원국 대표는 중앙부처 차관이다. 차관은 장관을 보좌하는 역할을 하고 있으며 정책을 결정하는 것이 아니다. 다자협력체는 국가 간의 문제를 협의 조정하는 중대한 역할을 하고 있는 데 정책 결정권을 갖지 않은 차관회의로는 한계가 있다.

동서양을 막론하고 조직 이기주의가 만연하고 있는 상황에서 다자협력체 결정사항을 국내적으로도 중앙부처 간 협의·조정을 하는 데 한계가 있으므로 다자협력체를 안정적으로 유지하기 위해서는 중앙부처를 통합 조정할 수 있는 총리 또는 정상회의로 승격하는 것이 바람직하다.

각국별 총회 참가현황을 분석하면 차관회의임에도 불구하고 주최국을 제외하고는 차관이 참석하는 경우가 거의 없었으며, 심지어 과장급이 참석하는 사례도 발생하였다.

총리 또는 정상회의는 회원국 대표 중 어느 한 국가에서 참석이 불가할 경우 회의를 순연하기도 한다. 두만강지역개발계획에 오랫동안 관여했던 인사는 자국에서 차관이 참석했는데 일부 국가에서 부국장이 참석함으로써 총회 자체가 무산될 뻔한 사례가 있었다고 술회하고 있다.

이처럼 총회에 참석하는 회원국 대표의 직급이 불일치함에 따라, 품앗이 성격이 되어버렸다. 다시 말하면 다른 회원국가에서 총회 개최 시 자국 주최 총회에 참석한 대표의 직급을 고려하여 대표단을 파견하는 사례가 빈번하게 발생함에 따라 다자협력체의 위상을 스스로 떨어뜨림은 물론 실질적 협력방안을 논의하기 어려운 구조를 만들었다고 할 수 있다.

1년에 한 번 열리는 총회는 대부분 주요사업보고, 신규사업 승인, 부정기적 포럼 개최, 공동선언문 채택 등으로 구성됨으로써 공동협력의 정신을 바탕으로 한 협력사업을 발굴하거나 추진하지 못하고 있다.

동북아 지역에는 GTI보다 소규모의 다자협력체가 많이 있다.[47] 어떤 다자협력체는 정부와 기업으로부터 환영을 받고 있지만 그렇지 않은 다자협력체가 더 많다. 대부분 다자협력체는 초기에 지역협력을 위해 의욕적으로 출범을 하지만 시간이 흐를수록 행사를 위한 행사로 전락함으로써 지방정부와 기업들로부터 외면을 받고 있다.

---

47 여기서 다자협력체는 매년 개최되고 있는 한중일지방정부교류회, 환황해회의, 한일호쿠리쿠회의 등으로 중앙부처가 주관하고 다수의 지방정부가 참여하는 회의 또는 포럼을 가리킨다.

GTI 총회 역시 행사를 위한 행사에서 탈피하지 못하고 있는 것이 현실이다.

② GTI 법적전환이 늦어지고 있다.

회원국 주도의 첫걸음은 독립된 법인격을 갖춘 사무국이라 할 수 있다. 이것은 회원국 간 합의만 하면 아주 쉽게 해결되는 문제이다.

그러나 2006년부터 회원국 주도의 GTI로 전환을 하였지만 사무국의 법인격은 UNDP가 여전히 갖고 있음으로써 회원국이 국제사회에서 정부 또는 비정부기구와 협약 등의 체결, 재원조달, 프로젝트 집행 등 각종 재정행위, 법률 소송·변호 등 각종 법적행위를 할 수가 없으므로 GTI 틀 안에서 각종 협력사업을 추진하는 데 한계가 있다.

회원국들은 2009년 제10차 총회부터 GTI 법적전환 추진을 시작하였으며, 2016년부터 회원국 주도의 국제기구로 새롭게 출발하고자 하였으나, 러시아에서 북한의 GTI 미복귀 등을 이유 국제기구 전환에 반대하고 있어 지금까지 법적전환이 이루어지지 못하고 있는 실정이다.

③ GTI 틀 안에서 협력형성이 되지 않고 있다.

TRADP 추진 시 문제점으로 제기되었던 것은 GTI 핵심지역의 현안사항인 해운항로 개설 등이 총회에 의제화 되지 않는 등의 문제점 개선을 위하여 GTI 틀 안에서 협력형성을 추진하고 있으나, GTI 총회에 의제로 상정된 안건조차 논의만 있었지 국가 간 협력으로 이어지지 못하고 있다.

예를 들면 한국 속초~자루비노·블라디보스토크~훈춘 항로는 GTI 핵심지역일 뿐만 아니라 우선협력분야 중의 하나이지만 총회에서 동항로 관련 언급은 있었으나 회원국들이 통관·비자 간소화를 위한 국가 간 협력사업을 추진한 사례를 찾아보기 어렵다.

특히 2012년 강원도의 제안으로 2013년부터 강원도에서 열리고 있는 GTI국제무역투자박람회는 GTI가 비준한 공식사업으로써 총회 공동선언문 등에서 수차

레 기업참가 협력 등을 명기했지만 회원국 중앙정부 간 협력은 이루어지지 않았다.

셋째, GTI 지역적 범위가 축소되고 있다.

지역적 범위를 확대하고자 하였으나 오히려 북한은 2009년 11월 핵실험 관련 국제사회 대북 제재에 반발하여 탈퇴하였으며, 회원국들은 북한의 가입과 관련하여 논의만 되풀이하고 공동선언문을 채택만 하였을 뿐 북한의 복귀를 위한 구체적인 대안을 제시하거나 직접적인 접촉을 하는 등의 노력을 기울이지는 않았다.

또한 일본 참여의 필요성에 대한 논의는 있었지만 구체적인 대안을 제시하고 실행에 옮기지는 않았다.

단지 성과라 할 수 있는 것은 지방정부의 참여 기회를 확대한 것이라 할 수 있다. 그 간 동북아 지방정부는 두만강지역개발계획이 국가 간 협력에 의한 동북아 소지역개발 사업인 관계로 지방정부의 두만강지역개발 사업에 직접참여의 길이 제한됨에 따라, 동북아 지방정부는 두만강지역개발사업을 지역발전의 동력으로 삼기 위해 양자 혹은 다자 간 국제협력을 통해 해운항로 개설, 무역·투자 확대, 박람회 상호참가, 경제인 교류 등을 추진해 왔다.

2011년부터 회원국 주도의 GTI사무국이 운영됨에 따라, 한국 강원도와 중국 지린성이 중심이 되어 GTI 사무국에 동북아 지방정부 간 다자협력체 설립을 제안하였으며, 2012년 9월에 열린 제12차 총회에서 가칭 "GTI 지방협력위원회" 창립을 선포하였다.

GTI지방협력위원회는 2020년 12월 기준 4개국 24개 광역지방정부가 참가하는 등 참여의지가 높으나, 대표 직급의 불일치, 실질적인 협력사업 발굴이라는 과제를 안고 있다.[48]

넷째, 기업인자문위원회(BAC)를 설립하고 GTI와 민간부문의 협력을 강화한다.

"창춘선언"에서 민간협력을 끌어내는 핵심사업은 "동북아투자포럼"과 BAC라

---

48 http://www.incheontoday.com/news/articleView.html?idxno=203396,인천시, 광역두만개발계획 지역위 가입

할 수 있다. 이 두 개의 사업은 GTI 지역 간 경제협력의 플랫폼으로 주목을 받았다.

2007년 11월에 열린 제9차 총회에서 BAC가 출범함에 따라 특히 한국은 BAC 운영위원회(25명)에 대한상의, ㈜대성, 롯데건설, 대우인터내셔널 등 7개 기업이 참가하는 등 적극적인 참여를 태도를 갖고 있었다. 그러나 BAC는 2010년 9월에 열린 제11차 총회에서 정부와 재계 대표 연석회의를 끝으로 활동 기록을 찾을 수 없다. 수차례 BAC 재활성화 논의 끝에 2019년 8월에 열린 제19차 총회에서 각국 상공회의소 및 관련기관이 참여하는 "동북아비지니스협회"가 출범하였다.

BAC 등이 활성화 되지 못한 이유는 기업인들에게 필요한 프로젝트 발굴을 위한 실질적인 활동 플랫폼을 마련해 주지 않았기 때문이라 할 수 있다.

특히 협의체를 주도할 단체가 없는 것, 그리고 실물경제에 밝지 못한 국제기구 등의 자문에 의해 BAC를 설립한 것도 활성화가 되지 않는 이유 중의 하나이다.

다섯째 GTI 우선협력분야는 교통, 에너지, 관광, 무역·투자, 환경, 농업이다. 이와 동시에 새로운 파트너십 관계를 구축하고 융자루트를 넓히는 것이다.

GTI는 우선협력분야를 추진하기 위해 중·단기 전략행동계획을 수립하고 위원회 설립과 파트너십 관계 구축을 통해 전략적 목표를 실현하고자 한다.

전략실행계획은 처음으로 2005년도에 SAP2006-2015를 승인한 이래 총회 결정에 따라 개정하고 있다. 후속 전략실행계획인 SAP 2021-2024는 공통비전, 전략적 목적, 협력원칙, 금융기관과 협력, 6개위원회(교통, 에너지, 관광, 무역·투자, 환경, 농업)의 실행계획과 기대효과 등을 담고 있다.

이 전략실행계획을 분석하면 실행계획이라기 보다는 기본방향을 제시한 것에 가깝다고 할 수 있다.

GTI 협력사업에 걸림돌이 되었던 재원부족과 관련해서는 동북아수출입은행 협의체와 협력을 강화하고 확대하는 것 외에는 별다른 재원조달 방안을 제시하지 못하고 있다.

우선협력분야를 구체적으로 뒷받침할 협의채널과 제도적 장치 마련을 위하여 분야별로 이를 관장하는 각 회원국 중앙부처의 국장급을 대표로 하는 분야별 위원회를 설치하고, 해당분야의 협력 사업을 발굴해 실행계획을 마련하고자 하였으나 국장급이 회의에 참석하지 않을 뿐만 아니라, 정부 간 협의체로서 역할을 하지 못하여, 회원국 간 실질적인 협력사업으로 연결되기 보다는 현안사항을 논의하고 발전방안을 제시하거나 회원국 부담으로 연구보고서를 발간하는 수준에 머물고 있다.

다자협력체 성공의 관건은 회의에 참가하는 각국 대표의 직급이 같아야 한다. 한국에서 열린 몇 몇 위원회 참가자 현황을 보면 주최국은 국장 또는 부국장, 다른 회원국은 중앙부처 부국장, 과장 심지어는 일반직원이 참가하는 사례가 발생하는 등 회원국 정부 간 실질적 협력을 추진하기 위한 조직과는 거리가 멀다.

협력파트너는 지방정부 간 교류협력을 촉진하기 위한 동북아지방협력위원회(LCC), 금융협력 강화를 위한 동북아수출입은행협의체, 민간기업 참여를 확대를 위한 동북아비지니스협회(상공 회의소 및 관련기관), 협력사업 발굴 등 지속 가능한 대안 마련을 위한 정책연구기관네트워크 등이 있다.

협력파트너 설립은 GTI의 주요한 성과라 할 수 있다. 협력 파트너와 협업의 성공을 위해서는 GTI 사무국이 협력의 방향을 분명히 제시하고 지속적으로 관리하지 않으면 제2의 BAC가 발생하는 것은 시간문제이다. 특히 LCC에 참여하는 지방정부의 경제교류협력에 대한 의지, 동북아수출입은행협의체와 동북아비지니스협회의 실질적 협력을 촉진시킬 수 있는 프로젝트를 발굴할 수 있는 토대 마련이 중요하다.

마지막으로 회원국의 주도의 안정적인 협력기반 마련을 위하여 GTI 사무국에 대한 자금지원과 전문가 파견을 통하여 사무국의 구체적인 프로젝트 추진 능력을 높여야 한다.

현재 GTI 사무국의 주요재원은 회원국 공동기금과 신탁기금이다. 2005년 이후 2014년까지는 65만 달러였으며, 2015년부터 연 67만 5천 달러로 유지되고 있다. 공동기금은 사무실 운영, 현지 인력고용, 공통 운영비 등으로 지출된다. 신탁기금은 자국에 유리한 사업을 집행하는데 지정하여 사용할 수 있는 재원으로 한국은 1992년부터 2012년까지 총 500만 달러를 불입하였으며, 불입국은 한국이 유일하다. 한국은 2014년부터 매년 60만 달러 규모의 신탁기금을 조성·운영 중에 있다. 사무국 청사는 중국정부가 제공하고 있으며, 그 외 사업예산은 회원국 및 관련 기관들 간의 협의를 거쳐 사업별로 조달되고 있다.

현재 GTI 예산은 조직을 효율적으로 운영하기에도 부족한 실정이며, 사무국 청사는 동북아 다자협력체 위상을 떨어트릴 정도로 초라하다.

사무국은 2011년부터 회원국 주도로 운영되고 있는 관계로 TRADP 업무행태를 답습하고 있으며, 사무국의 기능은 보좌기능에 머물러 있는 관계로 사무국장의 직급이 낮아 사무국장이 회원국을 대표하는 시대적 흐름에 맞는 사무국 역할에 제한이 있다. 인력은 회원국 파견 공무원과 현지채용 인원으로 구성되어 있지만 전문성이 떨어지고 업무의 연속성도 보장하기 어려운 구조로 되어있다.

특히, GTI 협력사업의 기둥이라 할 수 있는 각국의 조정관은 한국의 경우 과장급, 중국은 처장급으로 직급이 낮음은 물론 국가 간 직급 불균형과 조정관의 짧은 재임기간 등으로 인하여 국가 간에 실질적으로 필요한 협력사업을 발굴하고 의제화하는데 어려움이 있다. 한국의 경우 외교부 파견 공무원이 조정관을 맡고 있을 뿐만 아니라 대부분 1년 단위로 교체됨에 따라 심도 있는 협력사업과 연속성이 있는 업무추진에 한계가 있다.

TRADP 소고에서는 사업평가에 대하여 지방정부와 중국학자의 견해를 소개하였다.

GTI에서는 한국의 국책연구기관인 대외경제정책연구원의 GTI 운영상황에 대한 평가를 소개하면 다음과 같다.[49]

---

49 최장호 등, 2015년, 북한과 GTI 경제협력 강화 방안(KIEP), p.9~16.

GTI는 장단기 전략이 미흡하고 실무회담이나 분과회의에서 논의되는 내용이 추상적이어서 구체적인 사업추진이 어려운 상황이다. 협의채널의 효율적인 운영을 보장할 수 있는 제도적 장치와 회원국들의 적극적인 참여 미비로 인해 실질적인 성과는 미흡한 것으로 평가되고 있다. 회원국들의 낮은 인식으로 GTI가 정책 네트워킹 단계에서 다자협력사업 추진이 가능한 독자적인 협의체로서 성장을 하지 못하고 있다.

2) GTI 역내 사업과 연계성이 없다.

두만강 협력의 기본방향은 공동협력 정신을 바탕으로 GTI 지역 간의 경제협력 증진을 통해 지역발전을 촉진시키는 것이다. 이를 위해서는 GTI가 각국의 역내 지역개발 정책과 연계협력 사업을 발굴하여 회원국 간 지원방안을 마련하는 것이 무엇보다 중요하다.

두만강지역개발계획 초기에 두만강 접경 3국은 경제력 약화 등으로 이 지역을 자체개발할 능력이 없어 UNDP와 협력에 의한 외국자본 유치를 추진하였으나, 21세기 들어와 중국과 러시아는 경제력이 향상됨에 따라 국가차원에서 이 지역을 집중개발하고 있다.

이 지역의 국가별 주요 개발사업과 양·다자 협력사업 추진은 GTI에 시사하는 바가 크다.

(1) 국가별

두만강지역개발 관련 협정에 의거 장기적인 전략을 갖고 지역개발을 추진하고 있는 국가는 중국이라 할 수 있다. 중국은 초기에는 이 지역에 우대정책을 부여하였으며 경제력이 향상되면서 국가차원에서 집중 개발하고 있다.

중국 두만강지역개발의 전환점이 된 것은 중국 두만강지역협력개발요강-창지투개발개방선도구《中国图们江区域合作开发规划纲要-以长吉图为开发开放先导区》(이하 "창지투개발계획")라 할수 있다. 2009년 8월 30일 중국 국무원은 창지투개발계

획을 비준하고 국가차원에서 지역개발을 추진하여 성과를 얻고 있다.(표28 참고)

표 28 창지투개발계획 이후 진행된 주요 프로젝트

일시	프로젝트	비고
2012년 4월	훈춘국제합작시범구 지정	
2015년 9월	창춘 – 훈춘고속철 개통	베이징과 연결
2015년 3월	허룽(和龙)변경경제합작구 지정	
2017년 9월	연변대학교 훈춘 캠퍼스 개교	
2019년 2월	훈춘종합보세구 지정	
2020년 4월	한중창춘국제합작시범구 비준	한국 북방경제협력위원회와 협력
2020년 5월	훈춘해양경제발전시범구 비준	해양관광, 해양산업

자료 : 전홍진, 2020년, 일대일로와 신한중 협력,p.158 참고, 저자정리

러시아는 극동시베리아 경제개발을 위해 신극동 전략을 지속적으로 추진해오고 있으며 이 지역 개발을 위한 투자유치 및 주변국과의 경제협력 활성화를 목적으로 2015년부터 매년 동방경제포럼을 개최하고 있다. 이 포럼은 한중일 정상과 3국의 고위관료 및 기업인 등이 참석하는 세계적인 포럼으로 자리 잡았다. 2015년 10월 블라디보스토크 자유항을 지정하고 극동지역개발에 박차를 기하고 있다.

(2) 양자협력

중국은 두만강 지역과 무역을 활성화시키기 위하여 중북, 중러 국경지역에 변경자유무역시장(边境互市贸易区)을 개설하였다. 이 시장은 주요 국경도시에 설립하였으며, 국경지역 주민이 1인 당 8천 위안 범위 내에서 면세로 물건을 구입할 수 있다. 현재 중러훈춘변경자유무역시장(2001.2), 중북투먼변경자유무역시장(2006.3)이 설립되었으나 활성화되지 못하고 있다.

중국과 러시아는 2009년 10월 중국 동북노공업진흥정책과 신극동 전략을 연계한 중국 동북지구와 러시아 극동 및 동시베리아지구 합작계획요강(2009~2018)

《中国东北地区与俄罗斯远东及东西伯利亚地区合作规划纲要(2009~2018)》에 서명하였다. 그리고 2018년 11월 동(同)합작계획요강을 바탕으로 중·러 극동러시아 합작발전계획(2018~2024)《中俄在俄罗斯远东地区合作发展规划(2018~2024年)》을 체결하고 협력사업을 적극적으로 추진하고 있다.

중국과 북한은 UNDP "두만강지역개발구상"의 핵심인 공동개발 및 공동관리 방식의 경제협력특구 개발을 위해 2012년 8월 중북황금평경제관리위원회(黄金坪经济区管委会), 2012년 10월 중북나선경제무역구관리위원회(罗先经贸区管委会)를 설립하고 이 지역을 초국경 협력지대로 개발하고 있다.

2011년 6월9일 나선경제무역지대 북중 공동개발 및 공동관리 프로젝트 착공식을 개최 하였으며, 2012년 12월 북중공동관리위원회를 설립했다. 동 위원회 중국 측 주관부서는 지린성 상무청이 맡고 있다.(환구망)

최근 GTI 지역에서 이루어지고 있는 대표적인 양자협력 사업은 한중창춘국제 합작시범구이다. 양국은 이사업의 성공을 위해 중·한 간 조정이사회(중국 국가발전개혁위원 및 지린성정부, 한국 북방경제협력위원회 및 기재부가 참여하는 장관급, 연 1회 개최)와 연합업무위원회(일대일로 소조판공실, 중국 국가발개위지역진흥사, 한국 기재부 대외경제국과 한국 북방경제협력위원회)를 구성하고 협력 사업을 추진할 계획이다.

한중창춘국제합작시범구 현판식 (지린일보, 2020. 6. 29)

(3) 다자협력

두만강 지역을 중심으로 한 다자협력 사업은 남북러의 나진~하산 프로젝트 외는 대부분 구상단계에 머물러 있으며[50], 지방정부 간 다자협력은 활발히 진행되고 있다.

① 남북러 나진~하산 프로젝트

나진~하산 프로젝트는 나진항 제3부두 개발과 나진~하산 철도 54㎞의 보수 및 화물터미널 현대화를 통해 부산~나진 해상수송을 거쳐 TSR를 경유하는 컨테이너 물류수송사업을 가리킨다. 러시아와 북한은 2008년 4월에 나진~하산 연결 철도(하산~나진 본선 52km와 나진~나진항 지선 2km) 개보수에 합의하고 2013년 9월 개통했다.

2013년 11월 한러 정상은 북한 나진항 3호 부두개발과 화물터미널 현대화에

---

50 최장호외, 2015년, 북한과 GTI경제협력방안 (KIEP), p.30 ~33 참고하여 ①과 ② 정리

한국기업이 직접 참여하는 것에 합의했으나, 유엔안보리의 대북제재 등으로 진전이 없다.

② 두만강 국제관광지구 건설

지린(吉林)성은 2012년 두만강 국제관광지구 건설계획(창지투개발계획 주요사업 중의 하나로 명시)을 토대로 북한·러시아와 협의진행, 이어 2015년 2월 러시아 관광청도 두만강 하구 국제관광지구 조성안을 승인하였다. 이 계획은 지린성 훈춘시 팡촨(防川) 일대를 중심으로 북한 나선시 두만강동, 러시아 하산구가 각각 10㎢의 토지를 편입시켜, 3개국 관광지를 조성하고 공동관리 하는 것을 내용으로 한다.

이 지역은 무비자 관광지역으로 운영될 예정이며 3국 문화를 체험하고 온천호텔과 골프장을 포함한 관광·레저·유흥시설·면세점이 등이 들어설 계획이다. 현재 훈춘은 조선족민속촌 등 다양한 관광지를 개발하고 있으며, 러시아도 슬로비안카를 중심으로 리조트를 건설하고는 있지만 다자협력 사업은 큰 진전이 없다.

③ 북한, 중국, 러시아 다국적 도시 건설

2015년 1월 한국 대통령 직속 국가건축정책위원회 김석철 위원장이 북한의 두만강동, 중국의 팡촨(防川), 러시아의 하산이 접하는 두만강 하구에 세 나라가 각각 100만평씩의 토지를 제공해 국제도시를 건설하자고 제안했다.

이 도시는 관광산업과 에너지산업을 중심으로 한다. 한국과 일본이 자본을 투자하고, 에너지·농식품·첨단산업단지를 조성하며, 남·북·중·일·러 등 5개국이 자유롭게 무역 거래를 할 수 있는 국제경제특구를 만드는 안이다.[51]

이 사업은 UNDP "두만강지역개발구상"의 공동경제특구 및 국제신도시 건설과 비슷한 개념으로, 한국에서 두만강 지역 초국경 협력사업에 대한 큰 관심을 불러일으켰으나 실행하지는 못했다.

---

51 https://news.joins.com/article/16847116, 두만강 허브는 극동의 이스탄불

④ 중몽러경제회랑

중국, 몽골, 러시아 3국이 경제공동체 건설을 목적으로 2016년부터 중몽러경제회랑 건설을 본격으로 추진하고 있다. 사업대상 지역은 GTI 지역을 포함한다.

⑤ 한국 신북방 정책

한국의 신북방 정책[52]은 2017년 6월 26일 문재인 대통령이 러시아 남북러 3각 협력사업을 추진하면서 시작되었다. 같은 해 8월 25일 북방경제협력위원회(이하"북방위")가 공식 출범하였다. 신북방 대상 국가는 러시아, 몽골, 중국(동북3성), 중앙아시아 등 14개 국가로서 일대일로와 GTI의 참여국가를 포함한다.

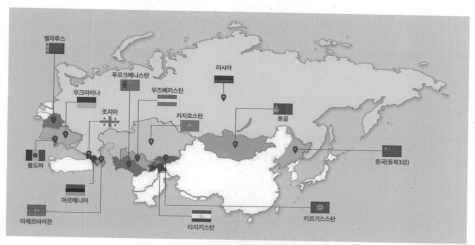

신북방 대상국가 (북방위 홈페이지)

신북방 정책은 비전과 4대 목표, 16대 중점과제를 선정하여 추진하고 있다. 신북방 정책의 비전은 "평화와 번영의 북방경제공동체" 건설이다. 이를 통해 △해양과 대륙을 잇는 가교국가 정체성 회복 △새로운 경제공간과 기회를 확장 △동북아·한반도평화정착 △동북아 책임공동체·한반도 신경제 지도 구상을 실현하는 것이다.

---

52 북방경제협력위원회(www.bukbang.go.kr)자료를 중심으로 정리

4대 목표는 소다자 협력 활성화로 동북아 평화기반 구축, 통합네크워크 구축을 통한 전략적 이익공유, 산업협력 고도화를 통한 신성장 동력 창출, 인적문화교류 확대로 상호 이해 증진이다.

16대 중점과제는 초국경경제협력(경제특구 간 다자개발, GTI 활성화[53]), 환동해관광협력, 유라시아복합물류망구축, 동북아 전량망구축 외는 대부분 러시아와 협력사업으로 구성되어 있다.

추진방향은 지역별 경제협력 강화, 경제협력 소통채널 구축, 한국기업 북방진출 지원, 다양한 분야의 교류확대 등이다.

지역별 경제협력은 러시아와는 9개다리(BRIDGE) 12개 분야 협력사업을 추진한다. 주요내용은 전력, 가스, 철도, 수산, 항만, 북극항로, 조선, 농업, 산업단지+환경, 보건의료, 교육이다. 지린성, 랴오닝성, 헤이룽장성 등 동북 3성과는 산업구조 및 경제교육 특성을 감안한 한중 경제협력을 강화한다. 중앙아시아와는 자원개발, 인프라 분야 중심으로 교류협력을 지속적으로 추진하고, 한국 '발전 모델 공유'를 통한 동반성장을 추구한다.

지역별 경제협력 내용에서 알 수 있듯이 러시아와는 구체적인 협력사업이 정해져 있지만 중국과는 구체적인 협력사업을 제시하지 않았다.

북방경제협력을 추진하는 과정에서 일부 전문가와 국회 등에서 인구 1억 명을 갖고있는 중국 동북 3성과 협력의 필요성을 지속적으로 제기함에 따라 북방위에서 중국지역에 대한 구체적인 사업을 추진하기 시작했다.

2019년 11월 13일 북방위 6차회의에서 권구훈 위원장은 2019년도에 베이징과 동북 3성 지역을 5회 방문해 한중국제협력시범구 건설의제를 구체화했으며 중국 지린성 한중창춘국제협력시범구, 랴오닝성 한중산업원, 헤이룽장성 한국산업원 건설을 추진할 계획임을 밝혔다.

---

53 주요사업은 나진항 및 배후단지 개발검토, 나진~하산 물류사업 참여 방안 검토, GTI 활성화를 위한 정부 간 협력 추진이다.

현재는 중국 국가발전개혁위원회와 업무협력 시스템을 구축하고 양국의 국가차원에서 한국기업의 북방시장 진출을 지원하고 있다.

이처럼 한국은 신북방 정책을 축으로 동북아 국가 간 협력을 통하여 동아시철도 네트워크구상, 동북아전력망구축, 에너지공동체건설 등 다양한 협력사업을 추진하고 있다. 이러한 한국의 북방진출 프로젝트를 GTI 틀 안에서 추진한다면 GTI위상이 제고됨은 물론 사업추진도 탄력을 받을 것이다.

⑥ 지방정부 간 다자협력

지방정부 간 다자협력 사업은 GTI 핵심지역인 두만강권역을 중심으로 해운항로 개설과 국제박람회, 포럼 등이 있다.

해운항로는 주로 훈춘과 자루비노 · 블라디보스토크를 중심으로 한국 속초, 동해, 부산, 일본 사카이항을 운행한다. 대부분 항로는 물동량 부족, 통관복잡, 통과비자 등의 문제로 개통된 이래 중단과 재개통을 되풀이하는 등 활성화되지 못하고 있다.(표21 참조)

훈춘 자루비노 속초항로는 2000년 강원도, 지린성, 연해주 3개 지방정부와 해운사의 노력으로 2000년 4월 개통하였으나, 통과비자 등의 원인으로 2010년 10월 중단, 2013년 3월 24일 재취항(강원도), 2014년 6월 중단되었다.[54]

---

54 http://m.kwnews.co.kr/nview.asp?AID=214102300003&nv=1, 북방항로 운항 어떻게되나

표 29 주요항로 운행 실태

주요항로	개통일	비고
나진~부산	1995년 10월	2015년 중단
블라디보스토크~자루비노·훈춘~속초	2000년 4월	2014년 6월 중단
동해~부산~보스토치니	2008년 1월	2011년 중단
동해~사카이미나토, 동해~블라디보스토크	2009년 6월	2021년 3월 재취항
부산~자루비노~훈춘	2015년 5월	4,246톤의 'M/V KARIN'

자료 : 전홍진, 2020, 일대일로와 신한중협력, p.184 참고, 저자정리

무역·투자 협력 사업은 중국 지린성 동북아박람회, 연변주 두만강박람회, 하얼빈 중러박람회, 네이멍구 중몽박람회, 한국 강원도 GTI국제박람회 등이 있다. 경제협력포럼은 연변대학교 두만강포럼, 강원도 GTI경제협력포럼 있으며 다자협력체는 동북아 지방정부 지사·성장회의, 지린성 동북아 지방협력 원탁회의, 환동해거점도시회의 등이 있다.

연변대학교는 2008년부터 중국, 남북, 일본, 러시아 등의 대학교 연구기관과 함께 두만강포럼을 매년 개최하고 있다.(연대신문)

이처럼 GTI 역내에는 당초 두만강지역개발 협력정신에 부합한 사업들을 다양하게 추진하고 있으나, 이 지역의 발전을 위해 GTI가 역내 경제협력사업 등에 대하여 연계협력 방안에 대하여 논의한 사례를 찾아보기 어렵다.

GTI가 역내 지역 간 경제교류협력 사업을 추진할 수 있는 시스템을 갖추지 못함에 따라 일부 학자들은 두만강 지역 초국경 협력사업의 실질적인 추진을 위해서 새로운 다자협력체 설립의 필요성을 제기하고 있으며,[55] GTI 역내 대표적 국제 협력사업인 한중창춘국제합작시범구는 양국 간 협력사업으로 추진하고 있다.

지금까지 창춘선언 이행과 GTI 역내 사업과 연계성 여부를 살펴보았다.

그간 GTI 운영사례를 분석하면 통합교통망 연구 등 분야별 연구성과 축적, 6개위원회, 수출입은행협의체, 정책연구기관네트워크 등 협력파트너 설립은 성과라 할 수 있다.

그러나 총회 및 사무국 운영은 여전히 TRADP를 답습하고 있으며, 재원조달 등의 어려움을 이유로 GTI 역내 사업과 연계협력이 이루어지지 않고 있으며, 위원회와 협력파트너의 활동도 국가 간 협력 사업으로 진전시키지 못하는 등 동북아 유일의 다자협력체로서의 제 역할을 하지 못하고 있다.

특히, GTI 역내에 비예산으로 추진할 수 있는 프로젝트들이 다수 있음에도 불구하고 GTI 사업으로 추진하지 못함에 따라 GTI 정체성마저 흔들리고 있다.

가장 안타까운 것은 GTI가 역내 연계협력 사업을 추진할 수 있는 시스템을 갖추고 있지 못함에도 불구하고 일부 전문가는 GTI지역의 주요개발 사업들이 마치 GTI와 연계하여 추진하고 있거나 가능한 것으로 인식함에 따라 GTI 활성화를 위한 근본적인 대안을 제시하지 못하는 사례가 발생하고 있다.

---

55 김천규·이상준 외, 2015년, 두만강유역의 초국경협력 실천전략, 국토연구원

8. 평가와 과제

가. 평가

금년은 UNDP가 "두만강지역개발구상"을 발표한지 30주년이 되는 뜻 깊은 해이다.

1991년 7월 몽골에서 열린 제1차 동북아 소지역개발 조정관회의에서 "두만강 지역의 무역과 투자 촉진"이 UNDP 지역협력 프로그램으로 확정됨으로써, 관련 당사국들의 참여하에 두만강지역개발계획을 추진하게 되었다.

무역과 투자 촉진을 핵심으로 하는 두만강지역개발계획은 UNDP가 1991년 8월 20일부터 한 달 간 두만강 지역 현지조사연구를 거쳐 300억 달러를 투자하여 이 지역을 동북아 교통물류의 중심과 공동경제특구 개발, 50만 명을 수용하는 국제신도시를 건설하여 동방의 로테르담으로 발전시키겠다는 비전을 담은 "두만강지역개발구상"이 탄생하게 되었다.

우리가 흔히 소삼각, 대삼각 중심으로 한 두만강지역개발은 논의만 되었을 뿐 TRADP 사업대상은 두만강 지역 전체를 가리키는 것이지 소삼각, 대삼각을 구분하지 않는다.

즉 "두만강지역개발구상"은 확정된 계획이 아니며, UNDP와 관련 당사국이 이 구상을 토대로 타당성조사연구, 실행가능성 여부, 추진방식을 조율하여 실행계획을 확정 한 후 국제협정을 체결하고 TRADP를 실행하는 것이다.

UNDP와 회원국은 1991년 10월부터 "두만강지역개발구상"을 토대로 4년여 기간 동안 실행계획 확정을 위한 협상을 벌였으나 구체적인 실행계획 등을 마련하지 않은 채 1995년 12월 두만강지역개발에 관한 두 건의 협정과 한 건의 양해각서를 체결함으로써 1996년부터 TRADP가 본격적으로 출범하게 되었다.

지금까지 총회와 자료수집을 토대로 분석하면 "두만강지역개발구상"이 대부분 회원국에 의해 수용되지 않았다는 내용만 있지 이 구상을 토대로 별도의 지역개발에 대한 대안을 담은 실행계획을 수립했다는 내용과 UNDP의 두만강지역개발 관련 구체적인 지역협력 프로그램도 없다.

TRADP 추진의 근거는 1995년 12월 두만강지역개발에 관한 두건의 협정과 한 건의 양해각서이다. 이 협정에는 당사국이 이 지역의 공동협력 개발에 대한 태도를 분명히 하는 것과 UNDP 지원사업이라는 것을 명기하였을 뿐 구체적인 실행계획, 재원조달, 권리의무 등을 정하지 않음으로써 별도의 실행계획을 수립·추진해야 하는 과제를 남기게 되었다.

UNDP와 회원국들은 1996년 1월부터 TRADP를 본격적으로 추진하였지만, 구체적인 실행계획을 수립하지 않고 투자포럼, 재원조달, 일본가입 등 단기적인 성과 위주의 사업을 추진함에 따라 초기에 회원국의 자체개발과 연계한 안정적인 사업기반을 마련하지 못했다.

설상가상으로 1999년 12월 UNDP는 자체평가에서 이 사업을 회원국 주도로 전환을 결정함에 따라 두만강지역개발 사업이 표류하기 시작했다. UNDP의 회원국 주도의 전환이란 UNDP의 사업지원 중단을 의미하는 것이다.

UNDP는 두만강지역개발계획을 10년 간 지원하고 필요에 따라 10년을 연장하는 것으로 회원국들과 약속을 했으나 TRADP 본격추진 4년 만에 회원국 주도 전환을 추진함에 따라 UNDP 지역협력 프로그램으로 참여한 회원국들은 혼란에 빠졌다. TRADP는 사업다운 사업에 대한 논의조차 해보지 못하고 5년여의 기간을 회원국 주도 전환이라는 이슈에 매몰되었다.

2006년 회원국 주도의 GTI로 전환을 하였지만 국제협력과 다자협력체 운영의 노하우가 부족한 회원국들은 2010년까지 UNDP의 행·재정적 지원을 받을 수밖에 없었다.

2011년 회원국에서 사무국을 직접운영 함에 따라 회원국 주도의 틀을 갖추고, 6개 위원회와 4개 협력 협의체를 설립하는 등 TRADP 보다 달라진 모습을 보이고 있으나 여전 정책네트워킹 수준에 머물러 있을 뿐 국가 간 실질협력체로 발전하지 못하고 있다.

GTI는 TRADP에서 문제점으로 지적되었던 재원조달, 실질적 협력을 위한 총회운영, 지역사업과의 연계성 부족 등의 문제는 여전히 해결하지 못하고, 전략실행계획(SPA2021-2024)에 UNDP 지원사업임을 명시하고 있는 등 아직도 회원국 주도의 독자적인 다자협력체로 거듭나지 못하고 있다.

동북아 최초·유일의 다자협력체인 GTI가 제 역할을 하지 못함에 따라 2009년 11월 북한은 유엔안보리 제재와 협력사업이 성과가 없음을 이유로 탈퇴하였고, 회원국 주도의 핵심인 GTI 법적전환은 러시아가 북한의 미복귀 등의 이유로 반대하고 있어 진전이 없을 뿐만 아니라 한중창춘국제합작시범구 건설, 두만강 지역 초국경 협력사업 등은 GTI역내 지역협력 사업임에도 불구하고 GTI와 연계없이 추진되고 있는 것이 현실이다.

GTI가 진전을 보지 못한 원인에 대하여 개발목표의 모호성, UNDP와 회원국 간 인식의 문제, 정치제도의 차이, 재원부족, 북한 핵문제, 국가 간 경제발전 수준 차이, 중앙정부의 무관심, 역내 지역개발전략과 연계협력 부족 등이 다양하게 제시되고 있으나, 가장 큰 문제는 GTI 틀 안에서 국가 간 각종 협력사업을 추진하는 시스템을 갖추지 못했기 때문이라 할 수 있다.

그러나 두만강지역개발계획이 성과가 없었다고 평가할 수는 없다. 그간 두만강지역개발계획은 UNDP와 회원국들의 노력으로 동북아 국가 간 최초·유일의 다자협력체 기틀 마련, 두만강 지역의 대외개방 확대와 자체개발 의욕고취를 통한 지역개발 촉진, 초기 투자유치 붐 조성, 동북아 지방정부 간 경제교류협력 촉진, 동북아 협력 관련 각종 연구자료 축적 등을 통해 동북아 지역 간 경제협력 증진의 토대를 마련하였다.

나. 과제

21세기 들어 중국과 러시아가 달라진 경제력을 바탕으로 이 지역 개발을 적극 추진하면서 두만강지역개발계획의 공동협력 정신을 바탕으로 한 초국경 협력사업 등이 동북아 지역의 핵심 다자협력 사업으로 부활하는 등 그 가치를 재조명받고 있다.

동북아 각국과 지방정부는 양·다자협력을 통해 각종사업을 추진하여 일정한 성과를 거두고 있지만 GTI 지역 간 협력은 여전히 답보 상태에 머물고 있는 등 큰 진전이 없다.

이처럼 동북아 각국이 GTI 지역을 중심으로 각종 협력사업을 추진하고 있지만 기대한 만큼 성과를 거두지 못하고 있는 것은 북한 핵문제, 지정학적 특성, GTI 틀 안에서 협력기반을 형성하지 않은 것에 기인한다고 할 수 있다.

UNDP는 "두만강지역개발구상"에서 이 지역은 동북아 국가 간의 협력에 의해서만 개발이 가능한 지역이며, 어느 한 국가 어느 한 지역의 개발만으로 지역개발의 효과를 기대하기 어려운 지역이라고 밝힌 바와 같이 이 지역은 다자 간 국제협력 없이는 발전을 기대할 수 없는 지역이라 할 수 있다.

동북아 교통물류의 중심이며 여전히 냉전의 유산이 서려있는 이 지역의 안정적인 다자협력체 구축 없이는 중국과 러시아는 아시아 태평양으로의 진출이 어렵고 한국과 일본은 유럽대륙으로 진출이 어려울 뿐만 아니라 동북아경제통합을 실현하기는 더더욱 어려운 것이 현실이다.

동북아 각국은 21세기 지역통합의 시대적 흐름에 부응하기 위하여 다자협력을 적극적으로 추진하고 있다.

중국, 몽골, 러시아 3국이 경제공동체 건설을 위해 추진하고 있는 중몽러경제회랑의 사업대상 지역은 GTI 지역을 포함할 뿐만 아니라, 남북의 참여없이는 사업의 성과를 얻기 어려움에 따라 표30과 같이 GTI 틀 안에서 동북아경제협력을 적극 추진 하고자 한다.

GTI의 핵심국가인 한러, 한중은 2013년과 2104년 각각 GTI 틀 안에서 경제 협력 추진이라는 선언적 의미가 담긴 공동성명을 채택하였지만, 중러는 2019년과 2020년 총리회담에서 GTI 틀 안에서 동북아경제협력을 추진하겠다고 합의하였을 뿐 만 아니라, 2019년 12월에는 양국이 유엔안보리에 「남북철도·연결 등 대북제 재완화 결의안」을 제출하는 등 총리회담 직후에 바로 합의사항을 이행하는 등 변화 된 모습을 보이고 있다.

표 30 GTI 틀 안에서 동북아경제협력 추진 합의 등

연도별	주요 내용
2013년 11월	· 러시아 푸틴 대통령과 한국 박근혜 대통령 GTI 틀 안에서 경제협력 강화
2014년 7월	· 중국 시진핑 주석과 한국 박근혜 대통령, GTI를 동북아 지역발전을 선도하는 경제협력기구 로 발전
2018년 8월	· 한국 신북방 정책 본격 추진(GTI를 16대 중점과제로 선정)
2019년 9월	· 중러 총리 24차 정기회담 성명「GTI 틀 안에서 동북아교통 및 경제회랑 건설, 국제교통체계 와 연계」
2019년 12월	· 중러, 「유엔안보리에 남북도 연결 등 대북제재완화 결의안」 제출
2020년 11월	· 중러 총리 25차 정기회담 성명「GTI 틀에서 실질적 협력 강화, 동북아복합운송통로 및 경제 회랑 건설, 동북아경제무역협력 촉진 」

자료: https://n.news.naver.com/article/008/0003150192,한러정상회담공동성명.,http://www.ejanews. co.kr/news/articleView.html?idxno=94862.한·중 두만강개발협력…유라시아 이니셔티브 초석.바이두(百度) (검색일 2021. 3. 2), 저자정리

그간 GTI 사업에 가장 미온적으로 참여해 왔던 러시아가 GTI를 동북아경제협 력의 플랫폼으로 인식했다는 것은 큰 의의가 있다. 그러나 한중러 3국 정상들의 의 지와는 달리 코로나19 등으로 인하여 후속적인 조치는 이루어지지 않고 있는 실정 이다.

UNDP가 "두만강지역개발구상"을 발표할 당시에는 관련 국가들이 비록 두만강 지역을 자체개발할 여력은 없었지만 국제사회에 문호를 개방하고 다자 간 국제협력

을 통해 지역을 발전시키겠다는 신념과 자신감이 있었으며, 다자협력의 분위기가 가장 무르익었던 시기라고 평가 받고 있다.

그러나 두만강지역개발 30년이 된 지금은 세계 2위와 3위의 경제력을 갖춘 중국과 일본, 10위와 11위의 한국과 러시아는 두만강 지역을 자체적으로 개발할 경제력을 충분히 갖추고 있으나 북한의 핵문제, 중미 갈등의 요소 등으로 그 어느 시기보다 다자협력이 어려움에 직면해 있다고 볼 수 있다.

현재 GTI 지역은 경제적으로 그 어느 시기보다도 UNDP가 못다 이룬 "두만강 지역개발구상"의 꿈을 실행하기 가장 좋은 시기라 할수 있다. 한중러 3국은 막강한 경제력을 갖추고 있을 뿐만 아니라 GTI 틀 안에서 동북아경제협력을 추진할 의지도 충만 되어 있다.

그러나 GTI를 동북아경제협력의 플랫폼으로 활용하기 위해서는 북한의 GTI 복귀를 포함한 해결해야 할 과제도 만만치 않다. GTI를 신동북아 경제협력의 플랫폼으로 육성하기 위해서는 다음과 같은 과제를 해결하기 위하여 지혜를 모아야 할 것이다.

첫째, GTI 틀 안에서의 경제협력 시스템을 갖추어야 한다.

GTI 지역은 정치체제의 차이, 냉전의 유산 등으로 그 어느 지역보다도 다자협력체의 역할이 중요한 곳이다. 북한을 국제사회로 나오게 할 수 있는 유일한 창구는 GTI이다.

그간 회원국들은 국가 간 GTI라는 훌륭한 다자협력체가 있었음에도 불구하고, 양·다자협력 사업을 별도로 추진함으로써 GTI가 활성화 되지 못하는 단초를 제공했다고 할 수 있다. 포스트 GTI는 그간 이 지역에서 추진 혹은 논의 중인 사업들을 GTI 틀 안에서 추진할 수 있는 제도적 시스템을 갖추어야 한다.

둘째, 회원국 대표의 직급을 승격해야 한다.

다자협력체는 국가 간 협력사업을 결정하고 실행하는 기구이다. 다자협력체에서 결정된 사항을 실행하기 위해서는 회원국 중앙부처의 협력이 필요한 사항이 대부분

이므로 중앙부처를 통괄 조정할 수 있는 총리 또는 정상으로 승격할 필요가 있다.

사무국은 보좌기능에서 회원국을 대표하는 기능으로 전환하고 회원국의 주요 협력사업을 협의·조정 역할을 할 수 있도록 기능을 강화하고 인력을 전문화해야 함은 물론 사무국장의 직급을 상향 조정해야 한다.

각국 조정관의 직급은 과장급에서 국장급으로 상향 조정하여 실질적 협력사업이 추진될 수 있도록 기능을 보강해야한다.

셋째, 21세기에 걸맞은 비전과 결과 지향적인 실행계획을 수립해야 한다.

신동북아 시대를 열어나가는 비전과 역내 지역개발 발전전략과 연계한 구체적인 실행계획을 통해 전면적인 경제협력을 추진해야 한다.

넷째, GTI와 중몽러경제회랑과 연계협력 시스템을 구축해야 한다.

현재 GTI와 중몽러경제회랑은 주요 사업대상 지역이 일치할 뿐만아니라 법적인 효력을 갖춘 다자협력체는 아니다. GTI 국제기구 전환과 함께 중몽러경제회랑과 통합 또는 연계협력 전략을 통해 GTI를 동북아 더 나아가서는 유라시아 경제통합의 플랫폼으로 육성할 필요가 있다.

다섯째, 국제교통회랑 건설에 지혜를 모아야 한다.

두만강 지역은 천혜의 지정학적 요충지다. 한국·미국·일본·동남아 등 태평양 연안국가들이 유라시아로 들어갈 수 있는 입구이며, 반대로 중국·러시아·중앙아시아·유럽연합(EU) 등 유라시아 국가들이 태평양으로 나오는 출구다. 한마디로 유라시아와 태평양을 연결하는, 대륙과 바다를 잇는 게이트의 이점을 활용해야 한다.

또한 철도의 집합지라는 것도 눈여겨 볼 대목이다. 유라시아의 중심 철도인 시베리아 횡단철도(TSR)와 만주횡단철도(TMR)의 동쪽 종착역이 모두 두만강역이다. 여기에 동해를 따라 청진~원산으로 내려가는 북한 철도도 연결돼 있다.

2019년 2월 북한의 김정은 위원장은 북미회담을 위해 열차로 베트남 하노이를 방문했다. 남북철도가 연결되면 유럽, 중국, 동남아 철도가 연결됨으로써 유라시아 경제통합을 앞당길 수 있다.

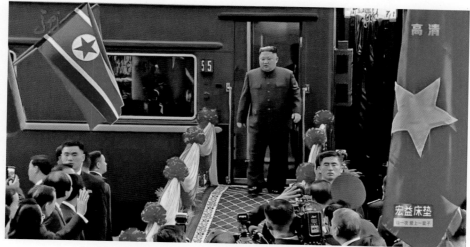

〈66시간 만에 베트남 동당역 도착〉 26일 베트남 동당역에 도착(CCTV 캡처)[56]

중국, 러시아, 북한, 한국은 남북철도 연결에 대한 강한 의지를 갖고 있다. 남북철도 연결을 위해 유엔안보리 상임이사국과 협력을 통하여 조속 연결 방안을 모색할 필요가 있다.

여섯째, GTI 지역의 국가들의 경제력 향상으로 북한과 몽골을 제외하고는 재원 조달 능력이 있다. 달라진 국가 경제력을 바탕으로 공동 프로젝트에 대한 재원분담 및 이익 향유제 등 다양한 재원조달 방법을 통한 실질적 프로젝트를 추진할 수 있도록 해야 한다.

일곱째, 회원국 간 협력을 통하여 북한의 GTI 조속 복귀와 일본의 사업 참여를 위한 특단의 대책을 마련해야 한다.

여덟째, 지역개발의 주체인 지방정부의 동북아 지역 간 경제협력사업을 지원하는 시스템을 구축하고, 지방정부 다자협력체를 적극 활용해야한다.

마지막으로 GTI의 명칭 변경과 법적전환을 조속히 마무리하고, GTI 협력메커

---

56 https://n.news.naver.com/article/015/0004099261, 김정은 위원장 베트남 방문

니즘의 대대적인 혁신을 통해 GTI가 동북아경제협력 플랫폼으로 조기에 정착될 수 있도록 해야 한다.

제2장

아시아 소지역 다자협력 사례와 시사점

세계적으로 국가 간 소지역 다자협력은 국가와 지방정부 간 역할분담을 통해 지역발전은 물론 지역통합에 큰 기여를 하고 있다.

아시아 국가 간 소지역 다자협력은 아직 지역통합으로 발전은 못하고 있지만 지역개발을 촉진하고 국가 간 상생협력의 플랫폼으로서 순기능적인 역할을 하고 있다.

아시아에는 다양한 소지역 다자협력체와 다자협력 프로그램이 있지만, GTI와 비교분석이 가능한 소지역 다자협력체로는 GTI와 같은 시기에 출범한 "광역메콩강지역경제협력(GMS)"과 GMS를 확대 발전시킨 "란창강-메콩강협력(LMC)"이 있다.

동북아 국가 간 다자협력 사업으로는 중국, 몽골, 러시아 3국이 교통인프라 구축을 통해 사람과 상품의 자유로운 이동 실현을 목적으로 추진하고 있는 "중몽러경제회랑" 건설계획이 있다. 중몽러경제회랑의 주요 사업대상 지역은 GTI와 지역적 범위가 일치하는 등 소지역 다자협력 사업이라 할 수 있다.

국가 간 협력에 의한 소지역 다자협력의 주요한 목적은 지역발전을 통한 주민의 복리증진에 있다.

세계 각국이 국가 간 소지역 다자협력을 추진함에 따라 지역발전의 주체인 지방정부는 소지역 다자협력과 연계한 지역개발 정책을 추진하고 있거나 참여 방안을 모색하고 있다.

세계 각국의 지방정부는 국내적으로는 중앙정부로부터 지역발전 관련 프로젝트와 우대정책을 확보하기 위해 치열하게 경쟁을 벌이고 있으며, 국제적으로는 무역 확대, 투자 및 관광객 유치 활동 등을 활발하게 추진하고 있다.

동북아 지방정부는 1991년부터 두만강지역개발계획이 시작됨에 따라 외국 지방정부와 국제협력을 통한 지역발전 정책을 추진하기 시작했다.

중국과 러시아 지방정부는 외자유치, 한국과 일본의 지방정부는 신시장 개척이라는 공감대가 형성됨에 따라 양자 혹은 다자협력이 촉진되었다.

동북아 지방정부 간 대표적 다자협력체는 중국 지린성, 러시아 연해주, 한국 강원도, 일본 돗토리현, 몽골 튜부도가 참여하는 "동북아 지방정부 지사·성장회의"

와 동북아 6개국 78개 광역 지방정부가 참여하는 동북아지역자치단체연합(NEAR)이 있다.

동북아 지방정부는 다자협력을 통해 해운항로개설, 투자 및 관광객 유치 등 일정한 성과를 얻고 있지만 국가 간 협력이 필요한 통관, 비자 등의 장애요소로 인해 기대한 만큼 성과를 얻지 못하고 있는 실정이다.

동북아 지방정부는 GTI를 통해 교류협력의 장애요소를 해결하고 지역 간 실질적 경제협력을 촉진시켜 지역발전을 도모하기를 희망하고 있다.

그러나 GTI는 동북아 국가 간 유일의 다자협력체임에도 불구하고 제 역할을 하지 못함에 따라 국내외 전문가들은 GTI 메커니즘 혁신을 통해 GTI를 21세기에 걸맞은 동북아경제통합의 플랫폼으로 발전시켜 나가야 한다고 입을 모으고 있다.

본고에서는 GTI의 발전적 대안 제시를 위해 국가 간 다자협력으로 추진하고 있는 광역메콩강지역경제협력(GMS), 란창강-메콩강협력(LMC), 중몽러경제회랑과 동북아 지방정부 간 국제교류 실태와 다자협력체인 동북아 지방정부 지사·성장회의, 동북아지역자치단체연합(NEAR)의 사례분석을 통해 GTI에 주는 시사점을 도출하고자 한다.

1. 광역메콩강지역경제협력(GMS)

메콩강은 중국 티베트 고원에서 발원하여 미얀마, 라오스, 태국, 캄보디아, 베트남을 거쳐 남중국해로 흘러 들어가며 전체 길이는 4,880㎞이다. 중국 지역은 란찬강(瀾滄江)이라 부른다.

메콩강은 길이가 세계에서 7번째, 아시아에서 3번째, 동남아에서 제일 긴 강이다. 유역면적은 약 80만㎢이며, 전체 유역 중 중국 21%, 캄보디아 20%, 라오스 25%, 미얀마 3%, 태국 23%, 베트남이 8%를 차지한다.

메콩강의 어원은 메남콩(Mae Nam Khong)강으로, 이는 모든 강의 어머니라는 의미로, 유역국의 역사 · 정치 · 경제 · 사회 · 문화에 지대한 영향을 끼친다.[57]

메콩강 지역은 생물다양성자원, 농업자원, 수력자원, 광물자원, 토지자원, 인적자원, 인문자원, 관광자원이 풍부하고 자원과 시장 방면에서 상호 보완성이 뛰어난 지역이다.

메콩강 지역은 세계 최대 시장인 중국과 인도를 잇는 연결 지역으로 아세안 인구를 합하여 총 33억 명에 이르는 요충지로써 오늘날 세계 경제의 가장 역동적인 지역 중의 하나이자 세계의 중요한 전략물자 보급기지로 21세기 세계와 아시아의 신흥 거대시장으로서의 잠재력을 갖고 있다.

이러한 메콩강 지역을 개발하자는 움직임은 19세기 후반부터 제기되었다. 최초로 메콩강 지역에 대한 개발의 필요성을 제기하고 탐사를 실시한 국가는 영국과 프랑스이며, 양국은 미얀마와 인도차이나 반도 식민지배 시절 중국 서남부 지역과의 교류를 위해 지역개발을 시도하였다.

20세기 들어 유엔산하 각 기관들은 세계 최빈국에 속하는 메콩강 지역 국가들

---

57 https://baike.baidu.com/item/%E6%B9%84%E5%85%AC%E6%B2%B3/456661?fr=aladdin(검색일:2021.5.1), 중국 외교부 및 바이두 자료를 중심으로 재정리

의 수력자원 개발 및 관리, 경제기술 원조 필요성 등을 고려하여 메콩강지역개발에
관심을 갖기 시작했다.

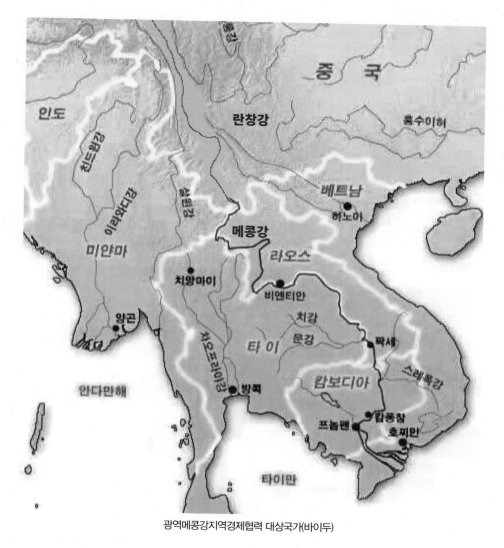

광역메콩강지역경제협력 대상국가(바이두)

1957년 유엔 극동경제위원회(ECAFE)[58]를 비롯한 유엔산하기관들이 세계 각국

---

58 1974년 유엔 아시아·태평양경제사회위원회(ESCAP)로 명칭을 변경하였다.

의 경제기술 원조로 수력자원 개발, 용수 공급시설 건설 등 방대한 사업을 추진해 왔으나, 연안 여러 나라의 국가체제 차이 등으로 큰 진전을 이루지는 못했다.

1992년 일본과 미국의 최대 출자기관인 아시아개발은행(ADB)이 메콩강지역개 발계획을 본격적으로 추진하면서, 메콩강 지역의 교통 인프라 건설을 비롯한 전면 적인 경제협력 사업을 추진할 수 있게 되었다.

메콩강지역개발 사업과 관련하여 국가별 또는 학자들에 따라 사업명칭을 다 르게 부르고 있다. ADB는 "광역메콩지역경제협력 프로그램(Greater Mekong Subregion Economic Cooperation Program)"의 약칭을 GMS라 한다.중국 정 부는 "광역메콩강지역경제협력(大湄公河次区域经济合作)"[59], 한국 외교부 발간자료 (2019.11)는 "확대메콩지역프로그램", 일부 한국 언론은 메콩강유역개발사업 등으 로 다양하게 부르고 있다.

본고에서는 ADB의 명칭과 가장 유사한 "광역메콩강지역경제협력(GMS)"으로 통일하여 사용한다.

가. GMS 출범

1992년, ADB의 주도로 캄보디아, 중국(윈난성과 광시좡족자치구)[60], 라오스, 미 얀마, 태국, 베트남 6개국이 참여하는 GMS가 출범하였다. 이 지역은 메콩강을 고리로 형성된 자연경제권으로 총면적은 256만8,600㎢, 인구는 약 3억4,500만 명에 이른다.(표31참고) GMS는 평등, 상호신뢰, 상호이익의 기초 위에 세워진, 개 발도상국의 상생협력, 연합자강 체제이며, 경제협력 강화를 통해 역내 경제·사회 발전을 촉진하는 실용적인 메커니즘이다.

---

59 GMS 중국 원문을 번역하며 광역메콩강소지역경제협력이나, 메콩강 자체가 소지역의미가 내포되어 있으 므로 "소"자를 삭제했다.
60 광시좡족자치구는 2005년에 가입

표 31 GMS 기본현황 (기준년도 : 2017)

	캄보디아	중국		라오스	미얀마	태국	베트남
		윈난	광시				
인구(만명)	1,600	4,800	5,600	700	5,300	6,900	9,600
구매력평가기준 GDP(억 달러)	640	4,660	5,750	480	3,280	1조2천	6,470
구매력평가기준 1인당GDP(달러)	4,002	9,700	10,194	7,023	6,139	17,871	6,776

자료 : ADB(https://greatermekong.org/about)(검색일:2021.5.1)

나. 협력의 기본방향

GMS는 공동번영과 화합의 지역발전을 비전으로 한다. 이 비전을 실현하기 위해 3C 연동전략을 추진하고 있다.

첫째, 지속 가능한 인프라 건설을 통해 각국의 경제연계를 강화하고 교통회랑을 경제회랑[61]으로 전환함으로써 지역 연결성을 강화하는 것이다.(Connectivity)

둘째, 사람과 상품의 국경 간 이동 및 시장, 생산과정과 가치 사슬의 일체화를 효과적으로 촉진함으로써 지역 경쟁력 높이는 것이다.(Competitiveness)

셋째, 공통적으로 직면한 사회와 환경문제를 해결하고, 보다 광범위한 공동체 의식을 구축하는 것이다. (Community)

다. 실행계획

1992년 GMS 출범이후 10년 주기의 실행계획을 수립하여 추진하고 있다. 현재는 제3기 실행계획이라 할 수 있는 GMS 전략적 프레임워크(2012~2022)와 지

---

61 회랑(回廊)은 지정학에서는 폭이 좁고 길이가 긴 통로를 일컫는다. 현재는 국가 간 특정 지역을 정해 교류 협력 벨트를 형성하고, 협력분야에 따라 회랑의 명칭을 각기 달리 부른다. 여기서 경제회랑이란 교통로 건설을 기초로 하여 산업·무역과 인프라를 일체화하고 사람과 상품의 자유로운 이동을 촉진하는 것이다.(바이두백과 등 종합)

역투자 프레임워크(2012-2022)를 추진 중에 있다.

1) GMS 전략적 프레임워크(2012~2022)

2011년, GMS 경제협력 4차 정상회의에서 참가국 정상들은 "전략적 프레임워크)"를 채택했다. "전략적 프레임워크"는 참가국의 국가 발전계획을 기초로 GMS 국내외 지역협력과 통합을 도모하는 데 있다.

GMS 국가는 "전략적 프레임워크"를 통해 GMS의 비전과 목표를 다음과 같이 재확인했다.

① 번영, 통합, 화합의 메콩강 지역을 건설한다.

② 유리한 정책 환경 조성과 효율적인 인프라 구축을 통해 초국경 무역·투자, 관광 등의 경제협력을 촉진하고, 인적자원 및 기능개발로 메콩강 지역의 발전 잠재력을 방출한다.

③ 발전과정의 공정성 및 지속 가능성을 위해 GMS 프로젝트를 기획하고 실행하는 과정에서 환경과 사회의 이익을 충분히 존중한다.

2) 지역투자 프레임워크(2012-2022)

2013년 12월, 라오스 비엔티안에서 열린 제19차 GMS장관회의에서 "지역투자 프레임워크(RIF)"을 채택하고, 우선투자 및 기술지원 프로그램을 확정했다. "지역투자 프레임워크(RIF)" 소요금액은 투자프로젝트 143건에 657억 달러, 기술지원 프로젝트는 84건에 2억 9,500만 달러이다.

라. 우선협력분야[62]

1993년 8월, 마닐라에서 열린 제2차 장관회의에서 교통, 에너지, 환경 및

---

62 https://m.book118.com/html/2017/1111/139711782.shtm?from=mip&code=021ty
Z000xY9KL13JJ200t1sWf0tyZ0L大湄公河次区域经济合作计划.PDF(20071124发布) 大湄公河次区域经济合作计划.PDF. ADB자료를 중심으로 재정리

자원관리, 인력자원개발, 무역·투자, 관광 등 6개를 우선협력분야로 선정하고 ADB의 GMS 프로젝트에 포함시켰다.

2012년부터는 교통회랑, 교통 및 무역원활화, 에너지, 농업, 환경, 인력자원개발, 도시발전, 관광, 정보통신기술, 초국경 경제협력, 경제회랑 등 11개 분야로 진화 발전하고 있다. 우선협력분야의 내용을 통해서 전체적인 GMS의 변천과정을 이해할 수 있다. 현재 추진하고 있는 우선협력분야 주요내용은 다음과 같다.

1) 교통회랑

역내 인프라 구축을 통해 사람과 상품의 자유로운 이동을 실현하는 데 있다. 각 지역의 인구 중심지, 여행 목적지, 시장 및 기타 경제활동센터를 연결하는 데 중점을 둔다. 주요 교통회랑은 GMS 3대 경제회랑의 기초를 이루고 있다.

2) 교통 및 무역 원활화

주요 참가국 간 연결성을 높이고 사람과 상품의 이동을 촉진시키는 데 있다.

3) 에너지

메콩강 지역 국가는 경쟁력있는 지역 일체화 전력시장을 건설하고, 지속가능한 방식으로 역내의 풍부한 에너지 자원을 개발하여, 역내 지역 주민에 부담이 적은 현대화된 에너지를 공급한다.

4) 농업

환경친화적 농업발전을 적극적으로 추진하며, 세계적으로 인정받는 안전식품의 주요 생산지로 육성 발전시켜 글로벌 시장을 개척한다.

5) 환경

"경제성장과 환경보호가 공존하는 지역을 건립하는 데 있다. 생물다양성 보호와 빈곤감소, 기후변화에 대응한다.

6) 인력자원개발

GMS의 인력자원개발과 실행계획은 위생, 교육, 노동력과 이민 및 사회발전 분야의 협력에 중점을 둔다. 협력프로젝트는 전염병 통제와 에이즈 예방, 이민, 기술과 직업훈련 및 고등교육과 연구 등의 분야이다.

7) 도시발전

도시발전 영역에서, GMS는 주로 교통회랑을 따라 중소 도시의 중점 지역 인프라와 공공서비스 투자에 관심을 갖고 있다. 이러한 투자는 인구 증가에 따른 수요를 만족시킬 뿐만 아니라, 교통회랑의 경제회랑 전환에 유리하며 동시에 농촌 지역에 더욱 많은 시장과 취업 기회를 제공한다.

8) 관광

관광업 방면에 있어서, GMS는 역내를 전체 여행 목적지로 개발·보급, 명품 관광상품 개발, 관광장애요인 해소, 인프라 투자를 통해 관광업 발전 지원, 관광인력 훈련 및 능력강화, 지역사회 관광개발 협력 등 관광업 육성을 통해 빈곤을 감소시키고, 고용을 증가시키며, 지속가능한 발전을 촉진한다.

9) 정보 및 통신 기술

GMS의 정보 및 통신기술 협력은 역내 전기통신의 연계망을 개선하고, 정보 및 통신기술의 적용을 촉진하며, 정보 및 통신 서비스를 보급하고 더 나아가서는 교역원가를 낮추고, GMS의 경쟁력을 제고한다.

10) 초국경 경제 등

초국경 경제합작구 건설, 업종을 초월한 다양한 프로젝트를 발굴하여 추진한다.

메이콩강 지역 수력발전소(바이두)

11) 메콩강 지역 경제회랑 건설

메콩강지역교통전략(2006년-2015)에서 확정한 9개의 교통회랑은 경제회랑 건설의 기초를 이루고 있다. 경제회랑은 특정지역의 인프라를 건설하고 무역 · 투자와 기타 관련 경제기반이 서로 결합하여, 사회와 환경문제를 해결하는 데 힘써 역내 연결성을 높이데 있다.

경제회랑은 크게 남북경제회랑(The North-South Economic Corridor: NSEC), 동서경제회랑(The East-West Economic Corridor: EWEC), 남부경제회랑(The Southern Economic Corridor : SEC)으로 나누어진다.

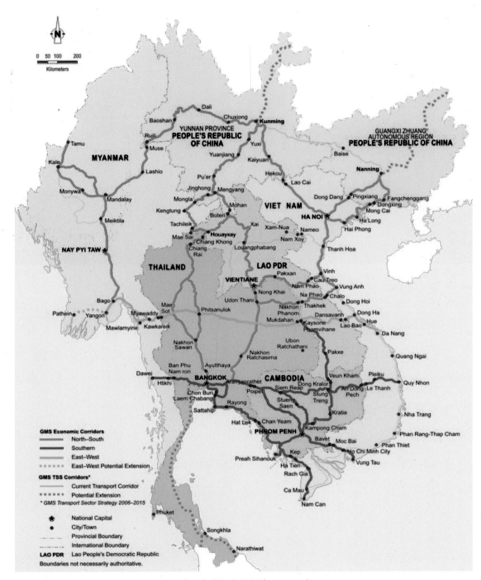

메콩강지역 경제회랑(2021, ADB)

마. 추진기구

추진기구는 총리회의, 장관회의, 고위급회의, 포럼과 워킹그룹, 사무국으로 구성되었다.

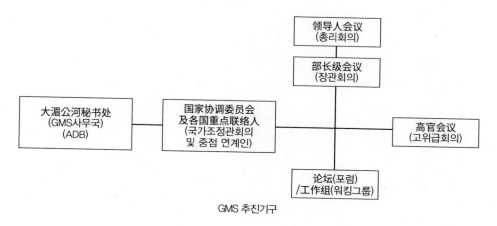

GMS 추진기구

1) 총리회의

2002년부터 장관회의에서 총리회의로 승격되었다. 최고 의사결정기구로 GMS에 대한 거시정책과 기본방침을 논의하고 결정한다. 총리회의는 3년마다 국가명 알파벳 순으로 돌아가며 개최한다. 2002년부터 2018년까지 6회 개최되었다.

2) 장관회의

각국의 재정·경제 관련 장관으로 구성되었으며, GMS 시작부터 ADB와 투융자관련 프로젝트, 지역연계 협력사업 협의·조정, 총리회의 등을 준비한다.

장관회의는 매년 한 차례 열리며, 1992년부터 2020년까지 24회 개최되었다. 이 밖에 GMS틀 안에서 수자원, 농업 등 분야별 장관회의를 통해 실질적 경제협력을 추진하는 시스템을 구축하고 있다.

3) 고위급 회의

각국의 국장급 이상으로 구성되며, 주로 협력에 관한 각종 정책 및 각 업무를 연계하고 장관 및 총리회의를 준비하기 위해 매년 정기적으로 개최되며 ADB가 소집한다.

4) 포럼과 워킹그룹

포럼과 워킹그룹은 GMS 상설 전문기구이다.

GMS 산하에 교통·전기통신·에너지·환경·인력개발·관광·농업·무역·투자 등 9개의 포럼이 있으며 도시발전·관광·환경·농업·보건협력 등 5개의 워킹그룹이 있다. 포럼과 워킹그룹은 구체적인 프로젝트에 대한 설계 및 실시를 추진한다.

5) 사무국

사무국은 ADB 본부에 설치되었다. ADB 메콩국이 GMS 업무를 담당한다. 이것은 GMS가 갖는 독특한 점이다.

ADB는 GMS 발기자로서 주도적인 역할을 하는 한편, 이 사업의 조정자 및 출자자로 활동해 왔으며, 관련 회의개최 및 구체적인 사업 실행을 위한 각종 기술 및 자금 지원을 담당하고 있기 때문이다.

특히, ADB는 GMS 프로젝트에 대한 자금과 기술지원 외에도 자체 영향과 보증 역할을 활용해 유력 투자자들에게 프로젝트 융자를 요청하는 등 중요한 역할을 수행하고 있다.

각국에는 GMS 조정관과 연락관을 두고 사무국과 긴밀한 협력체제를 갖추고 있다.

바. GMS 추진실태 및 성과[63]

1) 순차적이고 점진적 협력 프로그램

GMS는 순서에 따른 점진적인 협력프로세스라 할 수 있다. 먼저 협력전략을 보면 교통회랑 → 물류회랑 → 경제회랑→ 전면적 교류협력 순으로 추진하고 있다.

1992년 10월 마닐라에서 열린 GMS 제1차 장관회의에서 교통협력을 위주로 하는 하나의 철도망, 도로망, 항공망 협력이 제시되었다. 초기에는 교통 인프라와 물류망 구축 사업을 본격적으로 추진하였다.

1998년 9월 마닐라에서 열린 제8차 장관회의에서는 『경제회랑』 이념이 제시되었다. 『경제회랑』은 하나의 지역이나 권역을 대상으로 특정한 경제협력 시스템을 구축하는 것이라 할 수 있다.

GMS에서의 『경제회랑』은 지역 간 생산, 투자, 무역과 인프라건설을 유기적으로 결합시켜 경제를 발전시키는 것이다.

2002년 11월 프놈펜에서 처음으로 열린 총리회의에서는 메콩강지역개발계획 전면적 실시, 초국경운수협정, GMS정부 간 전력무역협정 등 3건의 문건에 서명하고 GMS발전계획을 확정하는 등 GMS의 달라진 위상을 보여 주었다.

제1차 총리회의 이후 열린 2003년 제12차 장관회의부터 지역 상공회의소, 민간부문 대표, 유럽, 아시아, 아메리카의 다자 및 양자 기구, 금융계 대표가 협력사업에 참가하는 등 전면적인 협력체로 업그레이드 되었다.

우선협력분야도 교통, 에너지, 환경 및 자원관리, 인력자원개발, 무역ㆍ투자, 관광 등 6개 분야에서 교통회랑, 교통 및 무역원활화, 에너지, 농업, 환경, 인력자원개발, 도시발전, 관광, 정보통신기술, 초국경 경제협력, 경제회랑 등 11개 분야로 발전했다.

---

63 毛胜根, 大湄公河次区域合作: 发展历程、经验及启示, 广西民族研究 2012 年第1 期 (总第107 期) 참고 정리

2002년 11월 3일 제1차 총리회의 개막식(동팡왕)

    ADB와 회원국은 우선협력분야를 중심으로 프로젝트를 선정하여 ADB의 GMS프로젝트에 포함시킴으로써 장기적인 투융자계획 수립을 통한 안정적인 사업 추진 기반을 마련하였다.

    GMS는 프로젝트 발굴·홍보, 투자유치를 위한 수단으로 포럼을 활성화하고 있다.

    1994년에 가장 핵심 분야인 교통·전력포럼을 설립하였으며, 이 포럼 설립을 계기로 우선협력분야로 포럼이 확대되었다.

    특히, 2008년부터는 교통물류 인프라와 무역·투자 원활화 연계협력 강화를 위해 "경제회랑포럼"을 상설하고, 매년 회원국별로 순회 개최하고 있다. 2008년 6월 16일 중국 쿤밍에서 첫 "경제회랑포럼"을 개최한 이래 2020년까지 열한 차례 열렸다.

    "경제회랑포럼"은 2009년부터 "경제회랑포럼의 날"로 명명했으며, 개최시기에 따라 다소 차이가 나지만 다양한 프로그램을 운영하고 있다. 2017년 주요 프로그램을 보면 △GMS지방정부 성장(省長:광역단체장)포럼, △현대물류산업 협력포럼

△GMS물류기업 협력위원회 5차위원회 △GMS초국경 전자상거래 협력플랫폼 대화회 △GMS초국경 전자상거래 기업연맹회의가 열렸다.[64]

제11회 GMS 경제회랑 성장포럼

특히, 2008년 중국 윈난성 주도로 창설한 GMS지방정부 성장포럼은 2015년 부터 경제회랑의 주요포럼으로써 국가 간 협력을 보완하고, 지역 간 협력을 촉진시키는 중요한 역할을 하고 있다.

2) 지속적 법제 수준 완비

무역·투자 촉진과 GMS 각국의 공동발전과 번영을 실현하기 위한 각종 법률적 문건을 체결함으로써 인프라를 구축하고 사람과 상품의 자유로운 이동을 실현하는

---

64 http://city.sina.com.cn/yn/rmzx/2017-05-26/detail-ifyfqvmh9058631.shtml? from=wap(2017-05-26 11:34新浪新闻)

기반을 갖추기 시작했다.

특히 총리회의로 승격되면서 국가 간 경제협력 촉진을 위해 법률적 효력 요건을 갖춘 각종 협정 등이 체결되었다.

구체적인 예를 들면《GMS 화물 및 인원의 초국경 운수 원활화 협정》,《GMS 무역·투자원활화 전략행동 프레임워크》,《GMS정부 간 전력무역협정》,《중국이 캄보디아에 제공한 특혜 관세 대우의 교환문》,《중국이 미얀마에 제공한 특혜 관세 혜택의 교환문》,《라오스에 대한 중국의 특혜 관세 대우 교환문》 등이다.

3) 프로젝트 위주의 협력 방식

GMS는 프로젝트를 위주로 하는 지역협력 방식이다.

"프로젝트로 자금을 유도하고, 자금으로 프로젝트를 선도한다"는 원칙에 따라 ADB 주도로 협력 측 각국 정부, 기타 국제기구, 대기업 등과 공동으로 대량의 자금을 조달함은 물론 GMS프로젝트의 성공을 보장하였다. 특히 총리회의, 장관회의, 고위급회의(프로젝트그룹)의 의사결정 체제를 구축함으로써 엄격한 사업승인 절차, 지역협력의 규칙과 제도를 갖추었다.

2011년 12월 중국정부가 발표한 성과보고서에 의하면, GMS는 프로젝트를 중심으로 하여 교통, 에너지, 전기통신, 환경, 농업, 인적자원개발, 관광, 무역 원활화와 투자 등 9개 우선협력분야를 확정하고 회원국을 위한 자금 기술 지원을 통하여 성과를 거두었다고 밝히고 있다. 투자성과는 2010년 말 기준 총 55건 프로젝트에 약 138억 달러가 투자되었으며, 이 중 ADB 50억 달러, GMS 국가 정부 조성 자금 43억 달러, 기타 금융·공공기관 45억 달러이다. 기술지원 항목은 172건에 약 2억 3,000만 달러로 ADB 자체 차입금 1억 달러, GMS 국가정부 부대자금 2,000만 달러, 기타융자 1억 달러 등이다.

2021년 4월 말 ADB 공시자료에 따르면 GMS는 1992년부터 농업, 에너지, 환경, 보건 및 인력자원개발, 정보통신기술, 관광, 교통, 무역, 도시개발에 210억

달러 이상 투자를 했다

4) 재원조달 시스템 다원화

메콩강 지역 국가는 태국과 중국을 제외한 4개국의 1인당 GDP는 캄보디아 1,643달러·라오스 2,534달러·미얀마 1,407달러·베트남 2,715달러(2019년, 세계은행)에 불과한 지구상의 낙후지역이나 개발 잠재력을 갖고 있어, 유엔산하 국제기구를 비롯한 공적개발원조기관, 일본, 미국, 아세안, 독일, 한국 등 각국이 관심을 갖고 참여하고 있다.

GMS 경제협력의 참여 주체는 주요하게 ADB, 메콩강 6개국 중앙 및 지방정부, 민간부문과 비영리단체, 아세안, 석유수출기구(OPEC), 세계은행(WB), 북유럽개발기금, WHO, 일본국제협력은행(JBIC) 등 33개 국제기구와 국가 투자기관이 공동으로 자금을 지원한다.

현재 GMS는 중국이 일대일로와 연계한 협력사업 추진으로 각종 개발사업이 탄력을 받고 있다.

사. 세계 각국의 경제협력 각축장 [65]

중국, 일본, 한국, 미국은 국가적인 차원에서 메콩강 지역과 협력을 추진해 오고 있으며, 호주·뉴질랜드·EU 등도 메콩강 지역개발에 관심을 가지고 수자원개발, 인적자원개발, 인프라 등 다양한 분야에서 협력을 추진하고 있다.

중국은 메콩강 역내 국가로서 지역개발에 직접 참여하고 있으며, 2008년 제3차 GMS 총리회의 이래로 GMS 지역 간 협력 촉진을 위해 자금지원, 교통, 전력, 전신, 환경, 인적자원개발, 위생, 관광, 무역원활화와 투자 자유화, 독극물 금지 분야에서 풍성한 성과를 거뒀다고 자평하고 있다. 실질적으로 미얀마, 라오스, 태

---

65 외교부 메콩국 5개국 개황(2019.11.), p.40~86.

국 간 도로협력사업, 범아시아 철도망건설, 전력망구축 및 교역, 정보통신, 무역 증가, 관광교류 활성화 등 가시적 성과를 얻고 있는 것으로 나타나고 있다. 2015년 11월, GMS 참여국가 중심의 란창강-메콩강협력체 설립을 주도적으로 추진하는 등 메콩강 지역발전을 선도하고 있다.

일본은 1990년대 초 인도차이나를 대상으로 개발사업을 추진하다가, 1990년대 후반부터 GMS · MRC 등 메콩강 지역개발 협력체와 긴밀한 협력 관계를 맺으면서 동 지역에 대한 진출과 영향력 확대를 지속적으로 모색해 오고 있다. 2009년 1월, 메콩강 5개국과 제1차 일-메콩강 외교장관회의를 개최하였으며, 2009년 11월 제1차 일-메콩강 정상회의를 개최하여 「도쿄선언」 및 「63개 실행계획」을 발표하였다. 동 선언 및 실행계획은 메콩강 지역의 종합적 발전, 환경 · 기후변화 대응, 교류협력 확대 등 3개 분야에서의 협력 강화가 주요 내용이다.

미국은 2009년 7월, 메콩강 4개국(베트남, 라오스, 태국, 캄보디아)과 외교장관회의를 개최하고 미-메콩강 하류 지역협력 이니셔티브(US Lower Mekong Initiative)를 제안하고, 환경, 보건, 연계성, 교육을 중점협력분야로 제시하였다. 2012년 7월 제5차 회의에서 미얀마를 협력대상으로 포함하였으며, 매년 지역실무그룹회의(분야별/수시), 고위급회의(연 2회) 및 외교장관회의(연 1회)를 개최하며, ①보건, ②연계성, ③교육, ④에너지 안보, ⑤환경과 물, ⑥농업과 식량안보의 6대 중점분야를 중심으로 협력 사업을 추진하고 있다.

한국은 2011년 10월, 첫 한-메콩강 외교장관회의를 개최하고 "한강선언"을 채택하였으며, 2019년 11월 부산에서 열린 제1차 한-메콩강 정상회의에서 "한-메콩강 선언"을 채택하고, 문화 · 관광, 인적자원개발, 농업 · 농촌개발, 인프라, 정보통신기술(ICT), 환경, 비전통 안보협력 등 7개 우선협력분야를 추진하기로 했다. 한국은 메콩강 5개국에 대해 1987년~2017년 간 총 ODA 32.9억(무상12.4억, 유상20.5) 달러를 지원했다.

이외에도 호주 · 뉴질랜드 · EU 등도 메콩강 지역개발에 관심을 가지고 수자원개발, 인적자원개발, 인프라 등 다양한 분야에서 협력을 진행 중에 있다.

메콩강 지역에서는 중국과 미국을 중심으로 한 세계 강대국의 외교·경제전이 벌어지고 있다.

메콩강 5개국의 연간 6%에 달하는 고속 경제성장률이 대변하듯, 메콩강 지역은 브릭스(BRICs : 브라질, 러시아, 인도, 중국)를 잇는 신흥개발지역으로 부상하고 있기 때문이다.

뿐만 아니라 인도와 중국을 잇는 메콩강 지역은 그 지리적 이점으로 인해 중국과 미국이 특히 경쟁적으로 영향력을 확대해 나가고자 하는 지역이다.

구체적으로 중국은 1990년대부터 메콩강 역내 국가로서의 이점을 활용하여 댐·수력발전소 건설 등 수자원 개발에 막대한 투자를 하고 메콩강 하류 지역 국가들에게 영향력을 행사하기 시작했다. 이에 맞서 미국은 2007년 오바마 정부가 들어서며 그 영향력을 가세하기 시작했다. 이외에도 한국, 일본, 인도, 호주 등 세계 강대국들은 각자의 협력 체제를 구축해 나가는 등 원조와 투자를 확대해 나가고 있다.

2. 란창강-메콩강협력(LMC)

가. 출범

중국 티베트 고원에서 발원해 인도차이나반도 5개국을 경유하여 남해로 흐르는 메콩강(湄公河)의 중국 지역을 란창강(瀾滄江)이라 부른다.

메콩강은 6개국의 정치, 경제, 환경 등 다방면에 걸쳐 밀접하게 관련되어 있다. 이러한 지역적 특성으로 인하여 국제적으로 관심을 많이 받고 있는 지역이다.

1950년대부터 유엔산하기구를 비롯한 국제기구들이 메콩강 지역의 수자원 관리와 환경, 빈곤퇴치에 관심을 갖으면서 메콩강 지역개발과 발전을 위해 MRC, GMS 등 다자협력체를 설립하고 다양한 협력 사업을 추진해 오고 있다. 이들 다자협력체는 상호 간에 연계협력을 추진하고 있지만 일부 협력사업이 중복되는 등의 문제도 있다. (표 32 참고)

표 32 메콩강 지역 주요 다자협력체

다자협력체	설립연도	추진주체	중점분야
GMS	1992	ADB, GMS 6개국	인프라 구축과 무역·투자원활화, 에너지, 인적자원개발, 관광, 환경, 농업
메콩강위원회(MRC)	1995	캄보디아, 라오스, 태국, 베트남	수자원의 개발과 이용, 환경, 생태계 보호 등 포괄적 유역관리
아세안-메콩강 지역개발협력 (ATMBDC)	1996	중국·아세안 10개국	인프라 구축, 교역 및 투자, 농업, 천연자원, 중소기업 지원, 관광, 인적자원개발, 과학기술 협력
애크맥스(AVMECS)	2003	태국, 캄보디아, 라오스, 미얀마, 베트남	교역 및 투자 촉진, 농산업 협력, 수송망 연결, 관광 협력, 인적자원개발, 공중보건
캄·라·미·베 협력(CLMV)	2004	캄보디아, 라오스 미얀마, 베트남	무역·투자, 농업, 산업, 에너지, 교통, 정보기술, 관광, 인적자원개발
란메이협력 (LMC)	2015	GMS 6개국	지역통합, 생산능력, 초국경 경제, 수자원, 농업, 빈곤퇴치 등 국제협력

자료: 외교부 메콩강 개황 (2019.11), 참고, 저자정리

중국과 인도차이나반도 5개국은 1992년부터 ADB와 함께 GMS를 추진하여 성과를 거두고 있을 뿐만 아니라, 양자 간에도 전면적 전략적 협력동반자 관계를 수립하고 있는 등 정치·경제적으로 밀접한 관계가 형성되어 있다.

이와 같은 시기에 2012년 태국이 란창강-메콩강 지역 발전에 대한 지속 가능한 발전 이니셔티브를 제시하였으며, 2014년 11월 리커창(李克強) 총리가 제17차 중국-아세안 정상회의에서 란창강-메콩강 지역에 위치한 중국, 캄보디아, 라오스, 미얀마, 태국, 베트남 6개국 간 전면적인 우호협력을 통해 메콩강 지역 전체의 발전 수준을 향상시키고, 지역통합 추진으로 아세안공동체 건설을 지원하기 위해 란창강-메콩강협력체 창설을 제안했다.

이후 두 차례에 걸친 란창강-메콩강 6개국 고위급회의에서 협력의 목표, 우선 협력분야, 협력체 설립 등에 합의를 하고, 2015년 11월 12일 윈난(雲南)성 징훙(景洪)에서 열린 란창강-메콩강(이하 "란메이") 협력을 위한 첫 외교장관 회의에서 란메이협력 설립을 공식 발표했다.

란메이협력에는 중국, 캄보디아, 라오스, 미얀마, 태국, 베트남 6개국이 참가한다.

란메이협력과 GMS의 차별성은 하나는 지역적 범위를 란메이 지역에 한정하지 않고 국가 전역을 대상으로 하는 것이며, 다른 하나는 경제와 인문교류 포함한 전면적인 교류협력을 통해 지역통합을 촉진하는 것이라 할 수 있다.

2019년 말 기준 6개국의 인구는 16억4,300만 명으로 아시아 전체 인구의 36.2%, 면적은 총 1,153만6,000㎢로 아시아 전체 면적의 25.9%를 차지한다. 6개국 국내총생산(GDP)은 15조 3,000억 달러로 아시아 전체의 48.35%를 차지한다.(표33 참고)

표 33 메콩강 지역 국가 주요 경제지표 (단위 · 기준: GDP · 수출입:달러, 2019년)

국명	면적	인구	GDP	1인당 GDP	수출입총액
중국	960만km²,	14억명	143,628억 7,000만	10,261	4조5,800억
캄보디아	18만km²,	1,600만명	268억	1,643	94억3,000만
라오스	23만6,800km²	723만명	190억	2,534	112억
미얀마	67만6,660km²,	5,458만명	760억	1,407	351억4,700만 (2018~2019)
태국	51만3,000km²,	6,900만명	5,237억	7,806	4,853억2,000만
베트남	32만9,600km²,	9,620만명	2,620억	2,715	5,173억

자료 : 중국 란메이 사무국(http://www.lmcchina.org/) , 1인당GDP(2019년, 세계은행)

나. 설립취지

국가 간 선린우호 및 실질적 협력을 심화 발전시켜 △연안 각국의 경제사회 발전 촉진 △란메이 지역 경제발전벨트 조성 △란메이 국가 운명공동체 건설 △아세안공동체 건설과 지역통합 지원 △남남협력과 유엔의 2030년 지속가능한 발전 어젠다[66] 실현에 기여 △지역의 지속적인 평화와 안정적인 발전을 도모하는 것이다.

다. 협력의 기본방향

1) 3+5 협력프레임워크

2016년 3월, 란메이협력 첫 총리회의에서 협력개념 문건을 채택하는 등 "란메이협력"의 틀을 만들고 △정치안보 △경제와 지속가능한 발전 △사회인문을 3대 기본 축으로 △호련호통(互联互通)[67] △생산능력 △초국경 경제 △수자원 △농업과 빈

---

66 2015년 유엔총회가 채택한 전 세계적인 목표로 지속 가능한 발전을 위해 시행한다. 2016년부터 2030년까지 선진국과 개발도상국이 함께 이행한다. 지속가능발전목표는 17개 목표 및 169개 세부 목표로 구성되어 있다.

67 호련호통(互联互通)은 원래 통신서비스 상호접속의 의미로 사용되는 용어로, 상호연결 하여 통한다는 뜻으로 "연계성"과 같은 의미로 쓰인다. 시진핑 주석은 2019년 4월 26일 "제2회 일대일로 국제협력 정상포럼"

곤퇴치 등 5개 우선협력분야를 확정했다. 3대 기본 축과 5개의 우선협력분야를 3+5프레임워크라 한다.

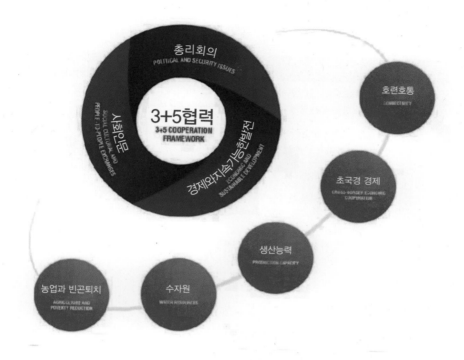

2018년 1월 10일, 제2차 총리회의에서 3+5협력프레임워크에 △세관 △위생 △청년 분야 등으로 확대하는 3+5+X 협력프레임워크를 확정하고 협력사업을 추진하고 있다.

2) 란메이협력 실행계획(2018~2022)

《란메이협력 실행계획(2018~2022)》은 3+5+X 프레임워크 추진계획이라 할 수 있다. 실행계획은 △정치안보 △경제와 지속가능 발전 △사회인문을 3대 기본 축

개막식 연설에서 호련호통(互联互通)에 대하여 명확하게 정의를 내렸다. 호련(互联)은 연선각국의 인프라 연동에 중점을 두는 것이며, 호통(互通)은 상품, 자금, 기술인원 등의 고속유통에 중점을 두는 것이다. 호련(互联)은 호통(互通)의 기초이며, 협력의 전제이다. 바이두(검색일:2020.1.20)

으로 분야별 추진계획을 제시했다.

정치안보는 총리 등 고위인사 교류, 대화와 협력, 정당교류, 비전통적 안보협력을 중점적으로 추진한다.(표34 참고)

표 34 정치안보 협력

협력분야	주요내용
고위인사교류	·총리회의(매2년)·임시 정상회의, 외교장관회의(매1년) ·양자 방문 혹은 국제협력 플랫폼을 통한 상시 접촉 유지
대화와 협력	·외교 고위급회의와 외교·각 분야별 워킹그룹회의 수시개최 ·정책대화와 공무원 교류 지원
정당교류	·란메이협력 정신에 따라 정당대화와 교류 촉진
비전통적 안보	·법 집행과 대화와 협력을 통한 비전통적 안보 대응 ·마약매매, 테러리즘, 밀입국, 인신매매, 총기탄약밀반입, 사이버 범죄 및 기타 다국적범죄 협력 강화 ·국경지역 지방정부와 출입국 관리부분 교류협력, 경찰과 사법부 관련 대학 협력강화 ·인도적 지원협력, 방재·식량·수도·에너지 안전 확보, 이재민 지원

경제와 지속가능한 발전은 호련호통, 생산능력, 경제무역, 금융, 수자원, 농업, 빈곤퇴치, 임업, 환경보호, 세관, 품질검사 등이다.(표35 참고)

표 35 경제와 지속 가능한발전

협력분야	주요내용
호련호통	·국가 간 호련호통계획 수립, 아세안 호련호통 총체계획(2025)과 연계협력, 국가 간 전면적 호련호통 촉진,란메이협력 회랑 모색 ·철도, 도로, 수운, 항만, 전력망, 정보망, 항공 등의 인프라 건설과 업그레이드 ·베이더우 등 세계위성항법 시스템을 건설교통, 물류, 관광, 농업 등의 분야에 활용 ·비자·통관·운송원활화, 통관 단일화 ·지역 전력망 업그레이드, 전력연계성 강화, 전력교역 추진을 통한 지역통합전력시장 조성 ·광대역 발전계획수립, 초국경 육상케이블 건설과 용량 확대, 국가 간 네트워크연계성 제고 ·디지털TV·스마트폰·스마트하드웨어와 다른 관련 제품과의 혁신적인 협력 강화 ·표준과 안전·품질 등 상호인정, 발전경험 공유 및 능력건설 협력 강화
생산능력	·란메이 국가 생산능력 실행계획 제정, 란메이 생산능력협력포럼 개최, 란메이국가생산 및 투자 협력연맹 설립 ·국영기업과 금융기관 간 산업생산능력 협력, 생산능력협력 발전기금 설립 검토

협력분야	주요내용
경제무역	· 초국경 경제합작구 시범건설 및 협력 플랫폼으로 활용 · 무역 · 투자원활화 수준 향상, 관세장벽 낮춤 · 란메이 비즈니스 이사회 설립 및 중소기업서비스연맹 설립 검토 · 국제무역 전시판매회, 박람회, 투자유치 설명회 등 개최를 통한 무역활동 촉진
금융	· "일대일로 융자 지도 원칙"을 포함한 각종 지역협력 융자원칙에 따른 장기적이고 안정적이며 다원적인 융자체계 수립 · 국가 금융주관 부문 간 협력과 교류 강화(금융리스크 방지) · 안정적 금융시장 건설, 통화스와프 · 자국통화결제 · 금융기관 협력 촉진을 위한 연구와 경험교류 · ADB, AIIB, 아시아금융협력협회, 세계은행 등과 협력 강화 · 금융기관의 상업경영 편의 제공 및 무역 · 투자 지원 등 장려
수자원	· 국가차원의 수자원관리 설계, 수자원 정책 대화 강화 · 수자원협력포럼 정례화, 수자원협력센터 설립 · 수리기술교류협력 촉진, 수자원 및 기후변화 영향 공동연구 · 우선협력사업 발주, 수자원 관리능력 강화, 교육훈련과 현장답사 · 각국의 수질 모니터링 시스템 개방(데이터 정보 공유) · 홍수와 가뭄에 대한 응급관리, 홍수방지 합동평가 실시, 긴급 홍수대비 시스템 구축, 가뭄재해 정보공유 · 수자원협력 5년 실행계획 제정 등
농 업	· 정책조율 강화, 식량 · 식품안전 확보 · 투자기회 창출, 농업 과학기술 분야의 교류협력 확대 · 과학연구기구의 정보공유 교류 및 인원 상호방문 지원 · 공동실험실과 기술시험 시범기지와 기술센터 건립 · 농업정보망 구축, 촌장포럼 개최, 농산품 품질 및 안전협력 추진 · 농산품 무역 발전 추진, 란메이 국가 통일 농산물 시장 조성으로 지역 농산품시장 경쟁력 제고 · 동식물 역병 발생 상황모니터링, 공동방역 관리협력 추진 · 수의위생 분야 협력 강화, 란메이 유역 생태계 보호협력 체제 구축, 야생 어류 증식 구호센터 공동 건립, 어류자원 정보공유 · 수산양식 능력 등 어업협력 강화 · 민간 주도의 농산업협력단지 공동조성과 운영
빈곤퇴치	· 지속가능 빈곤퇴치 5년계획 제정, 빈곤퇴치 경험교류 · 촌관(村官)교류 및 교육 훈련 강화[69] · 인원교류, 정책자문, 공동연구, 커뮤니케이션 교육, 정보교환, 기술지원 등 다층적 전방위적 빈곤퇴치 능력 건설 · 빈곤퇴치 협력 시범사업 실시

협력분야	주요내용
임업	· 산림자원 보호와 이용 강화, 산림생태시스템 종합관리 · 합법적 원재료를 이용한 임산품 교역 장려, 소형임기업 발전 추진 · 불법 벌채 및 교역 제재, 임업 과학기술 교류협력, 산림회복 및 식수 조림 강화, 산불통제 협력, 야생 동식물 보호 협력 · 임업관리와 연구능력 건설 강화, 임업전문교육과 인력자원 협력교류, 교육훈련·장학금 및 방문학자 프로젝트 추진
환경보호	· 란메이 환경보호협력센터 건설 및 환경협력전략 수립 · 녹색계획 제정, 대기·수질 오염 방지 및 생태계 관리 협력, 관련지역과 메커니즘 강화, 환경보호 능력 건설과 홍보교육 협력, 환경보호의식 제고
세관·품질검사	· 구체적 협력방안 제정, 세관·품질검사 부문회의 개최 · 농산품 통관속도 제고, 제품 규격표준화 강화, 인증인가 분야의 교육훈련, 상호인증, 계량능력 건설 향상

산업생산능력 및 투자협력포럼(란메이협력 중국사무국)

사회인문은 문화, 관광, 교육, 위생, 미디어, 민간교류와 지방협력 분야를 중점적으로 추진한다. (표36 참고)

---

68 촌위원회(한국 행정구역의 里단위의 주민자치조직이다.)

표 36 사회인문

협력분야	주요내용
문화	· 문화정책 공유, 문화교류 촉진, 란창–메콩문화협력 닝보선언 추진 · 문화예술 · 문물보호 · 무형문화재 보호 전승, 문화산업 · 문화인력개발 등 분야의 교류협력 강화 · 문화기구 · 문화예술단 · 문화기업과 교류협력 · 국가 간 문화교류 행사 개최
관광	· 관광도시협력 연맹 설립, 관광인재 교육훈련 강화 · ASEAN 관광포럼, 메콩강 관광포럼, 중국국제관광교역회 등 참가 · 중장기 관광발전 비전 제정 추진 · 소프트웨어 및 하드웨어 관광 인프라건설 촉진 · 아세안 관광표준 인가 추진
교육	· 중국–아세안 교육 교류주간 행사 개최, 란메이 국가협력 강화 · 직업교육훈련 강화, 중국에 란창–메콩 직업교육기지 설립 메콩강 국가에 직업교육훈련센터 건립 지원 · 대학협력 추진, 대학 간 공동육성 · 연구와 학술교류 · 학점 호환 제도 구축
위생	· 뎅기열과 말라리아 등 신생(新生)과 재발 전염병 예방 치료협력 · 초국경 신생(新生)과 재발 · 예방 · 방지시스템 완비 · 병원과 의료 연구기관 간 협력 강화, 기술교류와 인원 교육훈련촉진, 국가간 시골 병원과 진료소 건설 분야 협력 추진 · 백내장 · 언챙이 · 부녀육아 건강 등 무료 의료활동 전개 · 중국은 메콩강 국가에 필요한 의료진 파견
미디어	· 주류 매체 간 교류와 협력 강화 · 영화 텔레비젼 축제 혹은 상영활동 지원 · 6개국 외교부, 란메이협력 공식 홈페이지 개설 혹은 외교부 홈페이지에 란메이협력 소식란 개설 또는 소셜미디어를 정보 · 공공 업무 플랫폼으로 활용 · 란메이협력 잡지 혹은 뉴스매뉴얼 제작, 란메이협력 데이터 베이스 구축
민간교류 및 지방협력	· 각종 민간행사 개최를 통해 란메이 협력 브랜드 건설 → 란메이 정신 제고 · 란메이 청년교류 추진으로 청년교류 브랜드 형성 · 교육훈련반 개최와 상호방문 등 다양한 활동을 통한 양성평등 촉진 및 부녀교류협력 향상 · 지방정부의 구체적 프로젝트 참여 장려, NGO의 적절한 참여 장려 · 적십자회 교류, 회원국들의 적절한 판단아래 종교협력 촉진

자료 : http://www.lmcchina.org/란메이협력 중국 사무국,(검색일:2021. 5.1), 저자정리

2021년 란메이 과일축제 생방송(란메이협력 중국사무국)

란메이 주의 날 및 윈난민족대학 국제일 기념식(차이나데일리)

라. 추진기구

란메이협력은 총리회의·외교장관회의·고위급회의(국장급이상)·워킹그룹을 포함한 다층적이고 폭넓은 분야의 협력구조를 구축했다.

총리회의는 2년마다 1회 개최하며, 란메이협력의 미래발전을 기획하고, 최종 의사결정을 한다. 필요시 임시 총리회의를 개최하며, 양자 방문 혹은 기타 국제협력의 플랫폼을 통해 상시적인 접촉을 유지한다.

제1차 총리회의(란메이협력 중국 사무국)

외무장관회의는 매년 개최하며, 정책기획과 조정 등의 협력, 총리회의 합의사항 실행, 추진상황 평가, 협력사항 등을 제안한다.

고위급회의는 국장급으로 구성되었으며, 총리회의, 외교장관회의를 보좌하고 "실행계획 이행보고서" 및 "다음년도 공동프로젝트 리스트" 외무장관회의 제출, 협력사업 발굴, 주요 협력사업 협의·조정 등 실질적 협력사업을 추진한다.

외교 공동워킹그룹은 6개국 외교부 과장급으로 구성되었으며, 실무차원에서 총리회의, 장관회의, 고위급회의 일정, 협력분야 등을 협의 조정하여 고위급회의에 보고한다. GTI 조정관회의와 같은 역할을 하며 직급도 비슷하다.

우선협력분야 공동워킹그룹은 초기에 각국의 관련 중앙부처 과장급으로 구성되었으나 향후 직급을 고위 또는 장관급으로 격상하고, 우선협력분야의 협력강화 및 기타분야로 협력을 확대해 나갈 계획이다. 2021년 3월 말 기준 란메이협력 수자원·환경·농업·빈곤퇴치·초국경 경제·산업생산능력·호련호통 협력센터가 설립·운영되고 있다. 이외에 관련 기관에서 글로벌 메콩강연구센터, 란메이 청년교류협력센터 등의 협력기구를 연이어 창설하여 운영하고 있다.

현재 워킹그룹은 국장급 회의로 승격(2017년 8월 호련호통 회의, 란메이협력 중국사무국)

사무국은 각국에 설치되어 있으며, 현재는 2017년 3월 10일, 중국 외교부에 설치된 "란메이협력 중국 사무국"이 6개국 사무국의 중심적인 역할을 하고 있다. 중국 사무국은 기획·조정·실행·홍보 등 네 가지 기능으로 계획체제 구축과 실무협력, 중국 관계부처·지방정부·메콩강 국가와의 연계협력 추진, 협력기금 승인·협력사업 추진, 언론 홍보를 통해 영향력을 확대하고 있다.

2017년3월10일 란메이협력 중국사무국 현판식(윈난성 외사판공실)

2017년 6월 12일, "란메이협력 중국 사무국" 윈난성 연락 판공실이 윈난성 외사판공실에 설치되었다. 이 연락 판공실은 "란메이협력"이 설립한 첫 지방정부 협력기구이다. 회원국들은 란메이 6개국 사무국 혹은 기구 간 소통과 조율을 강화하기 위하여, 란메이협력 국제 사무국을 창설하는 방안을 논의 중에 있다.

2021년 3월까지 3차례 총리회의, 5차례 외교장관회의, 7차례의 고위급회의, 10차례의 외교 공동워킹그룹 회의를 개최하였으며, 우선협력분야 공동워킹그룹 회의는 매년 열리고 있다.

마. 지원체계

1) 재 원

재원은 란메이협력기금, 중국의 우혜차관 및 전용차관과 각국의 자체 재원조성으로 한다. 특히 란메이협력기금은 중국이 3억 달러를 조성하여 설립하였으며, 이기금은 총리회의와 외무장관회의에서 결정한 프로젝트 사업비로 활용한다.

이외에 AIIB, 실크로드펀드, 아시아개발은행 등 국제금융 기관의 협조와 지원을 끌어내는 등 입체적이고 전방위적인 금융지원 시스템 구축을 추진하고 있다.

2) 싱크탱크

관·산·학 협력 모델을 모색하고, 글로벌 메콩강 연구센터를 설립해, 공공·민간연구 기관과 싱크탱크 네트워크를 구축한다.

3) 감독메커니즘

란메이협력은 각국 사무국이나 협력기구의 역할을 충실히 하고, 다분야 협력을 강화해 자원을 통합하고 힘을 합친다. 자국 관계부처의 협력과 참여를 권장하고 지도하며, 중요 행사에 대한 정기적인 평가와 감독을 실시한다. 그리고 민간 전문기관의 자원을 활용해 제3자 감시 역할 시스템을 구축한다.

바. 주요회의 개최현황과 성과

2015년 11월 12일, 중국 윈난(云南)성 징훙(景洪)에서 열린 첫 외무장관 회의에서, 란메이협력을 공식 발족하고, 란메이협력 목표·원칙·우선협력분야, 메커니즘의 틀 확정, 조기수확 프로젝트 조속 실시, 첫 총리회의 일정 등에 대하여 합의했다.

2016년 3월 23일, 하이난(海南)성 싼야(三亞)에서 열린 첫 총리회의에서는 운명공동체를 건설하기로 하고, 정치안보·경제와 지속가능한 발전·사회인문을 3대 기본 축으로, 호련호통, 생산능력, 초국경 경제, 수자원, 농업과 빈곤퇴치 분야에서 우선 협력한다는 3+5협력프레임워크에 합의했다. 이외에 "총리회의 싼야(三亞) 선언"과 "란메이 국가 간 생산능력 공동성명"을 발표하고, 호련호통·수자원·위생·빈곤퇴치 등 45건의 조기수확 프로젝트를 확정했다.

2016년 12월 23일, 캄보디아 시엠립에서 열린 제2차 외무장관 회의에서, "제1차 총리회의 성과 진전", "우선협력분야 공동워킹그룹 계획수립 원칙"을 의결했다. 그리고 란메이협력 건설, 실질협력과 장기계획을 강화하기로 합의하고 각국 외교부 내에 란메이 사무국 또는 협조기구를 설치할 것을 제안했다. 또한 "란메이협력 실행계획(2018~2022)" 및 조기수확 프로젝트 등을 확정했다.

2017년 12월 15일, 윈난(雲南)성 다리(大理)에서 열린 제3차 외무장관회의는 제2차 총리회의에 제출할 "실행계획(2018~2022)"을 의결하였으며, "란메이협력 핫라인 정보 플랫폼" 구축, "2017년도 란메이협력 특별기금 지원 프로젝트 리스트"를 발표하고, 제1차 총리회의 주요 성과와 제2차 외무장관회의 성과"를 배포했다.

2018년 1월 10일, 캄보디아 프놈펜에서 열린 제2차 총리회의에서는 3+5 협력의 틀을 3+5+X 협력의 틀로 확대하고, 세관·위생·청년 등을 우선협력분야 포함시키기로 하였다. 이 외에 "제2차 총리회의 프놈펜 선언"과 "란메이협력 실행계획(2018~2022)"을 발표하고 "제2차 총리회의 협력 프로젝트 리스트"와 "6개 우선협력분야 공동워킹그룹 보고서"를 배포했다. 그리고 2016년 3월 23일 첫 총리회의를 기념하기 위해, 매년 3월 23일이 속하는 주(周)를 란메이 주(周)로 정했다.

2018년 3월 19일부터 3월 25일까지 열린 첫 란메이 주(周)의 날 행사는 청년교류, 협력 성과전, 문화공연, 싱크탱크포럼, 최고경영자회의, TV특집프로그램 등 다채로운 행사가 열렸다.

현재 란메이 주(周)의 날 행사는 중국 각 중앙부처·지방과 란메이 국가와 함께 콘퍼런스, 포럼, 영상·전시회, 농촌진흥, 청년창업대회 등 60개 가까운 다양한 축하행사가 매년 열리고 있다.

2018년 12월 17일, 라오스 랑프라방에서 열린 제4차 외무장관회의에서는 "란메이협력 실행계획 2018년도 진전 보고서", "2018년도 란메이협력 특별기금 지원 프로젝트 리스트"와 6개국 싱크탱크가 공동으로 작성한 "란메이 경제발전벨트

연구보고서"를 채택하였으며, 란메이협력 노래 "란메이 우의강(瀾湄友谊河)"을 제정 발표했다.

란메이협력의 노래 "란메이 우의강 노래 배경화면"(中国国际广播电台 캡처)

2020년 2월 20일, 라오스 비엔티안에서 열린 제5차 외무장관 회의에서 "란메이협력 실행계획 2019년도 진전 보고", "2020년도 란메이협력 특별기금 지원 프로젝트 리스트", "2018년 란메이협력 특별기금 지원프로젝트 이행표"와 "란메이 지역 경제발전벨트에 관한 건의"를 배포했다.

2020년 8월 24일, 화상회의로 열린 제3차 총리회의에서는 "제3차 총리회의 비엔티안 선언"과 "란메이협력"과 "국제무역 육해상통로 연계협력을 위한 공동 의장성명"을 발표했다.

2021년 3월 23일, 중국 베이징에서 란메이협력 5주년 기념 및 란메이협력 주(周)의 날 행사가 열렸다. 이 날 행사에서 왕이 국무위원 겸 외교부장은 5년 간의 주요성과를 발표했다.

【주요성과】

6개국 란메이협력 사무국 또는 조정기구가 원활히 소통되고 있으며, 우선협력 분야 공동워킹그룹과 란메이협력 수자원·환경·농업·청년교류협력센터가 효율적으로 운영되고, 분야별 실무협력 추진을 위한 제도적 장치가 마련되었다.

발전우선, 실효성, 프로젝트 위주의 란메이협력 모델은 경제적 상호 보완성을 발전공조로 전환하고 있다. 5년 동안 중국의 국내총생산액은 47.5%, 메콩강 5개국의 국내 총생산액은 30%가 넘는 성장과 경제사회발전 수준을 지속적으로 향상시켰다.

2020년 중국과 메콩강 5개국 교역액은 3,221억 달러로 2015년 보다 66.3% 성장하였으며, 중국은 베트남, 캄보디아 미얀마 태국의 최대 교역 상대국이자 라오스의 2위 교역 파트너로 부상했고 베트남은 중국의 4대 국가 교역 파트너로 부상했다.

중국은 우혜차관과 생산·장비 제조협력 프로젝트 차관으로 캄보디아 시엠립 신국제공항, 라오스 비엔티안 전력망 리모델링, 베트남 융신 석탄발전소 등 40여 개의 인프라 프로젝트를 지원하고 있다.

2019년 중국과 메콩강 국가 간 방문인원 5,000만 명, 매주 정기항공편 3,000편으로 인적교류가 활발히 진행되고 있다. 란메이협력기금으로 500여 주민 생활 조건개선 사업에 10억 위안을 투자하는 등 란메이협력이 전면적인 협력단계에 진입했다고 평가한다.

란메이협력 각종 행사

란메이협력 수자원 장관회의

란메이 협력 청소년우호교류

란메이협력 윈난문화관광산업발전포럼

란메이협력 언론매체 공동선언문 채택

2018 란메이협력 박람회

2019 윈난성 란메이 주(周)의 날 행사 개막식

3. 중몽러경제회랑

가. 개황

중국, 몽골, 러시아 3국은 긴 국경선을 맞대고 있지만 과거에는 갈등과 분쟁의 연속이었다.

중국과 러시아는 1989년 소련 고르바쵸프 대통령의 방중 전까지는 영토분쟁, 사회주의 노선 이견 등으로 갈등의 연속이었으나 1996년 4월 "전략적 협력동반자 관계"를 맺은 이래 교류협력이 활성화되기 시작했으며, 2000년대 들어 양국 간 실질적 협력이 확대됨에 따라, 2013년 "전면적 전략 협력동반자 관계"로 발전했다.

몽골과 러시아는 1921년 수교 후 사회주의 연대를 바탕으로 종속적 협력관계를 유지하여왔으며, 1990년 민주화 이후 종전의 종속관계에서 평등한 외교관계로 전환되었다. 1993년 몽골과 러시아는 양국 간 상호 불간섭원칙에 입각한 선린우호 관계를 수립하였다.

중국과 몽골은 1980년 중반 중소 관계가 개선되면서 양국관계가 급속히 개선되었으며 2014년 "전면적 전략 동반자 관계"로 격상되었다. 중국은 몽골의 제1위 교역·투자국이다.

중몽러 3국은 지리적 인접성과 전통적인 우호관계를 바탕으로 양자 간 정치, 경제, 사회, 문화 등 전 분야에 걸쳐 교류협력을 활발하게 추진하여 왔으나, 교통 인프라 미비, 산업기반 취약, 경제력 차이, 무역장벽, 통관복잡, 제도적 상이 등으로 기대한 만큼 성과를 얻지 못하고 있었다. 특히, 러시아는 2000년대 후반부터 중국과 극동시베리아 지역 개발협력을 추진해 왔으나 협력사업이 지지부진함에 따라 중국과 경제협력에 미온적인 태도를 보여 왔다.

중국과 러시아 간에 새로운 경제협력의 변곡점이 된 것은 일대일로와 연계한 중국유럽화물열차의 성공적인 운행이라 할 수 있다.

중국유럽화물열차는 정식운행이 시작된 2011년 운행횟수는 17편에 화물량은 1천400 TEU(20ft 컨테이너 하나는 1TEU)에 불과했지만, 중몽러경제회랑 건설 협정체결 연도인 2016년에는 1,702편 운행에 화물량은 105천 800 TEU로 폭발적인 증가세를 이어 갔다.[69]

2021년 1월 7일 중국 철도국에서 발표한 자료에 따르면 2020년 중국유럽화물열차 운행횟수는 12,406편에 화물량은 113만 5천 TEU로 전년대비 각 50%, 56% 증가하였으며, 화물열차 적재율은 98.4%에 달한다. 화물총액은 2011년에 6억 달러에 불과 했지만 500억 달러로 안정적인 운행기조에 들어갔다.

그간 러시아의 두만강지역개발계획, 동북아 지방정부 간 교류협력실태를 분석해 보면 자국의 경제적 이익이 기대되면 선도적으로 국제협력을 추진하지만 그렇지 않을 경우 피동적인 행태를 보여주고 있으나, 중국유럽화물열차 운행 활성화 등 각종 협력사업이 빠르게 진전됨에 따라 중몽러 3국 간 협력사업에 적극적으로 참여하기 시작했다.

중몽러 3국은 중몽러경제회랑을 추진하기 위하여, 2014년 9월 11일, 타지키스탄 수도 두샨베에서 시진핑 중국 국가주석과 블라디미르 푸틴 러시아 대통령, 엘베그도르지 몽골 대통령이 첫 정상회담을 가졌다.

이 회담에서 시진핑 중국 국가주석은 실크로드 경제벨트, 러시아 유라시아철도, 몽골 초원의 길과 연계한 중몽러경제회랑을 건설하여 철도, 도로 등 네트워크 강화, 통관 및 운송원활화, 통과운송 협력 촉진, 초국경 송전망 건설 연구, 관광·싱크탱크·미디어·친환경·재난방지 등의 실질적 협력 추진을 제안했다.

블라디미르 푸틴 러시아 대통령은 중몽러 3국은 지리적으로 인접하여 있으므로 교류협력을 더욱 강화할 필요가 있으며, 중국의 실크로드 경제벨트는 3국 경제협력의 새로운 기회를 제공했다고 밝히고 3국의 발전계획과 연계하여 에너지 및 광산

---

69 KMI중국리포트 제18-15호(2018년 8월 17일)

자원, 교통인프라 등의 분야에 대하여 장기적이고 안정적인 협력관계를 건립하자고 했다.

엘베그도르지 몽골 대통령은 중러와 협력을 강화하여 교통 인프라 네트워크와 통과운송 발전을 촉진시키자고 했다.

중몽러 3국의 정상은 교통회랑 건설을 중심축으로 하는 경제회랑 건설에 합의하고 "차관회의"를 통해 구체적인 방안을 마련하기로 했다.

2015년 7월 9일, 러시아 우파에서 열린 "제2차 정상회의"에서 중몽러경제회랑 건설에 합의하였으며, 2016년 6월 23일, 우즈베키스탄 타슈켄트에서 열린 "제3차 정상회의"에서 3국의 정상이 "중몽러경제회랑 건설계획 요강(建设中蒙俄经济走廊规划纲要)"에 서명함으로써 중몽러경제회랑을 추진할 수 있는 기반을 마련하였다.

중몽러경제회랑은 교통회랑을 바탕으로 정치, 경제, 사회, 문화, 관광 등 전면적인 교류협력을 통해 경제통합을 촉진시키는 데 있다.

경제협력의 중점지역은 중국 동북 3성과 내몽고, 러시아 극동과 시베리아, 몽골이다. 이 지역은 상호 연계되어 있기 때문에 어느 한 국가의 국경지역 현황 분석을 통해 3국 간 초국경 협력사업을 발굴할 수 있다. 3국 중에서 국경지역이 가장 긴 중국 동북지역의 국경도시는 52개(표37 참고)이며 그중 네이멍구 19개(몽골16, 러시아3), 랴오닝성 5개(북한), 지린성 10개(러시아1, 북한9), 헤이룽장성 18개 국경도시가 러시아와 국경을 맞대고 있다.

표 37 중국 동북지역 국경도시 현황

지역(52개)	지구급시	국경도시	접경국
네이멍구 (内蒙古) (19개)	바오터우(包头)	다얼한마오밍안롄허(达尔罕茂明安联合)	몽 골
	우란차푸 (乌兰察布)	스즈왕(四子王)	몽 골
	시린궈러 (锡林郭勒)	엘렌하오터(二连浩特), 아바가(阿巴嘎) 동우주무친(东乌珠穆沁), 수니터줘(苏尼特左) 수니터요(苏尼特右)	몽 골

지역(52개)	지구급시	국경도시	접경국
네이멍구 (内蒙古) (19개)	후룬베이얼 (呼伦贝尔)	만저우리(满洲里), 어얼구나(额尔古纳) 천바얼후(陈巴尔虎)	러시아
		신바얼후줘(新巴尔虎左), 신바얼후요(新巴尔虎右)	몽골
	바옌나오얼 (巴彦淖尔)	우라터중(乌拉特中), 우라터호우(乌拉特后)	몽골
	아라산(阿拉善)	아라산줘 · 요(阿拉善左 · 右), 어치나(额济纳)	몽골
	싱안(兴安)	아얼산(阿尔山), 커얼친요이첸(科尔沁右翼前)	몽골
랴오닝성 (辽宁省, 5개)	단둥(丹东)	쩐안(振安), 웬바오(元宝), 쩐싱(振兴), 둥강(东港), 관뎬만주자치현(宽甸满族)	북한
지린성 (吉林省) (10개)	통화(通化)	지안(集安)	북한
	바이산(白山)	바다오장(八道江), 린장(临江) 푸송(抚松), 창바(长白)조선족자치현	북한
	연변주 (延边州)	투먼(图们), 룽징(龙井), 허룽(和龙), 안투(安图), 훈춘(珲春)	북한
헤이룽장성 (黑龙江省) (18개)	허강(鹤岗)	뤄베이(萝北), 수이빈(绥滨)	러시아
	쌍야산(双鸭山)	라오허(饶河)	러시아
	지시(鸡西)	미산(密山), 후린(虎林), 지둥(鸡东)	러시아
	이춘(伊春)	쟈인(嘉荫)	러시아
	무단장(牡丹江)	무렁(穆棱), 수이펀허(绥芬河), 둥닝(东宁)	러시아
	쟈무스(佳木斯)	퉁장(同江), 푸웬(抚远)	러시아
	헤이허(黑河)	아이휘이(爱辉), 쉰커(逊克), 순우(孙吴)	러시아
	다싱안링(大兴安岭)	후마(呼玛), 타허(塔河), 모허(漠河)	러시아

자료: www.gov.cn: 国家民委(검색일: 2021. 5. 2), 저자정리

동북지역에는 7개의 변경경제합작구(얼롄하오터, 만저우리, 단둥, 훈춘, 허룽, 수이펀허, 헤이허)가 있다. 수이펀허와 헤이허는 2019년 8월 자유무역시험구로 지정되었다.

---

70 지구급시(地区级市)는 중국의 독특한 행정구역으로 성(省)정부가 관할하는 지역별 광역자치단체로서 보통 3~10개 이내의 구, 시, 현 정부를 관할한다.

중몽러 3국은 동북아, 더 나아가 유럽·아시아·태평양 지역 전체에서 지리적 위치가 매우 중요하다.

중몽러경제회랑을 따라 동쪽으로 남북한, 일본, 동남아 및 아시아·태평양 지역으로, 서쪽으로 중앙아시아와 유럽으로 연결될 수 있기 때문에 중몽러경제회랑의 경제적 파급력은 매우 크다고 볼 수 있다.

중몽러경제회랑은 현재 2개의 통로를 갖고 있다.

하나는 화베이(華北) 통로로 텐진~베이징~네이멍구(內蒙古) 후허하오터(呼和浩特)~몽골 울란바토르~러시아 부랴야트 공화국 울란우데~러시아 모스크바이다.

다른 하나는 동북(東北)통로로, 다롄(大連)~선양(沈阳)~지린성 창춘(长春)~헤이룽장성 하얼빈(哈尔滨)~네이멍구 만저우리(满洲里)와 러시아 치타를 거쳐 모스크바로 가는 노선이다.

중몽러철도회랑

자료: www.unuudur.com/wp-content/uploads/20150731-Project-Location-and-Rail-Policy.jpg

나. "중몽러경제회랑 건설계획 요강" [71]

"중몽러경제회랑 건설계획 요강《建设中蒙俄经济走廊规划纲要》(이하 "요강")"은 중몽러 3국의 경제교류 협력의 기본계획이다. 특히 중몽러경제회랑의 중점 협력지역은 GTI와 지역적 범위가 일치하고 있으므로 "요강"의 철저한 분석을 통해 중몽러경제회랑과 GTI 간 상생협력 사업을 발굴할 필요성이 있다.

"요강"은 제정경위, 목적, 협력분야, 협력원칙, 재원조달, 추진기구, 기타로 구성되어 있다.

"요강"을 분석하면, 경제회랑의 목표는 중국의 실크로드 경제벨트, 몽골의 "초원의 길", 러시아 유라시아 경제연합[72]의 전략과 연계해 경제통합을 촉진시키기 위해 교통 인프라를 구축하고 산업클러스터와 경제무역 발전을 실현하는 것이 핵심이다.

이 목표를 실현하기 위한 7대 협력분야는 ① 교통 인프라 발전 및 연계성 촉진, ② 통상구 건설과 세관 검사검역 관리감독, ③ 생산능력 및 투자협력, ④ 경제무역 협력, ⑤ 인문교류 협력, ⑥ 생태환경보호 협력, ⑦ 지방 및 변경지역 협력이다.

중몽러경제회랑 7대 협력분야는 크게 교통회랑, 경제회랑, 전면적 교류협력으로 나눌 수 있다.

교통회랑은 중몽러경제회랑의 핵심 프로젝트로 교통 인프라를 구축하고 이것과 연동하여 국경지역 주요 관문에 출입국 및 통관 업무를 취급하는 통상구 건설과 세관 검사·검역 관리감독 협력을 통한 교통원활화를 추진하는 것이다.

중국의 경우 통상구는 국경도시의 규모에 따라 1급 통상구, 2급 통상구가 있다.

---

71 중몽러경제회랑 건설계획 요강의 원문을 한국어로 알기 쉽게 재정리 하였다.
72 유라시아경제연합(EAEU)은 2015년 1월 정식출범. 회원국은 러시아, 카자흐스탄, 벨라루스, 키르기스스탄, 아르메니아 등 5개국이다. EAEU국가들은 원유, 가스 등의 풍부한 천연자원을 보유하고 있으며, 인구 1억 8,000만 명의 내수시장과 유럽과 러시아를 관통하는 지정학적 이점이 있어 잠재력이 큰 신흥시장으로 평가 받고 있음. 2025년까지 역내상품과 서비스, 자본과 노동력의 자유로운 흐름을 실현하고 일치된 경제정책 추진을 목표로 함. 2014년 9월 중몽러 정상회담에서 러시아와 연계전략이 유라시아철도에서 유라시아경제연합으로 변경된 것은 유라시아철도는 지역적 범위가 광범위하므로 실질적협력 가능지역으로 정한 것임. 바이두 백과(검색일:2020.3.4)

1급 통상구는 국무원이 비준하며, 국내외 인원 출입국, 화물 통관 등이 가능하며, 2급 통상구는 성(省:광역자치단체)정부가 비준하며 국내 및 접경국 인원 출입국과 상품의 이동이 가능하다.

통상구는 국가별로 운영체계가 다르고, 제도상이 등으로 인하여 사람과 상품의 자유로운 이동에 장애요인으로 작용하고 있으므로 통상구 시설의 현대화와 신속한 통관 등이 주요 협력분야이다.(표38 참고)

2017년 10월 13일, 창춘–만저우리–함부르크 정기화물열차(9,800㎞) 개통(신화왕)

표 38 교통회랑 협력

협력분야	주요내용
① 교통 인프라 발전 및 연계성 촉진	· 3국의 도로 · 철도 · 항공 · 항구 · 통상구(口岸) 등 인프라자원 공동 기획 · 국제운송로, 국경 인프라 기반과 초국경 운송조직 분야 등 협력강화 　– 장기적인 소통 메커니즘 형성, 연계성 촉진 · 국제 육로 교통회랑 건설 　– 인프라 함께건설 프로젝트 실시 　– 승객, 화물 및 교통수단의 자유로운 이동 보장 · 철도 및 도로 운송 잠재력 제고 　– 기존 철도 현대화와 철도 · 도로 신설 프로젝트 추진 · 초국경 운수분야 규칙제정 · 양호한 기술과 관세조건 제공, 국제통관 · 환적 · 전 노선 복합운송 연계– 국제 연합운송 정보교환, 철도 화물운송 데이터 공유

협력분야	주요내용
① 교통 인프라 발전 및 연계성 촉진	· 항공운송 서비스 연계성 – 안전수준 제고, 경제적 효익의 향상과 효율적 공간 활용 · 정기 국제컨테이너 화물열차를 교통물류의 핵심으로 발전
② 통상구 건설과 세관 검사 · 검역 관리감독	· 3국은 소프트웨어 · 하드웨어 능력 강화 – 인프라 리노베이션과 리모델링을 추진하여 공중위생 통제수준 제고 – 정보교환과 법 집행 공조 강화 · 세관, 검사 · 검역 업무 및 화물감독 체계와 모델 혁신 – 통상구 통행과 화물운송 능력향상 추진 – 환적, 국경기차역 화물하역, 철도 통상구 수용능력 균형성장 촉진 – 동식물 검사검역 분야 협력 추진 – 식품안전협력체제 구축, 식품 통과무역 관리감독 강화 – 식품 통과무역 원활화 촉진 – 국가 간 AEO(수출입안전관리우수공인업체) 인증 등 협력 강화[74] – 국경 전염병 감시검측 통제, 병원균의 전파 매개체 감시검측, – 돌발 공중위생 사건 처치 등에 관한 협력 강화

중러 국경의 훈춘 통상구(출입국 및 화물 통관, 훈춘신문)

교통회랑과 경제회랑은 별도 프로젝트로 추진하는 것이 아니라 연계하여 추진하여만 경제회랑 건설이 탄력을 받을 수 있다. 경제회랑 협력분야는 생산능력 및 투자협력, 경제무역 협력 등 2개 협력분야를 통해 무역을 확대하고 경제공동체의 기반을 구축하고자 한다. (표39 참고)

표 39 경제회랑

협력분야	주요내용

③ 생산능력 및 투자협력	· 에너지 · 광산자원, 고기술, 제조업, 농업 · 임업 · 목축업 등 분야의 협력강화
	  – 공동으로 생산능력과 투자협력 클러스터 조성
	  – 산업협동 실현 및 지역생산 네트워크 형성
	· 전기통신 네트워크의 확대, 인터넷 트래픽의 증가, 전자 상거래 제휴 강화, 중계 트래픽의 향상을 위한 조치 연구
	· 송전선과 신발전 설비의 신설에 따른 경제 기술적 합리성 연구
	· 몽골을 경유하는 중 · 러 원유 및 천연가스관의 적정성 연구
	· 원자력 · 수력발전 · 풍력발전, 태양광 에너지, 바이오매스 에너지 협력
	· 3국 과학기술단지와 혁신고지(高地)협력
	· 민용(民用) 우주 인프라 협력 및 정보 교류와 협력 확대

④ 경제무역 협력	· 국경무역 발전, 상품무역 구조 최적화, 서비스 무역 확대
	· 농산품, 에너지광산, 건자재 및 제지제품, 방직 등의 무역규모 확대 및 장비제조와 고기술 제품의 생산 수준 향상
	· 관광, 물류, 금융, 컨설팅, 광고, 문화 창의 등 서비스 무역 분야 교류협력 강화
	  – 정보기술 · 업무 프로세스 · 노하우 아웃소싱 추진
	  – 소프트웨어 연구개발 및 데이터 유지 보호분야 등 협력
	  – 초국경 경제합작구 건립
	  – 국경무역은 가공 · 투자 · 무역 일체화 추진

중몽러경제회랑은 인문교류, 생태환경보호, 지방 및 변경지구 등 전면적인 교류협력을 통하여 지역통합을 촉진하고자한다.(표40 참고)

표 40 전면적 교류협력

협력분야	주요내용
⑤ 인문교류	· 교육 · 과학기술 · 문화 · 관광 · 위생 · 지적재산권 등 방면의 협력 중점 추진 · 인적왕래 원활화 촉진, 민간교류 확대 · 관광산업 발전, 초국경 관광노선 개발 · 국경도시 관광레저 기능 완비에 주력 · 다양한 관광상품 개발, 양호한 관광환경 조성 · 초국경, 권역별 관광종합안전보장 메커니즘 건설 · 관광객의 인신, 재산의 안전을 확보하기 위한 조치 실시 · 관광객 환경보호 의식 강화, 비상시 관광객 구조체계 수립 · 공동 관광브랜드 육성, 관광객 정보통합 사업 실시 검토 · 교육과 과학연구기관 간 교류협력 강화 · 지적 재산권 보호 실천 및 지적 재산권 분야 인력 양성 등에 관한 교류협력 강화

협력분야	주요내용
⑤ 인문교류	· 문화교류 브랜드화, 직접창작 연계 확대 · 연극 · 음악과 서커스 · 영화 · 민간 창작 · 문화유산보호 · 도서관 사무와 문화 분야 인재육성 등에 관한 교류협력을 심도 있게 추진
⑥ 생태환경보호	· 정보공유 플랫폼 구축 가능성 연구 · 생물다양성, 자연보호지역, 습지보호, 산림방화 및 사막화 분야 협력 · 방재 · 화재감소에 관한 협력 확대 · 자연재해와 인위적 사고, 초국경 삼림과 초원 화재, 특수 위험성 전염병 등 초국경 고위험 자연 재해 발생 시 정보교류 강화 · 생태환경보호 분야의 기술교류 협력 적극 추진 · 환경보호 세미나를 공동 개최하여, 연구와 실험 분야에서의 협업 가능성 모색
⑦ 지방 및 변경지구	· 각 지방의 비교우위를 고려한 지방 및 변경지역 협력 추진 　－ 지방개방 협력의 장 마련 　－ 자국 지방에서 중몽러경제회랑 건설 참여방안 적시 수립 · 추진 · 지방 간 경제무역 협력 추진 · 관련 지방 간 비교우위를 충분히 발휘하여, 협력메커니즘 건설 ※예시: 몽골의 동부지방과 중러의 관련 지방 간 협력체제 추진

중몽러경제회랑의 특징은 구체적인 재원조달 방안을 마련하고 있다. 재원조달은 국가투자, 민간투자, 민관협력 모델을 도입하고, 국제금융기구의 융자는 AIIB, 브릭스개발은행, 상하이협력기구은행연합체, 실크로드펀드 등 다양한 재원을 활용하고 있다.

경제회랑의 추진기구는 중국 국가발전개혁위원회, 몽골 외교부, 러시아 연방경제발전부이다.

3국은 국장급 워킹그룹을 구성하고 매년 1회 이상 회의를 개최하며, 주요업무는 프로젝트 실시상황 감독 및 협력사업 발굴 등이다.

이 사업은 2016년 6월 23일부터 최장 10년간 추진할 계획이다.

2017년 3월 24일 중몽러 워킹그룹 국장회 개최, 이 회의에는 중국외교부, 교통부, 상무부, 철도국, 국가개발은행, 수출입은행, 철도총공사 및 몽골, 러시아 유관부문과 주중기구 및 기업대표가 참여하였다.[73]

중몽러 3국 정상은 2016년 6월 23일, 교통 인프라, 산업협력, 국경 통과지점 현대화, 에너지 협력, 무역·세관업무 검사·검역, 생태환경보호, 과학기술교육, 인문교류. 농업, 의료보건 등 10대 중점분야 32개 프로젝트를 발표했다.(표41 참고)

32개 프로젝트의 대다수는 교통 인프라 협력사업으로 7개의 철도개발사업, 3개의 도로개발사업, 국경 통과지점 현대화 4개 사업 등으로 구성되었다. 교통 인프라 외에 산업, 에너지, 세관 및 무역, 환경, 과학, 농업 등 분야가 포함되었다. 3국은 경제회랑 건설의 성공적인 추진을 위하여 국장급으로 구성된 "워킹그룹" 회의 정례화를 통해 추진상황 점검, 국가 간 협력사업 공조, 새로운 협력사업을 발굴하는 등 사업추진에 만전을 기하고 있다.

---

73 http://www.china-paula.com.cn/one.php?aId=4033, 中蒙俄三国召开《建设中蒙俄经济走廊规划纲要》推进落实工作组司局级会议.

표 41 중몽러경제회랑 10개 분야 32개 프로젝트

협력분야	프로젝트명	내용	비고
교통 인프라	1. 중앙철도회랑	울란우데~나우쉬키~수흐바토르~울란바토르~자민우드~얼렌~장자커우~베이징~톈진	종합적 현대화 및 발전, 복선화 및 전철화의 경제적 타당성 조사
	2. 북부철도회랑	쿠라기노~키질~차간톨고이~아르츠수르~오보트~에르데네트~살히트~자민우드~얼렌~울란차브~장자커우~베이징~톈진	프로젝트 수행 연구 및 경제적 타당성 확보 시 착수
	3. 서부철도회랑	쿠라기노~키질~차간톨고이~아르수르~코브도~타케쉬켄~하미지구~창지후 이족자치주~우루무치	"
	4. 동부철도회랑	보르쟈~솔로비옙스크~에렌차브~ 초이발산~후트~비치그트~쉴린-골(시린궈러맹)~츠펑~차오양~진저우/판진	"
	5. 두만강교통회랑 (프리 모리예2)	초이발산~숨베르~아얼산~울란호토~창춘~엔지~훈춘~자루비노	확대 프로젝트 수행 연구 및 경제적 타당성 확보 시 착수
	6. 프리모리예-1 철도교통회랑	초이발산~숨베르~아얼산~만저우리~치치하얼~하얼빈~무단장~수이펀허~블라디보스토크~나홋카	"
	7. 몽골 영토를 지나는 모스크바~베이징 고속철도 간선 건설 가능성 연구		
	8. 3자 물류기업 설립 문제 협상 수행		
	9. 아시아하이웨이 AH-3 노선	울란우데~캬흐타/알탄불락~다르한~ 울란바토르~사인샨드~자민우드/얼 렌~베이징 외곽~톈진	통과운송 집중 이용, 해당 노선 하이이웨이 건설의 경제적 타당성 연구
	10. 아시아하이웨이 AH-4 노선	노보시비르스크~바르나울~고르노알타이스크~타샨타/울란바이쉰트~홉드~야란타이/타케쉬켄~우루무치~카쉬~혼키라프	건설 및 통과운송 집중 이용
	11. 동부자동차 도로회랑	보르쟈~솔로비옙스크~에렌차브~초이발산~바룬우르트~비치그트~시린궈러맹~시우드쳠민치~츠펑/실린호토~차오양/청더~판진/진저우~톈진	프로젝트 수행 연구 및 경제적 타당성 확보 시 착수
	12. 중국, 몽골, 러시아 간 아시아자동차도로 국제자동차운송(UNESCAP) 협정서명 및 실현촉진		
	13. (울란우데~톈진) 통과 교통회랑	울란우데~캬흐타/알탄불락~다르한~울란바토르~사인샨드~자민우드/얼렌~울란차브~베이징~톈진	통신 인프라의 적극적 조성, 안전보장 및 기술 과정 관리의 장 마련

산업협력	14. 중몽러 경제회랑 선진시범지대 조성 진전, 3국 간 생산협력 클러스터 조성 가능성 연구
	15. 헤이룽장과 러시아 지방들 간, 네이멍구와 몽골 간 경제협력 시범지대 조성 타당성 조사
국경통과 지점 현대화	16. 러시아−자바이칼스크철도 통과지점, 포그라니츠니, 크라스키노, 몬디 자동차 통과지점 보수, 중국−만저우리, 수이펀허, 훈춘, 얼렌 통과지점 현대화, 몽골 철도, 자동차 통과지점 현대화 및 건설
에너지협력	17. 몽골 및 러시아 전력망 현대화에서 중국기업들의 참여 가능성 연구
무역 · 세관 업무 · 검사 · 검역협력	18. 2015년 7월 9일자 중몽러 국경을 지나는 통과지점 발전 부문협력에 대한 기본 협정, 3국 간 무역 발전 촉진을 위한 호의적 조건 조성 부문 협력에 대한 중몽러 세관 간 MOU 실행
	19. 중몽러 세관 간 일부 상품에 대한 세관 통제 결과 상호인정에대한 협정 서명 및 실행 촉진
	20. 일대일로 차원의 식품안전분야 협력에 대한 2015년 11월 3일자중몽러 공동성명 실행, 초국경 식품무역분야 감독 관련 협력 강화, 무역조건 개선촉진
	21. 중몽러 조사 · 검역 기관 간 협력에 대한 기본협정 서명 촉진
생태환경 보호협력	22. 실질협력 진전, 자연보호특별구역에 대한 3자의 상호 이익적 협력을 촉진하는 접촉 강화 및 협의 수행, '다우리야' 중몽러 보호지역활동 차원에서 상호 이익적 협력 활성화
	23. 중몽러 초국경 생태 회랑 건설, 야생 동식물 및 늪지대 학술탐사와 모니터링 수행, 야생 동식물, 철새보호 부문 협력강화
	24. 환경생태보호 부문 공동 통제 및 정보교환 시스템 구축 가능성 연구
과학기술 교육협력	25. 교통, 환경보호 및 천연자원의 합리적 이용, 생명과학, 정보통신 기술, 나노시스템 및 재료, 에너지, 에너지 절약 및 방출 감소,농업과학, 신산업기술, 자연 · 유전적 재난과 같은 부문들에서 3국 테크노파크, 혁신 플랫폼, 학술 · 교육기관 간 협력 강화
	26. 3자 과학기술 발전 정보 교환 진전, 연구원 교류 및 견습 촉진
	27. 학생 상호방문 및 대학생 해외 상호파견 규모 확대, 교육기관의 청년교육 교류 진전
인문교류 협력	28. 초국경적 지방 간 관광 노선 발전(예: 러시아의 바이칼 호, 몽골의 홉스굴호, 중국의 후룬베이얼호를 포함하는 대호수 트라이앵글), 중몽러 관광고리 조성
	29. 중몽러 국제 관광 브랜드 'Great Tea Road' 개발
	30. 3국 영화의 상업적 교환 진전, 공동 영화제작 발전
농업	31. 2015년 9월 12일자 중몽러 검역기관 간 협력의향에 대한 협약 시행
의료보건	32. 의료 및 보건에 관한 국제세미나 공동조직, 국민 보건부문 협력 수행

자료 : 제성훈 · 나희승 · 최필순 2016년 12월, 중몽러 경제회랑의 발전 잠재력과 한국의 연계방안(KIEP), p.72 인용.

중몽러 화물운송 시범운행. 2016년 8월 18일 중국 톈진항을 출발해 아시아 하이웨이 3번 도로를 따라 몽골 울란바토르를 지나 러시아 울란우데까지 2,152km를 운행했다.(http://cnews.chinadaily.com.cn/2016-08 /19/content_26532189.htm)

4. 동북아 지방정부 간 국제교류 실태

가. 국제교류 추진배경

1980년대 말부터 불기 시작한 개방화, 세계화, 지역화의 바람은 국가 간 국제 교류 형태의 일대 변혁을 가져왔다.

전통적 의미의 국제교류는 외교라고 할 수 있는데, 국가 간의 조약이나 안보협 력, 경제통상 등과 같은 협력사업은 국가의 전유물 이었다고해도 과언이 아니었다.

이전에 지방정부 간의 국제교류가 없었던 것은 아니다. 체제가 같은 국가의 대 도시 간에 친선교류는 있었지만 교류협력은 제한적이었다고 할 수 있다.

1990년 냉전 종식과 함께 중국, 러시아, 몽골 등의 국가들이 대외개방을 확대 하면서 동북아 지방정부 간 교류협력의 틀이 완성되었다.

특히 1994년 북미자유무역협정 발효, 1995년 WTO 출범과 교통 및 정보통신 기술의 발달로 세계화가 촉진됨에 따라 지방정부의 지역 경쟁력 강화를 위한 국제 교류의 필요성이 날로 증가하기 시작했다.

국제교류는 한 지방정부가 지금까지 한 나라의 작은 지방도시라는 소극적인 수 준을 넘어서, 세계무대 혹은 지구촌 속의 지방도시로 발전하고 성장하는데 필요한 필수적인 발전전략 중의 하나라고 할 수 있다.

국제교류는 수평적이고 쌍방향적이라 할 수 있다. 어느 한 지방정부의 국제협력 의지로는 국제교류가 이루어질 수 없는 것이다.

세계화, 지역화로 동북아 지방정부 간 교류협력이 무르익기 시작했다.

중국, 러시아, 몽골의 각급 지방정부는 외자유치와 경제협력 확대를 통한 지역 발전을 촉진시키기 위해 한국, 일본, 미국 등 선진국가의 지방정부와 교류협력을 적극 추진하기 시작했다.

한국은 1995년 지방정부의 도지사, 시장, 군수를 선거로 선출하게 됨에 따라 지방자치 시대가 본격적으로 개막하였다.

지방자치 실시로 자립경제 및 자기책임의 필요성이 늘어나면서 각 지방정부들은 지역발전과 주민복리 증진을 위해 국내적으로는 산업기반 확충을 통한 경제적 기반을 갖추고, 대외적으로는 세계화 시대에 능동적으로 대응하기 위해 국제교류를 적극적으로 추진하기 시작했다.(표42 참고)

표 42 지방정부 국제교류 목적

구 분	목 적
국제협력 인식제고	· 국제화 마인드 함양 및 국제교류협력 공감대 형성 · 국제흐름과 국제기준에 대한 이해와 세계시민으로서의 의식 개혁 · 해외연수 · 견학 · 시찰 등을 통한 견문 확장 및 개방적 세계관 도모 등
행정선진화와 역량 제고 및 후진국 발전에 기여	· 발전된 선진행정과 선진제도(법과 제도 등), 우수사례 벤치마킹 및 후진국 발전에 기여 · 외국의 지방자치단체와 쌍방향 상호협력 체제 구축 · 지방과 도시의 국제화 기반조성 및 내부 수용능력과 국제적 역량 향상 등
지역경제 활성화 및 인재개발	· 지방경제와 지역산업 발전을 통한 지역경제 활성화 도모 · 외국인, 외국기업, 외국기관, 국제기구의 국내 활동 지원 · 우수기술, 해외자본, 우수인재 유치, 이주노동력 확보 등
국제사회와 공동협력	· 국제적 공동관심사(환경, 보건, 재난 및 위기관리 등) 협의 및 상호지원 협력 · 자치관련 국제기구 가입 및 국제적 연대 활동 증대 · 국가 외교의 보완 및 지방차원 지역외교 증진 등
문화이해 및 사회발전	· 외국문화 이해와 자국문화 자긍심 고취 · 지방인재와 지방교육연구기관 등의 육성지원 · 국제정보를 통한 지역정치행정과 사회문화 발전 도모 등

자료: 2015년 2월, 지방자치단체 국제교류 매뉴얼.전국시도지사협의회, p.31.

나. 국제교류 실태

지방정부의 국제교류의 주된 형태로는 양자 간 자매결연과 우호교류협정이 있다.

중국 등 일부 국가는 자매결연은 한 개 국가 한 개 도시와 자매결연 원칙을 고수하고 있으며, 중앙정부의 비준을 받아야한다.

우호교류는 중앙정부의 비준이 필요하지 않으며, 한 개 국가의 다수의 지방정부와 우호교류협정을 체결할 수 있다.

한국은 지방자치 실시 이전까지는 자매결연은 중앙정부의 비준 사항이었으나 지방자치 실시로 외국 지방정부와 자매결연은 지방의회의 승인을 받아야하며, 우호교류는 지방정부의 권한으로 체결할 수 있다. 최근에는 교류가 다양화됨에 따라 경제, 무역, 관광, 농업 등 분야별 교류협정을 체결하는 경우가 증가하고 있으며, 다자 지방정부 간 협력도 증가하고 있다.

강원도와 지린성 자매결연 25주년 기념 (지린성)

지방정부의 국제교류 유형을 살펴보면 행정·인적, 문화·예술, 체육, 경제협력, 무역, 투자 및 관광객 유치, 해운항로 개설 등을 통해 지역의 국제화 의식을 함양함은 물론 실질적 경제교류 협력을 통한 지역발전을 추구하고자 하는 의지가 내포돼 있음을 알 수 있다.(표43 참고)

표 43 지방정부 국제교류 유형

교류분야	세부내용
행정 · 인적	· 공무원 국외훈련 및 파견, 단체장 및 대표단 상호방문, 정보 · 경험교류 · 민간 교류 협력 지원
문화 · 예술	· 예술단 공연, 미술전시회, 사진전, 상호축제 참가, 패션쇼 등
청소년	· 해외연수 및 문화체험, 대학생 캠프, 수학여행, 어학연수, 국제인턴
스포츠	· 친선축구 · 야구대회, 국제스포츠대회유치, 교환경기(레슬링, 역도 등)
경제 · 통상	· 외자 유치 활동, 박람회 개최, 경제사절단 및 시장개척단 파견 · 상품전시관 및 해외사무소 개설, 전용공단 조성, 전자상거래 등 · 경제단체 간 교류, 비교우위 산업 간 투자협력, 기술이전 협의 · 해운항로 개설 및 활성화 지원 (물동량 확보, 운항 장려금 등)
관광	· 관광객 유치, 의료관광 유치, 국제관광축제, 공항활성화, 전세기 운항 등
기술 · 학술 · 정보	· 지자체 간 대학 교류, 학술포럼 · 세미나 개최, 국제심포지엄 개최 · 저개발국 기술원조 · 훈련, 농업타운 조성 등 기술이전 등
상징사업	· 공원조성, 거리명명식, 자매도시 전시관 개관, 명예시민증 수여 등

자료 : 2015년 2월, 지방자치단체 국제교류 매뉴얼, 전국시도지사협의회. 참고, 저자정리

지방정부의 국제교류 특징은

첫째는 지리적으로 인접한 지방정부 간의 국제교류가 주를 이루고 있다. 동북아 지역에서 지방정부 간 국제교류를 활발히 추진하고 있는 한국의 사례를 살펴보면 지방정부 간 국제교류 실태를 가늠할 수 있다.

2020년 12월 기준 전국시도지사협의회 자료에 따르면 한국의 17개 광역자치단체 및 225개 기초자치단체가 84개국 1,311개 도시와 1,749건의 자매결연 · 우호 협력관계를 맺고 있다.

지역별로는 중국이 668건(38.1%), 일본 209건(11.9%), 미국 185건(10.5%), 베트남 79건(4.5%), 러시아 59건(3.3%), 필리핀 56건(3.2%) 순이다.

한국의 사례와 같이 지방정부의 국제교류는 지리적으로 가까운 지역을 중심으로 이루지고 있으며 거리가 멀리 떨어진 미국과는 실질적인 교류는 많지 않은 것으

로 나타나고 있다.[74]

지방정부가 지리적으로 가까운 지역과 교류협력을 중점으로 추진하고 있으나, 국제교류 예산부족, 공동 협력사업 발굴의 어려움, 지방정부의 권한 미약 등으로 기대한 만큼 성과를 얻지 못하고 있는 실정이다.

둘째는 다양한 국제기구 가입을 통해 지역발전을 모색하고 있다.

한국 지방정부의 상위 11개 국제기구 가입현황을 분석해 보면 지방정부의 국제교류 방향을 알 수 있다.(표44 참고)

WHO 산하 '서태평양 건강도시연맹(AFHC)'이 한국 지방정부들이 가장 선호하는 국제기구로 나타났고, '지속 가능성을 위한 세계지방정부(ICLEI)', '아시아태평양도시관광진흥기구(TPO)', '국제교육도시연합(IAEC)', '세계지방정부연합(UCLG)' 등이 뒤를 이었다.

또한 한국의 지방정부는 보건, 환경, 관광, 교육, 친선, 재난, 과학기술 등 다양한 분야의 국제기구에 가입했으며, 그 중에서도 가장 많은 유형은 친선교류 기능이 특화된 국제기구이다.

'지방정부연합(UCLG)', '경기-산동 도시연합(GSGF)', '동북아지역자치단체연합(NEAR)', '세계대도시협의회(METROPOLIS)' 등이 친선교류 유형에 포함된다.

한국 제주도의 경우 2020년 12월 기준 △친선교류 6개 △자연환경 5개 △관광 2개 △보건안전·과학기술·인권가치·경제 각 1개 등 총 17개 국제기구에 가입하고 있다.[75]

표 44 한국 지방정부 국제기구 가입현황(대상: 광역 및 기초자치단체)

국제기구명	유형	가입수
AFHC(WHO Alliance for Healthy Cities)	보건	64

---

74 https://www.gaok.or.kr/gaok/exchange/list.do?menuNo=200080(대한민국시도지사협의회)(검색일:2021.6.10)

75 https://www.jeju.go.kr/jeju/family/list.htm.국제교류 현황(검색일:2021.6.19)

국제기구명	유형	가입수
ICLEI(International Council for Local Environmental Initiatives)	환경	59
TPO(Tourism Promotion Organization for Asia Pacific Cities)	관광	29
IAEC(International Association for Educating Cities)	교육	23
UCLG(United Cities and Local Governments)	친선	21
GSGF(Geonggi-Shandong Governors Forum)	친선	17
NEAR(Association of North East Asia Regional Governments)	친선	18
GNLC(UNESCO Global Network Learning Cities)	교육	10
METROPOLIS(World Association of Major Metropolises)	친선	8
NISDR(UN International Strategy for Disaster Reduction)	재산	7
WTA(World Technopolis Association)	과학기술	7

자료 : 박나라, 2020, "지방의 국제화와 제주", 제주평화연구원, p.9 인용

셋째는 국제교류가 초기 인적교류에서 경제, 통상, 투자 및 관광객 유치, 국제 행사를 유치하는 등 교류협력 분야가 날로 확대되고 있다. 특히 한국 지방정부는 지역경제 발전을 촉진시키기 위하여 각종 국제행사(스포츠, 관광, 국제심포지엄 등) 유치를 추진하고 있으며, 일정한 성과를 거두고 있다.

넷째 지방정부 간 공동 협력사업 추진을 위한 다자협력을 적극 추진하고 있다. 1990년 UNDP 주도의 두만강지역개발계획이 본격화되면서, 지역개발 사업의 주체인 지방정부가 중심이 되어 다자협력을 통한 협력사업 추진을 모색하게 되었다.

1994년 10월, 환동해권 5개 지방도시(훈춘, 속초, 동해, 요나고, 사카이미나토)가 중심이 되어 "환동해권거점도시회의"를 창설하였으며, 2020년 12월 기준 10개 도시가 참가하는 다자협력체로 발전하였다.[76]

1994년 11월, GTI 핵심지역에 위치한 중국 지린성, 러시아 연해주, 한국 강원도가 중심되어 "동북아 지방정부 지사·성장회의"를 창설하고 경제무역 협력을

---

76 창설이후 참가도시는엔지, 투먼, 포항, 돗토리, 블라디보스토크이다.

적극 추진하기로 하였다.

1996년 9월, 일본 시마네현, 중국 헤이룽장성, 한국 경상북도가 중심되어 동북아 29개 광역자치단체가 참여하는 "동북아지역자치단체연합"이 출범하였다.

지방정부의 국제교류 실태에서도 알수 있듯이 지방정부는 지역발전을 위해 국내적으로는 지역의 국제화 의식을 함양하고 대외적으로는 외국 지방정부와 양자 혹은 다자협력을 통해 지역발전 전략을 추진하고 있을 뿐만 아니라 국가 간의 협력으로 해결하지 못하는 부분을 중앙정부보다 상대적으로 대외관계에 자유롭다는 이점을 활용해 지방정부 간의 협력을 통해서 문제를 해결하는 등 지방정부 간 국제협력의 중요성이 날로 증대되고 있다.

강원도 주관 한중 FTA경제협력포럼 및 상담회(길림신문)

[지방정부 주도의 국제행사 유치사례 : 2018 평창동계올림픽]

　지구촌 최고의 겨울 스포츠 제전 2018평창동계올림픽은 한국 강원도가 중앙정부의 지원을 받아 세 번의 도전 끝에 동계올림픽유치에 성공하였다. 2018년 2월 9일~25일까지 강원도 평창, 강릉, 정선 일대에서 열린 평창동계올림픽에는 92개국 2,833명의 선수가 참가했다. 북한은 쇼트트랙 등 5개 종목에 22명의 선수단을 파견하였을 뿐만 아니라 정부 대표단, 예술단, 응원단이 참가함으로서 남북 정상회담의 불씨를 지폈다.[77]

　한국에서 지방정부 주도로 아시안게임, 국제 육상대회 등 국제행사를 유치한 사례는 많이 있지만 지방정부가 세 번의 도전 끝에 동계올림픽을 유치한 사례는 역사적으로 기록될 것이다. 강원도는 동계올림픽 유치를 위해 동계올림픽 시설확충, 국제기구 및 국제교류 지방정부와 협력체계 구축을 통해 동계올림픽을 유치할 수 있었다. 강원도의 동계올림픽 유치와 성공개최는 세계화 시대에 지방정부의 역할을 잘 나타내주고 있다.

평창동계올림픽 남북한 동시 입장(강원도)

---

77 https://www.news1.kr/articles/?4267159.北 베이징 동계올림픽엔 참가할까(검색일:2021.6.15)

5. 동북아 지방정부 지사·성장회의(GCONA)

가. 개요

두만강지역개발계획이 동북아 지방정부 간 다자협력을 촉진하는 동인이 되었다는 것은 앞에서도 언급하였다.

1990년대 초부터 두만강지역개발계획이 본격화됨에 따라 동 계획의 중심지역에 위치한 중국 지린성, 러시아 연해주, 한국 강원도는 지역개발에 대한 큰 기대를 갖고 국제교류를 통한 지역발전 전략을 추진하기 시작했다.

제22회 동북아 지방정부 지사·성장회의에서 지사·성장들이 동계올림픽성공 개최
기원서명을 한 후 최문순 도지사에게 증정 (강원도)

1994년 11월, 강원도 속초시에서 강원도, 지린성, 연해주, 일본 돗토리현 4개 지방정부는 첫 "지사·성장회의"를 개최하고 경제무역 협력을 촉진하기 위한 "환동해

(일본해) 4개국 지사 · 성장회의"를 출범시켰다. 2000년 몽골 튜브도가 가입하였으며, 2002년 "동북아 지방정부 지사 · 성장회의(GCONA; Governor's Conference of Northeast Asia)"로 명칭을 바꾸고 지금까지 GTI 지역 유일의 광역 지방정부 다자협력체로 존속하고 있다.

정기회의는 매년 지역별로 순회 개최하고 있으며, 회의는 일반적으로 양자 간 교류협력 촉진을 위한 양자회담, 본회의, 분과위원회(경제, 물류, 환경, 언론 등), 동북아 미술전시회로 구성되며, 회의 개최지역의 특성에 따라 특산품판매전, 박람회, 음식축제, 관광홍보전 등을 병행 개최하고 있다. 회의경비는 개최지 지방정부가 회의장소, 공식 대표단 등의 경비를 부담하며, 지방정부별로 전담부서를 설치 운영하고 있다.

나. 추진현황

동북아 지방정부 지사 · 성장회의는 1994년 창설 이래 2014년까지는 경제교류 협력에 역점을 두고, 무역 · 투자, 관광, 문화, 체육, 농업 등 분야의 교류를 활발하게 추진해 왔다.

이 시기에는 실질적인 경제, 무역 · 투자, 관광, 해운항로 개설이 활발히 진행되었다. 초기 교류협력 사업은 다른 회원 지방정부에 비해 경제가 발달한 강원도와 돗토리현이 주도하였다.

강원도는 1995년 지린성 창춘에 강원도상품전시관을 개설하고 지린성과 강원도를 비롯한 한국 지방자치단체의 경제교류 협력을 지원했다.

회원 지방정부는 첫 다자협력 사업으로 중국 지린성 창바이산, 강원도 설악산과 동해안, 일본 돗토리현 사구와 온천, 러시아 연해주 유럽풍의 관광자원을 활용한 관광교류 협력을 추진하기 위하여 1995년 "환동해권관광촉진협의회"를 설립하였다. 이 협의회는 2000년 동아시아지방정부관광포럼(EATOF)으로 발전하였다.

1997년에는 경제, 무역·투자를 촉진하기 위한 "경제인협의회"를 설립하였으며, 이 협의회는 회원 지방정부 간 경제교류 협력에 큰 기여를 하였으며, 지금까지 운영되고 있다.

관광촉진협의회와 경제인협의회를 바탕으로 박람회 및 국제행사 상호참가, 관광교류, 특산품전시회, 무역·투자 상담회, 해운항로 및 전세기 운항, 문화, 체육 교류를 활발히 추진하기 시작했다.

1997년 일본 돗토리현에서 열린 "산인 꿈의 항구 박람회"와 1999년 강원도에서 열린 "국제관광박람회"에 회원 지방정부가 상품전시관 운영 및 대표단을 파견함으로써 회원 지방정부의 결속력을 높이는 계기를 만들었다.

이 두 개 국제박람회의 성공적인 개최를 계기로 회원 지방정부 간 각종 국제행사 상호참가 및 유치를 지원하는 시스템을 갖추게 되었다.

2000년부터 해운항로 개설, 전세기운항, 국제박람회 창설을 통한 무역, 투자, 관광협력 등을 본격적으로 추진하기 시작했다.

2000년 4월, GTI 핵심지역에 위치한 강원도, 지린성, 연해주 3개 지방정부는 해운회사와 협력하여 세계 최초로 강원도 속초~러시아 자루비노·블라디보스토크~중국 훈춘 간 해륙교통로를 개통하였다.

이 항로는 초기에 북방항로, 백두산항로 등으로 불리면서 무역과 관광협력을 선도하는 역할을 하기도 했다.

회원 지방정부 간 협력에 의한 해운항로 개설은 세계적으로도 국제협력의 모범 사례로 손꼽히고 있다. 이 항로 개설을 통해 지방정부는 국제협력을 통하여 지역을 발전시킬 수 있다는 자신감을 갖게 되었다.

2005년 9월, 중국 지린성이 동북아 지역 간 경제협력을 강화하기 위해 창설한 제1회 동북아투자무역박람회에 회원 지방정부가 대규모 전시부스를 설치하는 등 경제교류 협력이 날로 확대 발전되어 갔다.

2006년 강원도는 몽골 튜브도에 농업타운을 설치하는 등 회원 지방정부 간 양자협력도 활성화 되기시작했다.

2007년 한국 양양공항과 중국 창춘공항 간 전세기 운항을 시작으로, 러시아 블라디보스토크공항, 중국 옌지공항까지 전세기 운항이 확대되었다.

2008년 10월 한국 강원도에서 개최한 동북아산업기술포럼은 강원도, 지린성, 돗토리현의 지방정부 및 기업 대표가 참가함으로써 기술교류 협력을 위한 토대를 마련하였다.

2009년 6월 한국 강원도, 일본 돗토리현, 러시아 연해주 간의 협력으로 일본 사카이미나토~한국 동해~러시아 블라디보스토크 간 해운항로를 개설하였다.

GTI 핵심지역에 위치한 회원 지방정부는 GTI 사무국에 지방정부의 참여 확대를 지속적으로 건의한 결과 2012년 강원도 평창에서 열린 제12차 GTI총회에서 가칭 GTI지방협력위원회 창립대회를 개최하였다.

강원도에서는 GTI지방협력위원회 창립을 계기로 GTI지역 간 실질적 경제협력을 촉진시키기 위하여 2012년 GTI 사무국에 "GTI국제무역투자박람회" 창설을 제안하여 승인을 받았으며, 이 박람회는 "GTI국제경제협력포럼"과 "투자·무역상담회", 공연 및 다양한 이벤트를 통해를 동북아 경제한류의 축제로 자리잡았다.

GTI국제박람회 식전행사 한중일 올림픽문화로드 출발식

회원 지방정부는 20년 간 인적교류와 경제교류 협력기반을 구축하고 양자 혹은 다자협력을 통해 국제교류를 추진해 온 결과, 해운항로 개설 및 전세기 운항 등의 성과를 거두었다고 할 수 있다.

2015년부터 지금까지는 주로 해운항로 활성화와 동북아 지역 간 실질적 경제교류 협력 확대에 중점을 두고 있다.

그러나, 지방정부 간 국제교류는 여러 가지 난제로 인하여 추진에 어려움을 겪고 있다.

2000년 4월 개설한 속초~자루비노·블라디보스토크~훈춘 항로는 통관복잡, 중국인 중러 통과비자, 만성적인 물동량 부족 등으로 활성화 되지 못함에 따라, 관련 지방정부 간 "해운물류협의체"를 창설하고 해운물류활성화를 위한 노력을 기울였으나 지방정부의 권한 미약으로 통과비자 등의 문제가 해결되지 않아 동 항로는 개통, 중단, 재개통을 반복하는 등 활성화되지 않고 있다.

강원도, 지린성, 연해주 지사·성장 간 해운항로 활성화 협약(강원도)

해운항로 활성화를 위하여 관련 지방정부에서 한국과 러시아 외교부에 협조를 요청하였으나 통과비자는 여전히 해결되지 않고 있으며, 동북아 유일의 다자협력체인 GTI에서도 해운항로 활성화와 관련 논의는 있었으나 해결방안을 제시하지 못하고 있는 실정이다.

동북아 지방정부 지사ㆍ성장회의의 대표적 사업인 해운항로와 전세기 운항 등이 장기간 활성화 되지 못함에 따라 전반적인 국제교류 사업이 침체를 겪기 시작했다.

금년은 동북아 지방정부 지사ㆍ성장회의 창설 27주년이 되는 해이다.

그동안 경제, 무역ㆍ투자, 관광, 문화, 체육, 환경, 농업 등으로 교류협력은 날로 확대되어 왔으나, 기대한 만큼 경제적인 성과를 거두지 못함에 따라 회원 지방정부 확대 등 다양한 활성화 방안을 모색하고 있다.

동북아 지방정부 지사ㆍ성장회의가 기대한 만큼 성과를 거두지 못하고 있는 것은 회원 지방정부 간 경제력 격차와 열악한 산업기반, 지방정부의 권한 미약이 주요한 원인이라 할 수 있다.

현재 해운항로 개설 및 전세기 운항, 무역ㆍ투자, 관광 등은 지방정부에서 중점을 두고 추진하고 있지만 중앙정부의 지원없이 지방정부의 독자적인 노력만으로 성과를 거두기 어려운 것이 현실이다.

동북아 지방정부 지사ㆍ성장회의의 새로운 도약을 위해서는 양ㆍ다자 간 공동개발 사업의 지속적 발굴, 회원 지방정부 우대정책 마련, 민간기업의 적극 참여, 중앙정부와 연계협력 시스템 구축이 무엇보다 필요하다.

6. 동북아지역자치단체연합(NEAR)

가. 개요

동북아지역자치단체연합 탄생은 일본 서해안 지방정부들의 동북아 지역 진출전략과 밀접한 관련이 있다.

1993년 10월, 일본 시마네현과 일본해(환동해)연안지대진흥연맹 주관으로 니가타현·토야마현·돗토리현·효고현, 한국 경상북도, 중국 후베이성·닝샤후이족자치구, 러시아 연해주·하바롭스크주 등 4개국 11개 단체가 참가한 가운데 동북아 지역 지방자치단체 회의가 개최되었다. 이 회의에서 동북아 지역 지방자치단체회의 지속개최, 지역 간 교류사업 공동실시를 내용으로 하는 시마네현 선언을 채택했다.

1994년 9월, 일본 효고현·일본해(환동해)연안지대진흥연맹·일본해(환동해)교류서일본협의회 주관으로 4개국 10개 자치단체가 참가한 가운데 제2회 회의가 개최되었다. 이 회의에서 동북아 지역 자치단체장이 참가하는 지속적인 국제회의 개최를 내용으로 하는 효고현 선언을 채택했다.

1995년 9월, 러시아 하바롭스크주 주관으로 4개국 17개 지방자치단체(표45참고)가 참가한 가운데 제3회 회의가 개최되었다.

표 45 참가 지방자치단체 현황

국 명	자치단체
중 국(4)	헤이룽장성, 후베이성, 지린성, 랴오닝성
일 본(7)	니가타현, 토야마현, 이시카와현, 후쿠이현, 효고현, 돗토리현, 시마네현
한 국(2)	경상북도, 경상남도
러시아(4)	연해주, 하바롭스크주, 사할린주, 유대자치주

자료: NEAR, http://www.neargov.org/kr/. 자료실, 총회개최 현황(검색일: 2021.5.30), 저자정리

이 회의에서 1996년도 동북아지역자치단체회의 개최지로 경상북도 결정, 동북아 지역 자치단체 간 공식 협의체인 지방자치단체연합 설립 및 사무국 설치에 합의하였다.

참가 지방자치단체는 하바롭스크 선언에서 「동북아 지역에 위치한 국가의 인접 지방자치단체들 간 대화 전개는 국제적 긴장의 완화, 세계 경제권의 결속강화, 아시아. 태평양 연안 국가 간 상호관계의 확대, 국제관계의 발전 과정상 지역적 자유재량권의 확대, 의사소통 및 정보전달 수단의 발달, 인접 지역과의 유대관계 확립에 대한 지역민의 이해 증대 등의 결과로 가능하게 되었다.」고 명기하는 등 지방자치단체 간 교류협력의 순기능을 강조하였다.

이 세 차례 회의를 통해서 일본 서해안 지방정부들의 동북아 지역 간 교류협력을 통한 지역발전 추진의지를 읽을 수 있다.

1996년 9월, 한국 경상북도에서 4개국 29개 지방자치단체가 참가한 가운데 동북아지역자치단체연합(NEAR; The Association of North East Asia Regional Governments) 창립총회를 개최 했다.

이 회의에서는 '21C를 향한 동북아지역자치단체의 실천적 교류협력 방안'을 주제로 △러시아, 중국의 자원에 대한 투자개발 △인적·물적 교류의 확대 △환경문제에 대한 공동 대응 △지진, 홍수, 가뭄 등 자연재해에 대한 공동 대응 △동북아 연구센터 설립추진 △북한, 몽골의 연합 참여 △각종 박람회, 문화예술제, 전시회 공동개최 등 7개 교류협력 프로젝트를 확정하고 발전전략을 토의했다.

동북아지역자치단체연합은 동북아 지역의 공동발전 및 교류협력을 위해 6개국의 광역지방자치단체, 즉 주(州), 성(省), 도(道), 현(縣), 아이막(Imag), 광역시(metropolitan city)로 구성된 동북아의 독립적인 지방협력기구이다. 1996년 9월에 창설된 이래, 중국, 일본, 한국, 몽골, 북한, 러시아 등 6개국 78개 광역지방자치단체 회원과 6억 6,600만 명의 인구를 포용하고 있으며, 3개의 국제 지역협력기구(AER, R20, ICLEI)와 지역의 전문연구소 등을 파트너로 하여 교류협력을 추진해 오고 있다.

회원 지방자치단체 분포도((2020 NEARREPORT)

나. 설립목적

동북아 지역의 지방자치단체들이 호혜·평등의 정신을 바탕으로 모든 지방자치단체 간 교류협력 네트워크를 형성함으로써 상호이해에 입각한 신뢰관계를 구축하여 동북아 지역 전체의 공동발전을 지향함과 동시에 세계평화에 기여하는 데 있다.

다. 주요임무

동북아 지역 간 교류 활성화 및 결속강화, 동북아 공동발전을 위한 실질적인 방안 모색, 국제협력 네트워크를 통한 국제 경쟁력 강화에 기여 하는 데 있다. (표46 참고)

표 46 주요임무

구 분	내 용
동북아 지역 간 교류 활성화 및 결속강화	· 동북아 전 지역에 대한 성장파트너 · 동북아 지역 간 지식과 경험 교류 촉진 및 지원 · 미래를 위한 청년 참여활동 촉진 및 지원
동북아 공동발전을 위한 실질적인 방안모색	· 동북아 지역에서 균형 잡힌 성장전략 촉진 · 회원단체에 자문, 전문지식, 정보, 활동프로그램 제공 · 회원단체가 직면한 사회, 문화, 경제, 환경문제에 대응할 수 있도록 지원
국제협력네트워크를 통한 국제경쟁력강화	· NEAR 가치와 부합하는 다른 유관기관, 공공기관, 민간기업 파트너십 활용 · NEAR 이미지를 대외적으로 고취시키기 위한 관련 네트워크 단체와 지방의 사회경제활동가들 및 정치인 참여

자료 : http://www.neargov.org/kr/page.jsp?mnu_uid=2592&(검색일:2021.5.30) 참고, 저자정리

라. 추진체계

총회, 실무위원회, 분과위원회, 사무국으로 구성되었다.

총회(General Assembly)는 각 회원단체의 장으로 구성되는 최고 의결기관으로서 회의는 격년 주기로 개최한다.

실무위원회(Working Committee)는 각 회원 지방자치단체의 장이 지명하는 국장급으로 구성하며, 실무위원회 주임(위원장)은 의장지방자치단체의 부단체장이 맡으며, 회원 지방자치단체 간 의견조정, 총회 준비, 총회결의 사항 등을 집행한다.

분과위원회(Sub-Committees)는 경제인문교류, 국제전자상거래, 관광 등 17개가 있으며, 회원단체는 관심있는 분야의 분과위원회에 가입할 수 있다. 분과위원회는 지방자치단체의 과장급 직원으로 구성하며, 분과위원회별로 분과업무를 총괄 조정하는 코디네이트 지방자치단체가 있다(표47 참고). 코디네이트 지방자치단체 임기는 2년이며, 연장이 가능하다. 임기 내에 1회 이상 분과위원회 회의개최 또는 NEAR 관련 활동을 하여야 하며, 회의개최 경비를 부담한다.

표 47 분과위원회 현황

분과위원회(코디네이트)	분과위원회(코디네이트)	분과위원회(코디네이터)
경제인문(경상북도)	교육문화(시마네현)	방재(효고현)
환경(도야마현)	관광(허난성, 닝샤자치구)	해양어업(산둥성)
광물자원개발(마가단주)	에너지 · 기후변화(산시성:山西省)	농업(전라남도)
생명 · 의료산업(충청북도)	체육 (사하공화국)	물류(헤이룽장성)
국제인재교류(지린성)	국제전자상거래(허난성)	혁신플러스(후난성)
청년정책(크라스노야르스크 변경주)	전통의약분과위원회 (싼시성:陝西省)	

자료:http://www.neargov.org/kr/page.jsp?mnu_uid=2818&, 저자정리

사무국은 2004년 중국 헤이룽장성 제5차 총회에서 4년 임기제의 상설 사무국 운영방식을 채택하게 되었다. 이에 한국 경상북도가 사무국 예산을 전액 부담하는 조건으로 상설 사무국 유치를 제안하여 총회에서 상설 사무국 운영이 의결되었다.

이후 2012년 중국 닝샤후이족자치구에서 개최된 제9차 총회에서는 임기제 상설 사무국을 장기적으로 한국 경상북도에 두는 것으로 의결함으로써 사무국 운영의 지속성과 일관성을 가지게 되었다.

사무국은 사무총장 및 2부 체제(기획홍보부, 국제협력부)로 운영되고 있으며, 중국, 일본, 한국, 몽골, 러시아 회원정부에서 파견된 공무원과 전문위원 등 17명이 합동 근무하고 있다.

운영비는 연간 한화 15억원 내외에 달하며 한국 경상북도가 70%, 사무국이 소재한 포항시가 30%를 부담하고 있다.

주요업무는 △회원자치단체 간의 업무연락 조정 △총회 · 실무위원회, 분과위원회 등 운영지원 및 의결사항의 수행지원 △NEAR국제포럼, 실무자워크숍, 청년리더스포럼 등 사무국 자체 사업 수행 △연합발전을 위한 교류 프로그램 개발 및 투자 △국제기구 및 지역연구기관 간 네트워크 구축 △대외홍보 및 명예홍보대사 운영

△사업계획서 · 연차보고서 및 회계보고서 작성 등을 맡고 있다.

NEAR사무국 전경(2020NEARREPORT)

마. 주요 활동사항

NEAR는 "헌장" 및 "분과위원회" 규정, 사무국 운영에 관한 조례를 제정하는 등 동북아 지방자치단체 국제기구로서 안정적인 운영기반을 구축하였다.

특히 상설 사무국을 설치하고, 사무총장의 직급을 한국의 고위공무원(한국의 차관보급, 중국의 부장 조리)또는 전문가를 임명함으로써 동북아 지방정부를 대표하는 국제기구로 자리잡았다.

NEAR의 가장 큰 성과는 외연 확대와 동북아 지방자치단체 간 교류협력의 토대를 마련한 것이라 할 수 있다.

1996년 한국, 중국, 일본, 러시아 4개국 29개 광역자치단체로 출범한 NEAR는 2021년 5월 현재 회원 지방자치단체가 6개국 78개로 늘어났다.

국가별로는 몽골의 22개 아이막, 북한의 함경북도와 나선특별시, 한국 16개 광역자치단체, 일본 환동해(일본해) 11개 현, 중국 11개 성 · 구, 러시아 극동시베리아 16개 공화국·주가 참여하는 등 동북아 최대의 광역지방자치단체 협력체로 성장하였다.

NEAR가 동북아 지역의 최대 광역지방자치단체 협력체로 성장할 수 있었던 요인의 하나는 동북아 지역 광역지방자치단체의 대외전략과 NEAR의 설립취지가 부합하기 때문이다.

다른 하나는 회원자치단체의 지역특성을 고려한 17개 분과위원회 운영이라 할 수 있다. 회원자치단체는 분과위원회를 통해 지역의 공동 관심사항을 논의하고 협력할 수 있게 됨에 따라 적극적인 참여를 하게 되었다고 볼 수 있다.

주요사업으로 NEAR국제포럼, NEAR발전방안포럼, 청소년리더스포럼, 청소년 공모전, 실무자 워크숍을 통해 동북아 지역 간 협력을 활성화하고 있다. 특히 "비즈니스파트너 찾기" 사업은 실질적 경제협력을 추진하는 데 많은 도움이 되고 있다.

또한 NEAR는 국제기구, 연구기관 등과 협력 시스템을 갖춤으로써 동북아 지역 간 교류협력 확대와 협력사업 연구기반을 마련하였다.(표48 참고) 그리고 사무국에서 NEAR뉴스, 연차보고서, 홍보책자 등 발간·배부를 통해 NEAR 활동사항을 지속적으로 홍보함으로써 회원자치단체 간의 결속력을 높임은 물론 NEAR의 위상을 제고하고 있다. NEAR는 외연이 확대되는 등 국제기구로서 확고하게 자리를 잡았다고 볼 수 있으나, 몽골, 러시아 등 회원 지방자치단체의 실질적 경제교류협력 의지를 수용할 수 있는 협력사업 발굴과 사업확대를 위한 재원확보 방안도 시급히 해결해야 할 과제 중의 하나이다.

표 48 협력파트너 기구 · 단체

국제협력(5)	회원단체(13)
· 유럽지방협의회(AER)(1985년 설립, 35개 국 250개 자치단체) · 러시아 과학아카데미 동방학연구소 · 기후변화대응지역(R20)(2011년 UN과 협력하여 설립 지자체 간 기후변화 대응) · 지속가능성을 위한 세계 지방정부(ICLEI, 86개국 1,000여개 지자체) · 헤이룽장성 사회과학연구원	· 환일본해경제연구소(ERINA), 니가타현 대외과학기술교류회 · 토야마현 환일본해환경협력센터(NPEC), 토야마대학 극동지역연구센터, 환일본해 경제교류센터, 토야마국제센터 · 일본국제연합협회 이시카와 지부, 호쿠리쿠 환일본해 경제교류촉진협의회 · 효고지진기념 21세기 연구기구 · 대구경북연구원, 충북연구원, 경남연구원 · 러시아 과학아카데미 극동지부 경제연구소

2020 글로벌 코리아 박람회 주관(2020NEARREPORT)

7. 시사점

가. 광역메콩강지역경제협력(GMS)

GMS와 GTI는 1990년대 초 같은 시기에 다자협력체로 출범했지만 GMS는 실질적인 성과를 많이 얻고 있지만 GTI는 큰 진전을 보지 못하고 있다는 평가를 받고 있다.

양 다자협력체는 모두 지정학적 이점을 활용하여 교통 인프라 구축을 바탕으로 경제협력을 촉진하는 데 있다.

GMS는 초기의 교통회랑을 경제통합을 목표로 하는 경제회랑으로 전환하여 사업을 추진하고 있다. 그러나 GTI는 여전히 협력의 방향을 논의하는 정책네트워킹 수준에 머물러 있다는 평가를 받고 있다.

양 다자협력체의 성과에 차이가 나는 것은 추진기구와 구체적 실행계획, 재원조달 등에서 그 문제를 찾을 수 있다.

첫째, 추진주체는 다자협력 사업의 성패를 좌우한다.

GMS는 세계적 금융기구인 ADB가 사업을 주도하면서 프로젝트 발굴과 재원조달이 가능한 시스템을 구축하였으나, GTI는 개발도상국 원조를 담당하는 UNDP가 주도함으로써 이 지역의 번영과 안정이라는 틀에서 국제협력을 구상하였지만 구체적이고 실질적인 협력 프로그램을 추진할 수 있는 기반을 갖추지 못한 채 GMS 모델에 따른 다국 간 국제협력 사업을 추진하였다.

사업의 운영 주체인 사무국은 ADB와 UNDP에 있으나, ADB는 투융자 분석, 자산평가 등 프로젝트를 운영하고 자금을 조달할 능력을 갖춤으로 인하여 회원국과 프로젝트 선정 및 재원조달 등에 대한 자문을 통하여 실질적 협력사업을 주도할 수 있었으나, UNDP는 국제협력의 전문가로 구성되었을 뿐 실물경제에 대한 이해 부족으로 지역특성에 부합한 구체적 실행계획을 제시하지 못함에 따라 다자 간 국제협력의 기회를 상실했다.

다자협력체는 GMS는 초기에 정책 결정권을 갖고 있는 경제부처 장관회의로서 실질적 협력사업을 신속하게 추진할 수 있는 시스템을 갖추었으나, GTI는 장관 보좌기관인 차관회의로 운영함으로써 국가 간 협력사업 추진에 어려움을 겪게 되었다. GMS는 2002년 사업 10주년을 맞이하여 회원국 간 협력사업이 다양화됨에 따라 자국의 중앙부처를 통합 조정할 수 있는 총리회의로 승격함에 따라 국가 간 협력사업 추진에 탄력을 받고 있다. 예를 들면 국가 간 법적효력 요건을 갖춘 분야별 협정 체결, 분야별 장관회의 결성, 비예산 분야 교류확대 등 장관회의와는 확연하게 달라진 전면적인 협력사업을 추진할 수 있는 동력을 얻게 되었다. (표49 참고)

표 49 추진주체 비교

유 형	GMS	GTI
출범연도	· 1991년	· 1992년
창설주도	· 아시아개발은행(ADB), 국제금융기구 · 금융, 가능성 연구보고, 신용평가 등 · 재원 연계한 프로젝트 발굴 가능	· UNDP, 유엔산하 국제기구 · 개도국 원조, 개발협력 등 방안 제시 · 실질적 협력사업 발굴능력 취약
참여국가	· 중국(윈난성, 광시좡족자치구), 라오스, 미얀마, 태국, 베트남, 캄보디아	· 중국, 몽골, 한국, 북한, 러시아 ※ 북한 2009년 11월 탈퇴
추진기구	· 장관(정책결정권 보유), 연1회 　– 초기: ADB의 GMS 프로그램 선정 　– 현재: 비예산 분야 협력 병행 · 2002년 총리회의(3년 1회) · 국장급 회의(조정관) 　– 장관 및 총리회의 준비 · 9개포럼과 5개 워킹그룹 　– 포럼 : 교통 · 전기통신 · 에너지 · 환경 · 　　인력개발 · 관광 · 농업 · 무역 · 투자 등 　– 워킹그룹: 도시발전 · 관광 · 환경 · 농업 · 　　보건협력 등 · 사무국 운영: ADB	· 차관(장관보좌), 연1회 　– 초기: 재원조달 등 협력방안 논의 　– 교통, 무역 등 분야별 협력 연구 · 과장급 회의(조정관) 　– 차관회의 준비 · 6개 분야별 위원회 　– 교통, 에너지, 관광, 무역 · 투자, 환경, 농업 · 협의체 　– 동북아지방협력위원회, 동북아수출입은행 　　협의체, 동북아비지니스협회, 연구기관네 　　트워크 · 사무국 운영 　– UNDP → 회원국(법적 미전환)

둘째, 구체적인 실행계획과 협력전략이 중요하다.

GMS는 구체적인 실행계획을 수립하고 점진적 협력전략을 추진하고 있다.(표 50 참고)

GMS는 공동번영과 화합의 지역발전을 비전으로 한다.

협력의 기본방향은 △지역 연결성(Connectivity) 강화 △지역 경쟁력(Competitiveness) 제고 △지역 공동체의식 (Community) 구축 등 3C 연동전략을 채택하고 있다.

협력순서는 회원국 간 교통회랑 → 물류회랑 → 경제회랑→ 전면적 교류협력 순으로 추진하고 있다.

GMS 점진적 협력전략은 초기에 ADB와 함께 교통 인프라 구축 등 예산사업에 집중하였으나 10주년 이후부터는 비예산 분야의 협력사업으로 확대해 나가고 있다.

우선협력분야에서 재원이 필요한 분야는 지역투자 프레임워크(RIF)에 반영하여 추진하고 비예산 사업은 회원국 간 협력에 의하여 추진함으로써 전면적 협력시스템을 구축하여 추진하고 있다.[78] GMS의 점진적 협력전략은 GTI가 구체인 전략적 목표를 설정하지 않고 재원조달 문제에 매몰되어 비예산 사업과 역내 연계 협력사업 추진이 가능함에도 불구하고 GTI 사업에 포함시키지 않은 것과는 대조를 이룬다.

GMS는 프로젝트 홍보, 발굴, 투자유치를 위한 수단으로 포럼을 활성화하고 있다. 2008년부터는 "경제회랑포럼"을 상설하고, 매년 회원국별로 순회하며 "경제회랑포럼의 날"로 운영하고 있다. 또한 부대행사로 GMS지방정부 성장(省長·광역단체장)포럼을 포함하여 다양한 행사를 개최함으로써 지역경제 활성화는 물론 실질적 협력을 증진하는 플랫폼 역할을 하고 있다. GTI는 "동북아투자포럼"을 메인포럼으로 하였으나 몇 회 개최 후 중단되었다.

---

78 여기서 비예산 사업이라 함은 대형프로젝트가 아닌 협력에 필요한 회원국별 예산이 소요되는 사업을 가리킨다.

GMS의 지역과 연계한 구체적인 실행계획, 점진적 협력전략, 비예산 분야 협력사업 활성화, 각종 포럼의 안정적인 운영 등은 GTI에 시사하는 바가 크다.

표 50 실행계획과 협력전략

유 형	GMS	GTI
협력기본방향	· 지역 연결성(Connectivity) 강화 · 지역 경쟁력.(Competitiveness)제고 · 지역 공동체(Community) 의식 구축	· 공통비전 – 지역 연계성 – 포괄적 협력관계 구축 – 동북아 역내 성장거점 구축
실행계획	· GMS 전략적 프레임워(2012-2022) · 지역투자 프레임워크(2012-2022) – 재원과 연계한 실질협력	· 전략실행계획((SAP2021년-2024년) – 협력의 기본방향 제시에 가까움
우선협력분야	· 초기 6개 분야 – 교통, 에너지, 환경 및 자원관리, 인력자원개발, 무역 · 투자, 관광 · 2012년 이후 11개 분야 – 교통회랑, 교통 및 무역원활화, 에너지, 농업, 환경, 인력자원개발, 도시발전, 관광, 정보통신기술, 초국경경제협력, 경제회랑	· 6개 분야 – 교통, 에너지, 관광, 무역 · 투자, 환경, 농업
메인포럼	· 경제회랑포럼 창설(2008년), 연1회 – 성장포럼, 박람회, 전자상거래포럼 등 시대흐름에 적합한 포럼 병행	–
비예산 협력	· 무역 원활화 협정 등 다수	· 회원국 간 협력사업 거의 없음
재원조달	· ADB주도, 협력국, 국제기구, 기업 등 · 투자금액: 201억 달러(2021년 4월)	· 회원국 분담금(연675천 달러) · 신탁기금(연60만 달러)

셋째, 재원조달 시스템이 다원화되어 있다.

메콩강 지역의 지정학적 우수성, ADB의 지속적인 프로젝트 발굴과 홍보는 세계 각국의 투자를 유인하는 원동력이 되고 있다.

GTI 역시 지정학적 우수한 여건을 활용한 공신력있는 국제금융기구나, 투자 전문기관의 자문을 받아 저개발국인 북한과 몽골의 투자 가능 프로젝트를 발굴한다면 세계 각국의 투자를 유인할 수 있을 것이다.

나. 란창강-메콩강협력(LMC)

메콩강 지역에는 GMS, 메콩강위원회. 아세안~메콩강지역개발협력 등 주요 다자협력체만 10여 개에 달한다.

LMC는 GMS 회원국을 기반으로 하고 있으며, 지역적 범위를 메콩강 지역에서 국가 간의 협력체로 확대한 것이 특징이라 할 수 있다. LMC는 동남아경제통합의 플랫폼이라 할 수 있다.

GMS가 ADB 주도의 협력체라면 LMC는 메콩강 지역의 달라진 경제력을 바탕으로 회원국 주도의 경제통합을 위한 협력체라 할 수 있다.

GMS와 LMC는 상호 보완적인 역할을 통해 ADB와 국제기구의 협력사업을 지속적으로 추진하면서 장기적으로는 회원국 주도의 LMC로 전환될 것으로 예상된다.

추진체제가 GMS와 다른 점은 총리회의 2년 1회, 전담부서 외교부, 우선협력분야 공동워킹그룹의 직급을 최종 장관회의로 승격, 민간교류 확대, 란메이협력 촉진을 위한 감독시스템 구축, 글로벌 메콩강 연구센터 설립, 란메이협력기금 조성, 란메이 주(周)의 날 행사 등이다.

란메이협력 모델은 발전우선, 실효성, 프로젝트 위주이나 최근에는 경제적 상호 보완성을 발전공조로 전환하고 있다.

LMC 협력의 기본방향은 △정치안보 △경제와 지속가능한 발전 △사회인문을 3대 기본 축으로 하여 정치안보 협력분야 4개, 경제와 지속가능한 발전 협력분야 10개, 사회인문 협력분야 6개 등 총 20개 협력분야를 선정하여 추진하고 있으며, 이중에 우선협력분야는 △호련호통(互联互通) △생산능력 △초국경 경제 △수자원 △농업과 빈곤퇴치 등이다.

LMC 협력분야를 분석하면 경제, 문화, 인문, 지방정부 간 협력 등 국제교류 협력의 전 분야가 망라되어 있다고 할 수 있다.

중국과 메콩강 지역 국가는 이전부터 양자협력을 통하여 경제교류 협력의 기반을 다져왔다. 그런데 LMC와 같은 다자협력체의 틀 안에서 양자 혹은 다자협력을 추진하는 것은 일반적인 양자협력보다 경제협력을 추진하는 데 있어서 공감대를 높이고 협력을 증진하는 데 도움이 되기 때문이라 할 수 있다.

란메이 5개국(중국, 캄보디아, 라오스 미얀마, 태국) 촌장포럼관련 협약체결[79]

란메이협력의 가장 큰 특징은 민간교류 활성화를 위한 다양한 프로그램 운영을 통하여 국가 간 교류협력을 촉진하고 있다.

특히, 2016년 3월 23일 첫 총리회의를 기념하기 위해, 매년 란메이 주(周)의 날 행사를 개최하고 있는 것은 다자협력체의 새로운 모델이라 할 수 있다.

란메이 주(周)의 날 행사는 청년교류, 협력 성과전, 문화공연, 영화제, 싱크탱크 포럼, 최고경영자회의, TV특집프로그램 등 다채로운 행사를 개최함은 물론 란메이협력의 노래 제정을 통하여 공동체 의식을 함양하고 있다.

LMC의 추진기구와 협력분야는 GTI가 신동북아 경제협력 플랫폼으로서의 나가야 할 방향을 제시하고 있다.

---

79 https://www.sohu.com/a/133548602_649216,五国村长开会谋大事 | 澜沧江·湄公河农业合作暨中柬老缅泰村长论坛在勐腊举行(西双版纳报)

5개국 촌장포럼과 병행한 농산품 전시회

2020년10월31일~11월2일 중국 쿤밍에서 제3회 란메이 국제영화주간 행사[80] (영화 및 포럼) 개최했다. 이 기간에 영화 21편을 상영했다.(중신망)

---

80 https://mbd.baidu.com/newspage/data/landingsuper?context=%7B%22nid%22%3A%22news_93 85911161277987846%22%7D&n_type=-1&p_from=-1.第三届澜湄国际电影周昆明闭幕.

다. 중몽러경제회랑

그동안 중국은 몽골과 "전면적 전략 동반자 관계", 러시아와 "전면적 전략 협력 동반자 관계"를 맺고 양자협력을 추진함으로써 국가 간 교류협력은 비약적으로 발전하였지만, 3국의 국경을 맞대고 있는 국경지역은 유라시아 대륙을 연결하는 교통의 요충임에도 불구하고 개발의 후 순위에 머물러 있으며, 3국은 중국 동북지역과 러시아 극동시베리아 지역개발, 몽골 초이발산과 중국 네이멍구 아얼산 철도 건설 등과 관련하여 양자협정을 체결하고 사업을 추진하였으나 큰 진전이 없었다.

이 지역 양자협력 사업이 진전이 없었던 원인 중의 하나는 국가차원에서 정책적인 지원은 있었지만 실질적인 재정지원이 뒷받침 되지 않았으며 다른 하나는 이 지역은 어느 한 지역의 개발로 지역발전의 효과를 기대하기 어려운 지정학적 특성에 기인한다고 할 수 있다.

그간 자국 지역개발의 후순위에 머물러 있던 이 지역은 중국과 러시아가 달라진 경제력을 바탕으로 실크로드 경제벨트와 시베리아횡단철도 연계협력 사업을 추진하면서 본격화되기 시작했다.

협력사업의 핵심은 3국 간 교통시설 확충과 무역·투자 확대라 할 수 있다.

중몽러경제회랑은 GTI와 사업의 목표, 추진방향, 주요 사업대상 지역과 지역적 범위가 일치한다. 다른 것은 구체적인 실행계획, 역내 지역개발 중심, 지방정부의 직접 참여를 비롯한 전면적 교류협력, 재원조달, 중앙정부의 강력한 지원시스템이다.

중몽러경제회랑 건설의 목표실현을 위해서는 GTI 국가 간 협력이 필수 요건이라 할 수 있다. GTI는 앞에서도 언급했지만 동북아 최초·유일의 국가 간 다자협력체임에도 불구하고 활성화 되지 않고 있다. 특히, 러시아는 두만강지역개발계획 초기부터 이 사업에 부정적인 시각을 갖고 있었으며 소극적인 참여를 해왔다.

최근 중국과 러시아는 GTI 국가 간 협력의 필요성에 공감을 하고 2019년과

2020년 중러 총리회담에서 GTI 틀 안에서 교통 및 경제회랑 건설, 동북아 지역 간 경제무역 협력 추진에 합의했다.

2019년 중러 총리회담 이후 12월 16일 유엔안보리에 남북 철도·도로 건설 등에 대하여 대북제재 완화결의안을 제출하는 등 러시아가 GTI 국가 간 경제협력에 적극적인 참여 의사를 나타내고 있다.

중몽러경제회랑 건설은 GTI를 국가 간 실질적인 경제협력체로 전환할 수 있는 중요한 기회이나 코로나19, 한국의 2021년 3월 대통령 선거 등으로 인하여 국가 간에 GTI 틀 안에서 협력의 방식 등에 대하여 논의되지 않고 있는 실정이므로, GTI 사무국 차원에서 중몽러경제회랑 연계 협력방안을 조속히 마련하는 것이 중요하다.

제4회 중몽러경제회랑 3국 문화관광장관회의(CNC갭처)

라. 지방정부 간 다자협력

동북아 지방정부의 다자협력 실태를 분석하면 GTI 지역 간 실질적 경제협력은 물론 일본의 참여를 끌어낼 수 있는 방안 마련이 가능하다.

소지역 다자협력 목적은 지역개발을 통한 주민의 복리증진에 있다고 할 수 있다.

동북아 지방정부의 대외전략은 상이하지만 목적은 지역발전이라는 공동목표를 갖고 있다.

중국, 몽골, 러시아는 국가차원에서 지방정부의 외자유치정책을 지원함에 따라 지방정부가 동북아 각국과 경제협력을 추진하게 되었다.

일본의 서해안 지방정부는 중국 동북지역, 러시아 극동지역, 한국, 몽골 등과 신시장 개척을 비롯한 문화, 관광, 청소년 등 다양한 교류협력을 통해 지역발전과 국가 브랜드 제고를 추진하고 있다.

한국은 동북아 각국과 무역확대, 투자유치, 문화·관광분야에 집중하고 있다.

21세기 들어 동북아 지방정부 간 국제교류의 중요성이 날로 높아지고 있다. 국가는 국가 간 외교, 통상, 안보 등 정책적인 방면에 협력을 강화함으로써 국제교류 협력의 플랫폼을 만들어 준다면 지방정부는 지역발전의 주체라는 주인의식을 갖고 통상, 투자, 문화, 관광 등 전면적인 국제교류를 통한 지역발전 정책을 추진하고 있는 등 글로벌 경제시대의 주역으로 활동하고 있다.

공공외교와 민간협력을 주축으로 하는 지방정부는 국가 간 협력보다는 국제교류에 자유로운 장점을 활용 국가 간 협력의 난제(독도 등 영토문제)에도 불구하고 교류협력을 추진함으로써 국가 간 교류협력의 완충 역할을 훌륭히 수행하고 있다.

그러나 외교권이 없는 지방정부 간의 국제교류 협력은 국가 간의 정책적, 제도적 지원없이는 실질적인 경제적 성과를 거두기 어려운 것이 현실이다.

동북아 지방정부 간 국제교류 협력은 지방정부 간 상이한 국제협력의 목표를 조화롭게 운영하는 것이 중요하다.

아시아 광역 지방정부 간 최대 다자협력체인 동북아지역자치단체연합은 지방정부 간 국제교류 협력의 목표를 고려한 분야별 분과위원회를 운영함으로써 안정적인 협력기반을 구축한 것은 좋은 사례라 할수 있다.

다자협력체에서 사무국의 역할이 매우 중요하다. 동북아지역자치단체연합의 사무국은 협력체의 대표기능을 수행하며, 예산(연 15억원)은 사무국을 영구적으로 유치한 경상북도와 포항시가 분담함으로써 국제기구를 안정적으로 운영하고 있다.

GTI는 동북아 지방정부 간 교류협력 사례분석을 통해 동북아지방협력위원회의 교류협력 방향을 재설정할 필요가 있으며, 위상에 걸맞지 않은 GTI 사무국 청사, 안정적 운영경비 조달은 사무국 유치 경쟁을 통해 해결하는 방안을 검토해 볼 만하다.

제3장

발전방향

1991년 UNDP의 제안으로 두만강지역개발계획을 추진하던 시기는 동북아 지역에서 경제협력의 분위기가 가장 왕성하게 조성된 시기라 할 수 있다. 중국, 러시아, 북한은 대외개방을 통한 외국자본 유치에 나섰으며, 한국과 일본은 새로운 시장 개척을 위해 북방지역과 경제교류 협력을 추진함에 따라 동북아 국가 간 경제교류 협력 분위기가 크게 일고 있었다.

특히, 대외개방에 미온적인 태도를 보인 북한은 UNDP와 회원국들의 노력으로 두만강지역개발계획에 참여하고, 미국 등지에서 외국자본유치 활동을 전개하는 등 다자협력의 분위가 충만해 있었다.

정치체제가 다른 국가 간에 국제협력을 통해 두만강 지역을 개발하겠다는 계획은 세계적으로 주목을 받았다.

그러나 외국자본 유치 실패와 변방지역에 위치한 관계로 자국 개발의 후순위에 머물음에 따라 두만강지역개발계획이 진전을 보지 못하게 되었다.

광역두만강협력 30년이 된 지금 중국, 한국, 러시아는 각각 세계 2위, 10위, 11위의 경제력을 갖춘 국가로 발전함에 따라 이 지역개발에 의욕을 갖고 추진하고 있으나 북한 핵 문제와 대북제재, 연계성이 강한 지역적 특성으로 인하여 기대한 만큼 성과를 얻지 못하고 있다.

최근 동북아 각국은 이 지역의 복잡한 국제관계 등을 해결하고 평화와 번영의 동북아경제통합을 실현하기 위해 "공동협력" 정신을 바탕으로 하는 GTI 틀 안에서 동북아경제협력을 추진하고자 한다.

동북아 각국이 GTI 틀 안에서 실질적인 교통 및 경제회랑을 비롯한 경제, 무역을 증진시키기 위해서는 국가차원에서 GTI의 운영실태를 정확히 진단하고 발전방안을 마련하지 않으면 안 된다.

이처럼 달라진 대내외 환경을 바탕으로 동북아 각국이 지역협력에 대한 강한 의지와 그간 축적된 다자협력의 노하우를 활용한다면 GTI를 동북아 더 나아가서는 유라시아 경제통합의 플랫폼을 발전시켜 나갈 수 있을 것이다.

본고에서는 광역두만강협력 30년 회고와 과제, 아시아 소지역 다자협력 사례분석, GTI 지역 간 실질적 국제교류 협력을 통하여 축적된 자료를 바탕으로 GTI를 21세기 신동북아 시대에 부응한 다자협력체로 육성 발전시키기 위한 방안을 제언하고자 한다.

1. GTI 메커니즘 혁신

가. 전면적 교류협력 시스템 구축

그간 GTI는 교통, 무역·투자, 관광, 에너지, 농업, 환경 등 6개 우선협력분야를 추진하고 있지만 회원국 간 실질적 협력사업으로 이어지지 못하고 있다.

최근 아시아 각국의 다자협력 사례를 분석하면 각국의 대외정책과 연계를 통한 전면적 교류협력을 통한 지역통합을 추진하고 있다.

30년 간 침체되어 있는 GTI를 동북아경제협력의 플랫폼으로 활용하기 위해서는 GTI 틀 안에서 전면적 교류협력을 추진할 수 있는 제도적 시스템을 갖추고, 양·다자협력을 활성화해야 한다.

지금까지 GTI는 지역적 범위를 동북아 지역으로 확대하였음에도 불구하고 두만강지역개발이라는 틀에 갇혀, 역내 경제협력이 가능한 사업이 다수 있었음에도 불구하고 GTI 틀 안에서 경제협력을 추진하지 못했다.

GTI 지역에서 추진하고 있는 중국 창지투개발계획, 한국 남북러 3각 협력사업, 두만강 초국경 관광지대 건설, 중몽러경제회랑 건설 등은 두만강 지역의 핵심사업이라 할 수 있지만 GTI와 연계하지 않음으로써 GTI의 기능약화를 초래했다고 볼 수 있다.

이 지역은 다른 어느 지역보다 다자협력이 필요한 곳이다. 그간 동북아 각국은 대외정책을 추진하면서 다자협력의 노하우가 많이 축적되어 있다.

GTI 지역의 발전을 위해서는 아시아 소지역 다자협력 사례를 분석하여 GTI 틀 안에서 전면적 교류협력을 추진할 수 있는 제도적 시스템을 갖추는 것이 무엇보다 중요하다.

그리고 GTI 틀 안에서 양자 혹은 다자협력을 활성화해야 한다. 세계 각국의 국제교류 실태를 분석하면 다자협력의 틀 안에서 양자 혹은 다자교류가 그렇지 않은 국가 간 교류보다 실질적 교류협력의 성과를 거두고 있는 것으로 나타나고 있다.

특정 국가를 지칭할 수는 없지만, 일반적으로 교류가 활성화 된 국가 간에 정치 안보 · 외교 · 경제 · 문화교류 등 다양한 분야의 협력을 공고히 하고 파트너십을 유지하기 위해 "전략적 협력 동반자 관계 협정"을 체결하지만 후속조치 미흡 등으로 "전략적 협력 동반자 관계"에 걸맞은 교류협력이 추진되지 않고 있는 것이 비일비재하다. 만약에 다자협력의 틀 안에서 "전략적 협력 동반자 관계 협정"을 체결하였다면 공동협력 정신을 바탕으로 각종 협력 사업을 심도 있게 추진할 수 있을 뿐만 아니라 정기적인 네트워크 구축을 통하여 정부기관 간 파트너십 강화로 각종 현안 사항을 해결하는 데 유리하다.

지방정부 간 국제교류 사례를 살펴보면 일반적인 양자협력 방식인 자매결연 또는 우호교류는 협정 체결식만 있지 후속 조치가 없는 경우가 많다. 그렇지만 다자협력 틀 안에서 양자 혹은 다자협력은 실질적인 교류협력 사업을 추진하는 데 많은 도움이 되고 있다.

실제적으로 아시아 각국은 GMS, LMC, 중몽러경제회랑 틀 안에서 양 · 다자협력을 통해 성과를 얻고 있으며, 동북아 지방정부 지사 · 성장회의 회원 지방정부는 양 · 다자협력을 통해 30년 가까이 국제교류를 활발히 추진하고 있을 뿐만 아니라 국제협력의 성과도 얻고 있다.

나. 추진기구 확대

GTI가 국가 간 협력사업임을 고려하여 회원국 대표를 총리 또는 정상으로 승격하고, 정책 결정권이 있는 장관회의 신설 등을 포함한 추진기구를 대폭 정비하여 협력사업을 실질적으로 추진할 수 있도록 해야 한다. (표51 참고)

표 51 추진기구 조정 및 신설

현행	조정 및 신설
· 차관회의(연 1회)	· 총리 또는 정상회의(격년 또는 3년 1회)
	· 장관회의(연1회) 신설
· 조정관(과장급)회의	· 조정관(국장급)회의
· 분야별위원회(교통, 무역 · 투자, 관광 등)	· 분야별 국장회의 또는 워킹그룹으로 전환
· 협력 협의체(지방, 수은, 연구기관 등)	· 분야별 포럼, 확대
	· 지사 · 성장회의(연1회), 신설
	· GTI 국제평화포럼(연1회), 신설
	· 지방정부 국제협력 지원센터, 신설
	· 감독기구, 신설
· 사무국장(보좌기능), 과장 또는 처장	· 사무국장(대표기능), 차관 또는 장관 · 전문인력 증원 · 지방협력위원회 사무국, 신설

자료 : 아시아 소지역 다자협력 사례를 중심으로 저자정리

1) 회원국 대표를 총리 또는 정상으로 승격

다자협력체에서 회원국의 대표는 사업의 성패를 좌우한다고 할 수 있다. 광역메콩강지역경제협력(GMS)은 출범 시 장관회의에서 2002년 총리회의로 승격함에 따라 분야별 장관회의가 신설되는 등 전면적 경제협력의 틀을 갖춘 것은 좋은 사례라 할 수 있다.

GTI 회원국 대표를 차관에서 국가 간 업무를 통합 조정할 수 있는 총리 또는 정상으로 승격하고 정기회의는 격년 또는 3년에 1회 개최하며, 정기회의에서는 추진

상황을 점검하고, 미래 발전계획을 제시함으로써 실질적인 다자협력 추진이 가능하다.

2) 장관회의 신설

총리 또는 정상회의 산하에 장관회의를 신설한다. 장관회의는 매년 1회 개최하며, 정책기획과 조정 등의 협력, 총리 또는 정상회의 합의사항 실행, 추진상황 평가 등 협력사업을 총괄한다. 장관은 정책 결정권이 있으므로 타 중앙부처와 연계협력이 쉬운 장점이 있다.

아울러 우선협력분야(교통, 무역, 에너지, 농업 등) 장관회의 결성을 통하여 실질적 협력시스템을 구축할 필요가 있다. GMS는 총리회의 승격이후 수자원, 농업 등 우선협력분야 장관회의 결성을 통하여 성과를 얻고 있다.

3) 조정관회의 대표 승격

현재 국가별 GTI 조정관은 업무주관 부서 과장급 또는 팀장급이 맡고 있으며, 총회준비와 국가 간 협력사항을 협의 조정하는 역할을 한다. 중앙부처 간 업무조정, 실질적 협력사업 발굴 등을 위하여 조정관의 직급을 국장급으로 승격해야한다.

4) 분야별 위원회, 협의체 기능 확대

GTI는 6개 분야별 위원회가 있으나, 국가 간 직급 불일치 등으로 제 기능을 하지 못하고 있으므로 국장회의 또는 워킹그룹으로 전환하여 중앙부처 간 업무협력 시스템을 갖춤으로써 국가 간 교류협력기반을 마련할 필요가 있다.

또한 회원국 정부 간에 정례적인 회의나 국제교류를 통해 파트너십을 강화함으로써 국가 간 실질적 국제교류 협력 추진에 중요한 역할을 할 수 있다.

GTI 동북아지방협력위원회, 동북아수출입은행협의체, 동북아비지니스협회, 연구기관네트워크 역시 참가국 간 직급 불일치 등으로 효율적으로 운영되지 못하고 있으므로 다음과 같이 기능을 조정하거나 확대할 필요가 있다.

① 동북아지방협력위원회(LCC)

지방화 시대를 맞이하여 국제사회에서 지방정부의 역할이 날로 증대되고 있으나, 정책결정을 주로 하는 중앙정부에서는 아직도 지방정부의 역할에 대하여 제대로 인식하지 못하는 경우가 많다.

21세 들어와 국가와 지방정부 간의 역할이 날로 변하고 있다. 이전에는 외교와 국제협력은 국가의 전유물이었다. 그러나 오늘날 국가는 정책과 제도적인 측면에 중점을 두고 있으며, 지방정부는 지역발전을 위해 수출확대, 투자유치, 관광객 모객 활동, 전세기 운항, 올림픽을 유치하는 등 국제사회의 주역으로 등장하였다.

그러나 지방정부의 국제교류 활동은 비자 등 많은 제약요소로 인하여 기대한 만큼 성과를 거두지 못함에 따라 강원도와 지린성에서는 GTI 틀 안에서 지방정부 간 국제교류 장애요소를 해결하고 무역, 투자, 관광 활성화를 위하여 가칭 GTI 지방협력위원회 창설을 GTI 사무국에 제안함에 따라 LCC가 창설되었다.

LCC가 창설됨에 따라 동북아 지방정부는 기대를 갖고 GTI에 참여하였으나 회원 지방정부의 직급 불일치, 실질적 협력사업 발굴보다는 교류협력 방안 논의 등에 치중함으로써 활성화 되지 못하고 있다.

지방정부의 GTI 참여 확대를 위해서는 LCC의 전반적인 시스템 변화를 통해 지방정부가 GTI 틀 안에서 무역과 투자 촉진, 관광객 유치, 국제행사 상호참가, 문화, 체육 등 전면적인 교류협력을 추진할 수 있는 기반을 마련해 주어야 한다.

이를 위해서는 LCC를 지방정부 지사·성장회의로 승격하고 매년 정기회의 개최를 통하여 지방정부 간 협력사업 발굴, 무역·투자 확대, 관광교류 등 전면적인 교류협력을 실행에 옮기는 주체적인 역할을 담당할 수 있도록 해야 한다. 그리고 지방정부 간 교류협력을 촉진할 수 있도록 GTI 사무국 내에 별도의 추진기구를 설립할 필요가 있다. 아울러 GTI 총회와 LCC 연석회의 정례화를 통해 중앙정부와 연계협력 시스템을 구축해야 한다.

② 동북아수출입은행협의체

GTI의 만성적인 재원조달 문제를 해결하기 위하여 회원국 수출입은행협의체를 창설하였다. 이 협의체의 활성화를 위해서는 국제금융기구와 연계하고 프로젝트 발굴을 위한 타당성 조사 연구 등을 통해 프로젝트 유치 및 자금지원 기능으로 전환하는 등 실질적 지원시스템을 갖추는 게 중요하다.

③ 동북아비지니스협회

2006년 회원국 주도의 GTI로 전환하면서 실질적인 무역·투자 증진을 위해 기업인자문위원회(BAC)를 설립하였다. 기업인들은 두만강 지역 개발에 대한 큰 기대를 걸고 참여를 참여하였으나 준비된 프로젝트도 없었을 뿐만 아니라 회의운영도 실질적인 협력사업을 기대하고 참가한 기업들의 수요를 충족시키지 못함에 따라 몇 회 개최하고 운영이 중단됨에 따라 2019년 동북아비지니스협회를 출범시켰다.

기업인은 GTI 지역 간 투자와 무역을 촉진시키는 중추적인 역할을 함으로 기업인협회 설립은 기업의 입장을 최대한 고려하여야 한다. 동북아에서 설립이 가능한 기업인협회는 전국경제인연합회, 상공회의소, 중소기업협회, 벤처기업협회 등이 있다.

기업인협회를 활성화하기 위해서는 정부기관에 전담부서를 지정하고 회원국 간 경제협력에 필요한 정보공유, 기업인 맞춤형 회의·포럼, 무역·투자 협력 지원 등을 통하여 실질적 협력사업을 발굴할 수 있는 장으로 만들어 나간다면 기업인들의 GTI 참여 촉진을 통해 쌍방향 투자 등 지역 간 경제협력이 활성화될 수 있을 것이다.

④ 연구기관네트워크

GMS는 우선협력분야별 포럼을 통하여 경제협력 사업을 발굴하는 등 협력체 발전에 기여하고 있으나, GTI는 전문인력 부족 등으로 포럼이 활성화되지 못하고 있다.

연구기관네트워크는 장기적인 목표와 전략, 공동연구 수행 등 정책자문 외에 전문인력을 활용하여 분야별 국제포럼을 지원하고, 필요시 GTI 정책연구기관을 설립하는 것도 검토해 볼만하다.

5) GTI 국제평화 포럼 창설

대부분 다자협력체는 대표포럼 운영을 통하여 다자협력체의 위상을 높임은 물론 투자, 무역, 관광 등 분야에서 협력을 증진시키고 있다. 두만강지역개발계획은 2006년부터 회원국 주도의 GTI로 전환하면서 "동북아투자포럼"을 대표포럼으로 육성하고자 하였으나 실패하였다.

GMS는 2008년부터 교통물류 인프라와 무역·투자원활화 연계협력 강화를 위해 "경제회랑포럼"을 상설하고, 매년 회원국별로 순회 개최하고 있으며 2009년부터 "경제회랑포럼의 날"로 명명하고 다양한 부대행사를 개최함으로써 축제 분위기 속에서 열리고 있다.

포스트 GTI는 최소한 동북아 각국의 정상과 대기업 CEO가 참석하는 가칭 GTI 국제평화포럼을 창설해야한다. 포럼의 명칭은 회원국 간 협의하여 결정할 사안이지만 두만강지역개발계획의 공동협력과 평화의 정신이 함축된 가칭 "동북아평화포럼" 또는 "두만강평화포럼" 등으로 정하고 동북아의 정상, 글로벌 기업, 투자자 등이 참여하는 동북아의 "보아오 포럼"으로 육성할 필요가 있다.

6) 지방정부 국제협력 지원센터 설립

동북아 각국 지방정부는 지역발전을 촉진시키기 위해 국외 지방정부와 양·다자협력을 체결하고 경제, 무역, 투자, 관광, 국제행사 유치 등 전방위적인 국제교류 협력을 추진하고 있으나, 외교권을 갖고 있지 않음으로써 국제교류 협력 추진과정에서 비자, 통관 등 지방정부의 권한으로 해결할 수 없는 문제에 직면하여 기대한 만큼 성과를 얻지 못하고 있다.

앞에서 수차례 언급했지만 GTI 핵심지역에 위치한 강원도, 지린성, 연해주는 2000년도에 북방항로를 개설하였으나 물동량 부족, 통과 비자, 통관절차 복잡 등의 문제로 개통과 중단, 재개통, 중단을 되풀이하고 있다.

지방정부는 이와 같은 문제를 해결하기 위하여 강원도와 지린성은 외교부와 총영사관을 방문하여 협조를 요청하였으나 지금까지 해결되지 않고 있다.

이와 같은 현안문제를 다자협력체 의제로 채택하고 국가 간 협력을 통하여 해결하는 시스템을 갖춘다면 GTI 지역 간 실질적 경제협력 추진에 많은 도움이 될 것이다.

지방정부는 국가발전의 근간이라 할 수 있다. GTI 지역 간 무역과 투자, 관광 등 교류협력 장애요소를 해결하고 협력사업의 원활한 사업추진을 지원하는 가칭 "지방정부 국제협력 지원센터"를 설립함으로써 지방정부가 GTI의 중추적인 역할을 할 수 있도록 제도적인 기반을 마련할 필요가 있다.

7) 사무국장 직급 승격 및 전문인력 충원

사무국은 회원국을 대표하는 중요한 역할을 한다. 그간 두만강지역개발계획은 UNDP 지역협력 프로그램으로 출범함에 따라 법인격은 UNDP가 갖고 있었으며 UNDP가 법률적 권한을 행사함으로써 회원국의 역할은 제한적이었다고 할 수 있다.

UNDP가 2010년 사무국에서 완전 철수할 때까지 UNDP의 지휘감독 받았으며, 2011년부터 회원국 주도의 사무국을 운영하고 있으나, 여전히 UNDP의 틀을 탈피하지 못하고 있는 상태이다.

사무국은 회원국 간 업무협의 및 조정 역할을 하는 중요한 기구임에도 불구하고 사무국장의 직급은 회원국 중앙부처의 과장급 또는 팀장급이 맡음에 따라 회원국 간 업무협의 및 조정이 어렵고, 심지어 지방정부 간 업무협조에도 한계를 노출하고 있다.

사무국 직원은 8명 좌우이나 전문성이 떨어질 뿐만 아니라 총회, 분야별 위원회, 협의체 운영을 제대로 관리하기에도 인력이 부족한 실정이다. 사무국 내 지방협력위원회 사무국을 설치하고 지방정부의 우수한 인재를 파견받아 운영한다면 지방정부의 GTI 참여의지 확산은 물론 국제화에도 크게 기여할 것이다.

아시아의 대표적인 동북아 지방정부 간의 다자협력체인 동북아지역자치단체연합의 경우 역대 사무국장은 한국의 관리관급(중국 부장조리)이 맡음에 따라 회원국 지방정부를 대표하여 각종 현안사항을 협의·조정 역할을 훌륭히 수행함으로써 협력체 외연 확대에 크게 기여하고 있으며, 직원은 전문인력 17명이다.

GTI 사무국은 지방정부 다자협력체의 사무국에 비하여 조직과 예산 등 모든 분야에서 열악한 상태이다. 사무국 활성화를 위해서는 사무국장의 직급을 차관 또는 장관으로 승격하고 회원국에서 고도로 훈련된 전문인력을 파견하는 등 조직과 기능 보강 방안을 조속히 마련해야 한다.

8) 감독기구 설립

란창강~메콩강협력은 회원국 간 협력을 촉진시키기 위하여, "감독기구"를 설립하여 운영한다. 이 기구는 자국 관련 중앙부처의 협력과 참여를 권장하고 지도하며, 중요 프로젝트에 대한 정기적인 평가와 감독을 실시하고 민간 전문기관의 자원을 활용해 제3자 감시 역할 시스템을 구축하고 있다.

중몽러경제회랑 역시 협력사업 촉진을 위하여 프로젝트 실시상황 감독시스템을 도입하고 있다.

GTI는 구속력 없는 느슨한 다자협력체로 인하여 사업추진의 동력을 잃은지 오래다. GTI가 지난 실패사례를 되풀이 하지 않으려면 회원국의 협력사업 참여 권장 및 추진상황 점검을 위한 감독기구 설립을 통해 안정적 협력기반을 마련할 필요가 있다.

2. 공동의 목표와 구체적인 실행계획 수립·추진

다자협력체 성공의 관건은 공동의 목표를 실현할 수 있는 구체적인 실행계획을 수립하고 추진하는 것이 중요하다.

지금까지도 GTI는 UNDP가 1991년 10월 24일 국제사회에 발표한 "두만강지역개발구상"에 상응한 계획을 수립하지 못하고 있다. 이 구상은 비록 재원조달 등의 문제로 회원국들에 의해 대부분 수용되지는 않았지만 지역여건, 개발목표, 협력의 방향, 개발계획, 소요재원을 구체적으로 제시하였다. 이 구상은 21세기 들어와서 여전히 지역개발의 유용한 자료로 활용되고 있다.

UNDP와 회원국은 "두만강지역개발구상"에 대한 구체적인 대안없이 1995년 12월 두만강 지역 개발에 관한 두건의 협정과 한 건의 양해각서를 체결하고 TRADP를 추진하였으나 사업을 주도해온 UNDP의 사업계획 변경으로 사업다운 사업을 추진하지도 못한 채 2005년 제8차 총회에서 "창춘선언"과 전략실행계획(SPA2006-2015)을 채택하고 2006년부터 회원국 주도의 GTI로 전환하였으나 구체적인 실행계획을 담지 못했다.

가장 최근에 채택한 전략실행계획((SPA2021-2024)은 UNDP가 지원하는 계획임을 명시하고 있으며, 공통비전으로 △포괄적인 지역 연계성 구축 △포괄적인 협력관계 구축 △동북아 역내 포용적이며 지속가능한 발전에 적합한 환경제공을 제시하고 있다. 6개 우선협력분야인 교통, 무역·투자, 관광, 에너지, 농업, 환경은 실행계획이라기 보다는 협력의 기본방향을 제시한 것에 가깝다.

이에 비해 1992년 두만강지역개발계획과 같은 시기에 출범한 아시아개발은행(ADB) 주도의 광역메콩강지역경제협력(GMS)은 공동번영과 화합의 지역발전을 비전으로 하며 이를 실현하기 위하여 △지역 연결성(Connectivity) 강화 △지역경쟁력(Competitiveness) 제고 △공동체의식(Community) 등 3C 연동전략을 추진하고 있다. 협력순서는 간 교통회랑 → 물류회랑 → 경제회랑→ 전면적 교류협력 순으로 추진하고 있다. 우선협력분야는 출범 시 교통, 에너지, 환경 및 자원관리, 인력자원개발, 무역·투자, 관광 등 6개에서 교통회랑, 교통 및 무역원활화, 에너지, 농업, 환경, 인력자원개발, 도시발전, 관광, 정보통신기술, 초국경 경제협력, 경제회랑 등 11개 분야로 진화 발전하고 있다. 실행계획은 10년 마다 수립하며 현재는 GMS 전략적 프레임워크(2012-2022)와 지역투자 프레임워크(2012-2022)를 추진 중에 있으며, 지역투자 소요금액은 투자프로젝트 143건에 657억 달러, 기술지원 프로젝트는 84건에 2억 9,500만 달러로 확정하였다.

란창강~메콩강협력(LMC)은 2015년 GMS 국가를 주축으로 창설하였다. 지역적 범위를 메콩강에서 국가 전역으로 확대하였으며, 설립목적을 △연안 각국의 경제사회 발전 촉진 △란메이 지역 경제발전벨트 조성 △국가 운명공동체 건설 △아세안공동체 건설과 지역통합 지원 △남남협력과 유엔의 2030년 지속 가능한 발전 어젠다 실현에 기여 △지역의 지속적인 평화와 안정적인 발전을 도모하는 것이라고 구체적으로 제시하고 있다.

LMC 협력의 기본방향은 △정치안보 △경제와 지속 가능한 발전△사회인문을 3대 기본 축으로 하여 정치안보 협력 분야 4개, 경제와 지속가능한 발전 협력분야 10개, 사회인문 협력 분야 6개 등 총 20개 협력 분야를 선정하여 추진하고 있으며, 이중에 우선협력분야는 △호련호통(互联互通) △생산능력 △초국경 경제 △수자원 △농업과 빈곤퇴치이다. LMC 협력분야를 분석하면 경제, 문화, 인문, 지방정부 간 협력 등 국제교류의 전 분야가 망라되어 있다고 할 수 있다.

2016년 출범한 중몽러경제회랑은 그간 양자협력의 틀 속에서 추진해온 경제협력 사업을 다자협력으로의 전환을 통해 좀 더 실제적이고 속도감 있게 추진하자는 것이다.

한국은 역대 정부마다 북방정책을 추진했지만 공동협력 보다는 시장개척에 중점을 둔 관계로 일 방향 북방정책을 추진함에 따라 가시적인 성과를 거두지 못했다.

중몽러경제회랑이 시사하는 바와 같이 한국이 북방정책의 성공적인 추진을 위해서는 그동안 추진해 온 대외전략을 일방향이 아닌 공동협력 정신을 바탕으로 한 다자협력체의 틀 속에서 추진하는 방안 마련해야할 시점이다. 예를 들면 동아시아 철도네트워크구상, 동북아전력망구축, 에너지공동체건설, 초국경 경제협력 등을 GTI 틀 안에서 추진을 한다면 사업추진에 탄력을 받을 수 있을 것이다.

동북아 각국이 대외전략을 GTI 틀 속에서 추진하겠다는 것은 다자협력의 필요성을 절감했기 때문이다. GTI가 동북아경제협력 플랫폼으로 자리잡기 위해서는 21세기 부응한 구체적인 목표와 실행계획을 수립하여 추진하지 않으면 안된다.

정치, 경제, 사회인문 등 전면적 교류협력을 추진하기 위한 우선 고려 사항은 다음과 같다.

가. 동북아경제통합 기반 마련

두만강지역개발구상의 목표는 두만강 지역의 지정학적 우수한 여건을 활용하여 동북아 교통물류의 중심과 국제자유무역 지대로 건설하여 이 지역을 동방의 로테르담으로 발전시켜나가는 것이었다. 이에 비해 GTI 비전은 동북아 지역협력을 촉진하는 것이다.

포스트 GTI는 동북아경제통합, 유라시아경제통합 플랫폼 역할에 중점을 두고 구체적이고 실행 가능한 목표와 계획을 수립해야 한다.

이를 위해서는 GTI 지역적 범위를 동북아 지역에서 탈피하여 LMC와 같이 국가 전체로 확대하고 아시아 철도망과 유럽철도망 · 도로망 구축, 유럽과 아시아 · 태평양을 잇는 육해복합운송로 건설을 주축으로 하는 교통회랑, 경제공동체 건설을 위한 경제회랑, 사회인문 등 전면적 교류협력을 통한 동북아경제통합을 목표로 추진해야한다. 교통회랑, 경제회랑, 전면적 교류협력은 연동전략이지 별개로 추진하는 것은 아니다.

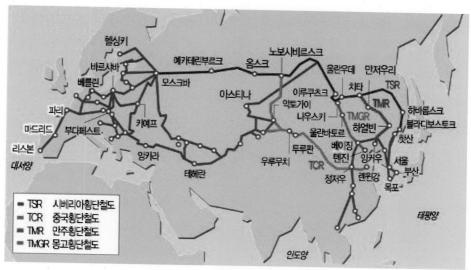

유라시아 대륙철도 노선도 (코레일)

그간 동북아 각국은 양자협력을 바탕으로 경제, 문화, 민간교류 등을 활발하게 추진해 왔다. 실행계획은 각국 간에 논의되거나 추진하고 있는 국제교류협력 사업을 포함한 전면적 교류협력을 통한 동북아경제통합 기반을 마련해야 한다.

나. 국가와 지방 간 역할 분담

GTI 부진 사유 중의 하나는 지역개발 사업임에도 불구하고 지방정부의 참여가 제한적이고 국가 간 협력사업으로 추진되었기 때문이다. 다른 하나는 회원국들은 UNDP의 지역협력 프로그램에 참여할 뿐, 이 협력체를 회원국 간 공동목표를 설정하고 협력사업을 발굴하여 추진하는 다자협력체로의 인식전환이 이루어지지 않았기 때문이라 할 수 있다.

GTI가 UNDP와 회원국 간 목표와 인식의 불일치로 인하여 실질적 협력사업이 추진되지 않음에 따라 러시아는 소극적인 참여로 일관 하였으며, 북한 역시 유엔안보리 제재와 사업의 성과 없음을 이유로 탈퇴하였다. 한국은 GTI가 구체적인 계획을 세워 추진하는 것도 아닌 정책교류의 장으로 인식하였으며, 단지 북방시장 개척의 기대감에 참여한다고 밝히고 있다. 중국은 두만강지역개발을 제안하고 자체개발 사업을 추진하고 있지만 GTI 조정관의 직급을 낮추는 등 GTI가 갈수록 동력을 잃어가고 있다. 이와 반대로 동북아 지방정부는 GTI와 연계하여 무역과 투자, 관광객 유치를 위해 적극적인 참여를 모색하는 등 GTI를 동북아 지역 간 경제협력의 플랫폼으로 활용하고자 하는 의지가 강하다.

최근에 회원국들이 GTI 틀 안에서 동북아경제협력을 추진하고자 하는 것은 동북아 지역 간 경제협력의 새로운 장을 열어 나가는 좋은 기회라 할 수 있다.

GTI를 동북아 지역 간 상생협력의 플랫폼으로 육성하기 위해서는 국가와 지방정부 간의 역할 분담이 중요하다.

국가는 교통회랑을 축으로 하는 인프라 건설, 에너지, 전력, 통신 등과 경제교류협력 촉진을 위한 제도개선, 분야별 네트워크 구축 등을 통해 국가 간 국제교류협력을 촉진하는 기반을 마련하고, 지방정부는 이를 바탕으로 회원국 간에 무역과 투자, 관광, 인문교류 협력을 통하여 지역발전을 촉진 시킬 수 있는 플랫폼으로 만들어야 한다.

다. 공동협력 사업의 핵심 "초국경 협력"

초국경 협력은 국가와 국가 간의 경계를 넘어 이루어지는 경제, 문화, 관광 등 다양한 교류협력이라 정의한다.

동북아 지역의 초국경 협력 유형을 살펴보면, 국경을 맞대고 있는 지역과 경제교류 협력 활성화를 위해 자국 경내에 산업단지나 자유무역시장을 설치하기도 하고 양국이 공동으로 특정지역을 지정하여 공동개발과 공동관리 방식의 경제자유무역지대를 건설하거나 각국이 독자개발을 통하여 관광·무역 기반을 조성하고 특정한 지역 간 동일한 우대정책을 향유하는 자유관광무역지대 건설 등 협력의 방식이 다양하다.

중국 단둥에 설치한 중북자유무역시장 전경(신화왕).
단둥시는 민간 자본을 유치하여 상품교역, 문화관광, 산업금융, 컨벤션 단지를 조성하여
중북 교역의 중심으로 육성하고자 한다.

오늘날 아시아 각국에서 추진하고 있는 초국경 협력은 두만강지역개발계획의 초기 모델이라 할 수 있다.

초국경 협력은 GTI 틀 안에서 각국이 막대한 재원을 투입하지 않고 법적·제도적 개선과 행·재정적 인센티브 등 우대정책을 통하여 사업을 추진할 수 있는 장점이 있다.

GTI 초국경 협력의 중심은 경제회랑 즉 경제발전벨트를 구축하는 것이다. 이를 위해서는 유라시아 철도와 도로, 항구도시를 연결점으로 하는 주요 지역을 초국경 협력 대상지로 선정하고 사업을 추진해야 한다.

GTI의 재도약을 위해서는 초국경 협력 성공을 위한 법적·제도적 기반 마련과 쌍방향 기업유치를 위한 다양한 우대정책을 마련하는 것이 중요하다.

그간 동북아 각국은 GTI 지역 발전을 위해 다양한 우대정책을 부여하고 지역개발을 추진하였지만 변방에 위치한 지정학적 여건과 교통 인프라 미비 등으로 인하여 경제발전 속도가 다른 지역에 비해 늦어지고 있다.

최근 중몽러경제회랑 건설과 중국유럽화물열차의 활성화로 열차와 화물이 통과하는 중국 동북지역과 러시아 극동시베리아, 몽골의 변경지역은 한국과 일본 간 상생협력을 통한 동반성장의 가능성이 높은 곳으로 재조명받고 있다.

이처럼 초국경 협력이 재조명 받고있는 것은 이 지역에서 생산한 물품을 직접 유럽과 아시아로 수출할 수 있을 뿐만 아니라 내수시장 개척이 가능한 장점을 갖고 있기 때문이다.

한국과 일본은 유라시아 철도와 도로가 지나는 주요 변경지역 간 초국경 협력을 통해 새로운 유라시아 시장 개척의 기회를 창출할 수 있고, 중북러몽 4국은 투자유치와 시장 확대를 통하여 지역발전을 도모할 수 있다.

초국경 협력 대상지역은 중국의 52개 변경도시와 연결된 북한 15개, 몽골 16개, 러시아 21개, 한국 항구도시 등 100여 개가 있다.

이 지역의 초국경 협력기반 조성은 가장 긴 국경선을 가진 중국이 주도하고 있다. 중국은 초국경 협력기반 조성을 위하여 주요 변경도시를 중심으로 변경무역과 수출가공 등 종합산업단지의 기능을 가진 변경경제합작구 7개, 무역 · 투자 · 물류 활성화를 위한 종합보세구(보세창고, 보세판매장, 보세전시장, 보세공장, 전자상거래 산업단지 설치) 3개, 변경지역의 주민이 자유롭게 왕래하며 일정금액(8천위안) 범위 안에서 중국 상품 면세 구입 및 무비자 관광을 허용하는 변경자유무역시장(互市貿易区) 9개, 중국 내 규제완화를 통해 자유로운 제조와 유통, 무역활동을 보장하는 자유무역시험구 2개, 북한과 공동개발 · 공동관리 방식의 경제자유무역지대 2개(나선, 황금평)를 설립 운영하는 등 초국경 협력기반을 갖추어 놓고 있다.(표52 참고)

표 52 중국 초국경 협력기반 시설

협력기반	설립지역
변경경제합작구(7)	지린성 훈춘(珲春), 네이멍구 만저우리(满洲里) · 얼렌하오터(二连浩特), 랴오닝성 단둥(丹东), 헤이룽장성 헤이허(黑河) · 수이펀허(绥芬河)
종합보세구 및 전자상거래산업단지(3)	훈춘(珲春), 수이펀허(绥芬河), 만저우리(满洲里)
변경자유무역시장(9)	중러 훈춘(珲春) · 만저우리(满洲里) · 수이펀허(绥芬河) · 헤이허(黑河) · 허강(鹤岗), 중몽 아얼산(阿尔山) · 얼렌하오터(二连浩特), 중북 단둥(丹东) · 투먼(图们)
자유무역시험구(2)	랴오닝성 다롄(大连), 선양(沈阳), 잉커우(营口) 헤이룽장성 수이펀허(绥芬河), 헤이허(黑河)

자료: www.baidu.com . (검색일 2021. 3.2), 저자정리

중국 최북단 헤이허(러시아 접경지역) 자유무역시험구(흑룡강신문)

북한은 2개의 경제무역지대(나선, 황금평 · 위화도), 개성공업지구, 신의주국제경제지대, 원산 · 금강산국제관광지대와 각 시도(市道)에 각종 개발구를 지정 운영하고 있다.[81]

---

81 https://www.uniedu.go.kr/uniedu/home/brd/bbsatcl/nknow/view.do?id=31932&mid=SM00000536&limit=10&eqViewYn=true, 북한지식사전

몽골은 러시아와 접경지역에 있는 알탄볼락·차강노르 자유지대, 중국과 접경지역에 있는 자민우드 자유지대 지정을 통해 외자유치에 나서고 있다.

러시아는 2015년 선도개발구역과 블라디보스토크 자유항 지정을 통해 이 지역을 아시아·태평양의 성장 거점전략을 추진하고 있다.

한국은 북평 국가산업단지, 동해안권경제자유구역, 동해자유무역지역을 운영하고 있으나 활성화되지 못하고 있다.

중국, 북한, 러시아, 몽골, 한국은 이 지역 발전을 위하여 경제특구를 지정하고 각종 우대정책을 부여하고 있지만 기대한 만큼 지역개발의 성과를 얻지 못하고 있다.

비록 중몽러경제회랑 건설과 중국유럽화물열차의 활성화로 지역개발 여건이 호전되었다고는 하나 이 지역은 여전히 경제발달 지역과 멀리 떨어진 변방지역에 위치하고 있으므로 타지역과 차별화된 특별한 우대정책을 부여하지 않으면 모처럼 찾아온 기회를 지역발전으로 승화시키지 못하고 낙후지역으로 머물 수밖에 없다.

GTI 틀 안에서 초국경 협력을 추진하기 위해서는 공동협력 정신을 바탕으로 국가별로 타지역과 차별화된 최고의 우대정책 부여, 무비자, 관세인하 또는 면세, 통관원활화, 국가별 고용상황을 고려한 투자기업의 자국민 고용, 투자정보 공유를 통하여 매력적인 투자 협력처 조성을 전제로 다음과 같이 초국경 자유무역지역과 초국경 합작구 건설을 고려할 수 있다.

1) GTI 핵심개발 선도구 지정

중국, 북한, 러시아, 몽골 변경도시와 한국의 항구도시를 대상으로 투자여건과 무역 잠재력, 보완성을 고려하여 주요 지역을 단계별로 GTI 핵심개발 선도구로 지정하고, 이 지역을 세계에서 기업하기 가장 좋은 환경을 조성하여 쌍방향 투자가 가능한 자유무역지역으로 개발하고 이를 통해 GTI 지역 간 무역과 관광 네트워크를 구축해 나간다면 획기적인 지역발전을 도모할 수 있을 것이다.

2) 전략적 초국경 경제합작구 건설

초국경 합작구는 양측이 특정한 국경지역에 공동으로 설립하는 산업단지로 생산가공, 물류, 전자상거래, 관광 등 분야에서 주변국과의 인적, 물적 교류 확대를 위해 추진하는 것과 중국 지린성이 추진하고 있는 두만강 국제관광지구 건설과 한국의 일부 전문가들이 제안한 두만강 다국적도시, 두만강지역 국제관광지대 건설 등이 있다.

① 양국 간 초국경 경제합작구 건설

현재 중국은 주변지역과 초국경 합작구 건설을 적극 추진하고 있다. GTI 지역에는 공동개발 공동관리 방식 경제협력특구 개발을 위해 2012년 8월 중북황금평경제관리위원회(黃金坪经济区管委会), 2012년 10월 중북나선경제무역구관리위원회(罗先经贸区管委会)를 설립하고 이 지역을 초국경 협력지대로 개발하고 있다.

중북 초국경 경제합작구 대상지로 거론되고 있는 중국 지린성 투먼과 북한 남양(百家号)

동남아 지역에는 미얀마~베트남~라오스와 국경에 연접한 윈난성 이 가장 활발하다. 윈난성의 모한(磨憨)~라오스(보텐), 루이리(瑞丽)~미얀마 뮤즈, 홍허(红河)~베트남 라오까이 등이 있으며 지속적으로 확대할 계획으로 있다.

GTI 초국경 합작구 건설은 인접 국가의 도시 규모를 고려할 필요가 있다. 몽골과 러시아의 국경지역은 대부분 인구가 적으므로 국경지역에 초국경 합작구 건설에 어려움이 있다. 이와 같은 요소를 고려할 때 중국과 북한의 접경지역에 있는 도시들이 초국경 합작구 건설지로 손꼽히고 있다.

중국과 북한 접경지역에는 출입국, 통관이 가능한 통상구(口岸)가 12개 있다. 랴오닝성은 단둥 1개이며, 지린성에는 11개 통상구가 있다. (표53 참고)

표 53 지린성 주요 통상구 현황

	통상구명	북한지역	형성시기	기능
연변주	투먼(图们)	남양시	1933	철도와 도로
	허룽시 난핑진 (和龙市南坪镇)	무산군칠성리	1929	도로, 화물·여객
	훈춘시 췐허 (珲春市圈河)	은덕군 원정리	1998	도로, 국가일급 통상구 나진항과 연결
	훈춘시 사퉈즈 (珲春市沙坨子)	경원군	1936	전통변경무역, 친지방문 등
	룽징시 산허 (龙井市三合)	회령시	1930	도로
	룽징시 카산툰진 (龙井市开山屯镇)	온성군 삼봉	1930	도로, 변경무역 북한 삼봉까지 철도 연결
	허룽시구청리 (和龙市古城里)	대홍단군 삼장	1929	도로, 국가일급 통상구 연변주 유일의 양강도 통로
	안투현 쌍무펑 (安图县双目峰)	삼지연군	2016	도로, 관광교류

	통상구명	북한지역	형성시기	기능
바이산시	창바이조선족자치현 (长白朝鲜族自治县)	북한 3대 도시 혜산시	1950	도로, 통상구터미널, 창바이통상구 상업무역성(长白口岸国际商贸城)
	린장시(临江市)	중강군	1950	도로, 국제도로운수관리터미널 및 화물운수시장
통화시	지안(集安)	자강도 만포시	2014	도로, 대외개방일급통상구, 만포까지 철도 연결

자료:https://mbd.baidu.com/newspage/data/landingsuper?context=%7B%22nid%22%3A%22
news_, 저자정리

최근 지린성은 통상구를 중심으로 변경경제합작구를 건설하는 등 초국경 경제
협력을 통한 대외 출구전략을 마련하고 있다. 북핵문제가 해결되면 지린성이 초국
경 합작구의 중심지로 부상할 전망이다. 한국기업은 지린성과 협력을 통한 북한 시
장 진출방안을 준비할 필요가 있다.

② 단계별 초국경 자유관광무역지대 건설

두만강 지역을 중심으로 한 초국경 협력을 통해 이 지역을 평화와 번영의 지대
로 발전시키고자 하는 노력은 지금도 이어지고 있어 동북아 지역 간 경제협의 미래
를 밝게 하고 있다.

이 지역의 초국경 협력은 두만강지역개발을 제안한 지린성과 남북 공동번영과
대륙진출의 꿈을 안고 있는 한국에서 주도하고 있다.

지린성은 2012년부터 창지투개발계획의 일환으로 국제관광특구 개발계획을 추
진해 왔다. 이 계획은 중국 훈춘시, 러시아, 하산구, 북한 두만강동이 각각 10㎢ 토
지를 국제관광특구에 편입시켜 3국이 관광지를 조성하여 1구 3국(一区三国)의 관리
방식으로 운영하는 것을 내용으로 한다. 이 지역은 무비자 관광단지로 운영해 3국
문화를 체험하고 온천호텔과 골프장을 포함한 관광·레저·유흥시설·면세점 등을
건설할 계획이다. 이 계획은 2015년 2월 12일 지린성 제12기 4차 인민대표대회
에서 두만강 삼각주에 국제관광 합작구 건설에 관한 결의안을 정식으로 통과시키고

본격적인 추진에 나서고 있으나 진전을 보지 못하고 있다.[82]

한국에서는 일부 전문가를 중심으로 두만강 지역의 초국경 협력을 제안하고 있다. 2015년 1월 한국 대통령 직속 국가건축정책위원회 김석철 위원장이 북한의 두만강동, 중국의 팡촨(防川), 러시아의 하산이 접하는 두만강 하구에 다국적 국제도시 건설을 제안했으며, 2015년 8월 국토연구원은 두만강유역 국제관광지대 공동개발사업 등 두만강유역의 초국경 협력 실천전략을 제시했다.

최근 두만강 지역의 초국경 협력은 UNDP의 "두만강지역개발구상"인 공동개발과 공동관리 방식을 채택하고 있다. 이 방식을 추진하기 위해서는 북핵문제와 막대한 재원조달문제가 해결되어야 한다. 그렇다고 북핵문제가 풀릴 때까지 마냥 기다릴 수는 없다.

북한을 국제사회로 나오게 할 수 있는 실행 가능한 프로젝트를 개발하여 먼저 추진하는 것이 중요하다. 이를 위해서는 두만강 지역의 나진~훈춘~하산과 한국의 동해안 지역을 중심으로 단계별 협력사업을 통해 초국경 자유관광무역지대로 건설할 필요가 있다.

이 지역의 지역적 특성을 살펴보면 훈춘은 베이징 간 고속철도, 유라시아 화물철도가 연결되어 있으며, 육로는 훈춘을 중심으로 러시아 블라디보스토크, 북한 나선과 국제버스가 운행되고 있다. 뿐만 아니라 팡촨(防川)을 중심으로 다양한 관광지와 훈춘국제합작시범구 · 종합보세구 · 전자상거래산업단지 · 훈춘해양경제발전시범구 등이 조성되어 있는 등 자유관광무역지대로 발전할 수 있는 요건을 갖추고 있다.

하산은 슬로비안카, 자루비노, 포시에트 3개의 항구를 가지고 있으며, 옛 고려인 집거지, 하산역, 안중근 의사 단지 동맹비와 유럽풍의 관광자원이 있다. 교통인프라는 낙후되어 있으나, 하산역과 자루비노역을 통해 유럽철도와 연결되어 있다.

---

82 최장호외, 2015년, 북한과 GTI경제협력방안 (KIEP)p.41와 림금숙, 2015,두만강 삼각주 국제관광합작구건설에 관하여 통일정책연구 제24권 2호,p.165.

항구는 자루비노항을 중심으로 한국 속초와 부산 간 항로가 개통되어 있으며 한국 기업들이 자루비항을 중심으로 물류기지 및 수출가공구 개발을 추진한 지역으로써 외국기업에 특화된 우대정책이 나오면 민간자본 유치가 가능한 지역이다. 최근에는 슬로비안카 청정 해변을 중심으로 리조트를 건설하는 등 관광상품 개발의 노력이 보이고 있다.

북한은 두만강 지역을 중심으로 한 우수한 관광자원과 나선경제자유무역지대가 있으며, 북핵문제 등으로 개발이 지연되고 있으나 유엔 안보리의 대북제재 해제 시 최우선 개방지역이 될 수 있다.

훈춘국제버스터미널에서 러시아 블라디보스토크, 북한 나선 간 국제버스를 운행하고 있다.
http://www_hunchunnet_com_yf1588.com/archives/76/(珲春国际客运站票价, 里程, 时间表)

강원도 동해안은 청정해변, 설악산 등 우수한 관광자원을 갖고 있으며 동해항은 블라디보스토크, 속초항은 자루비노와 훈춘 간 항로가 개설되어 있다. 산업단지는 북평국가산업단지, 동해안권경제자유구역, 동해자유무역지역이 있는 등 협력기반을 갖추고 있다.

이 지역 개발의 선행 조건은 제도적으로 무비자, 통관원활화, 일부 또는 전품목 면세 등을 통해 사람과 상품의 자유로운 이동을 보장해야한다. 개발방식은 3국의 동일 우대정책(무비자, 면세, 통관)을 통해 기존 산업단지의 기능을 보강하고 민간자본을 유치할 수 있는 기반을 마련해 줌으로써 대규모 투자없이 초국경자유관광무역지대로 건설하는 것이다.

추진전략은 1단계로 한국, 러시아, 중국, 북한 간 무비자 관광과 일정금액 이하의 상품에 대한 면세제도를 실시하고, 2단계로 각국은 공동으로 사람과 상품의 자유로운 이동을 위한 법적·제도적 우대정책을 확정하고 국가별로 프로젝트 개발 및 인센티브 발굴을 통하여 민간자본 유치를 통한 개발사업을 본격적으로 추진하며, 사업의 성과를 토대로 북한의 참여를 유도해 나간다.

동북아 각국은 이 지역의 초국경 협력 성공여부가 동북아경제협력에 미치는 중대한 영향을 고려하여 타지역과 차별화된 우대정책 개발을 통하여 초국경자유관광무역지대를 조기에 건설할 수 있도록 지혜를 모아야 한다.

라. 민간교류 협력기반 구축

민간교류는 서로 다른 정치체제, 역사, 문화의 이해를 통해 이질감을 극복함으로써 각국 간의 동질성을 증대시켜 장기적으로는 동북아경제통합의 기초가 된다는 점에서 중요한 의미를 지닌다.

중국 고대의 이름난 사상가이자 법가학파를 대표하는 한비자(韓非子)는 "국가 간의 교류는 국민 간의 우정이 바탕이며, 우정은 국민 간에 서로 통하는데 있다.(国之交在于民相亲, 民相亲在于心相通)"고 했다. 이는 국가 간 교류의 바탕이 국민임을 함축적으로 나타내는 글귀라 할수 있다. 상호 의존성이 증대되는 글로벌 사회에서 국민 간의 교류는 국가 간의 정치적인 긴장을 해소하고 평화와 번영의 지구촌을 가꾸어 나가는 데 매우 중요한 역할을 한다.

그간 동북아 각국은 정치체제의 차이, 역사문제 등을 극복하고 민간교류를 확대함으로써 동북아의 평화와 번영에 크게 기여해 왔으며, 교류분야도 경제, 문화, 관광, 체육 등으로 날로 확대되고 있다.

각국은 양자 혹은 다자협력을 통해 영화제, 체육행사, 청소년 교류, 각종 축제를 공동 개최하는가 하면 상호 간에 상징물 조성 등을 통하여 지역 공동체를 형성해 나가는 데 기여하고 있다.

특히, 한일, 한중, 중일, 일러 간에 영토와 정치문제 등으로 인하여 국가 간에 교류협력이 중단되는 위기에도 민간교류를 통하여 국가 간의 갈등 요소를 해결함으로써 세계에서 국제교류가 가장 왕성한 지역으로 발전하고 있다.

최근 들어 각국은 국가의 대외전략으로 사회인문 등 전면적인 민간교류 협력을 채택하고 양자 혹은 다자협력을 통하여 민간교류 협력을 활성화함으로써 국가 이미지 제고는 물론 동북아 국가 간 상생협력의 토대를 마련하고자 노력하고 있다.

중국은 민심상통(民心相通)[83]을 신중국 외교정책으로 추진하고 있으며, 한국은 신북방 정책 8대 분야 70개 과제 중에서 2개 분야(K-방역·보건 의료, 문화·교육 교류) 20개 과제를 협력국가 간 친화협력 사업으로 추진하고 있다.[84]

2018 한중청소년국제교류: 김포시 청소년국제 교류단 산둥성 방문 합동공연(山東省菏泽一中学)

---

83 주변국가와 문화·관광교류, 학술왕래, 인재교류협력, 미디어 제휴, 청년과 부녀자 교류, 자원봉사 등 전면적인 민간교류 협력을 추진한다.

84 https://www.bukbang.go.kr/bukbang/policy/0004/0001/#a.8대분야 70개과제(검색일:2021.8.15)

아시아 각국의 다자협력체는 민간교류 협력을 우선협력 사업으로 추진하고 있다. 광역메콩강지역경제협력(GMS)은 지역개발협력 사업이지만 인력자원개발, 관광을 우선협력 사업으로 추진하고 있으며, 란창강~메콩강협력(LMC)은 사회인문을 3대 기본협력의 하나로 정하고 문화 · 관광 · 교육 · 위생미디어 · 지방협력 분야 등 다양한 교류협력을 적극적으로 추진해 나가고 있다. 중몽러경제회랑 역시 인문교류와 지방협력을 중점분야로 추진하고 있다.

제6회 중몽러 "만리다도" [85] 시장포럼(中国商报)

이처럼 동북아 각국은 양자 간 교류협력으로 추진하고 있는 사회인문 등의 민간교류 협력분야를 다자협력체의 틀 속에서 추진할 수 있는 시스템을 구축하고 민간교류 확대를 통해 공동체 의식을 함양함으로써 지역통합을 촉진하고 있다.

---

85 만리다도(萬里茶道)는 실크로드 쇠락이후 유라시아 대륙에서 일어난 또 하나의 중요한 국제상업통로이다. 만리다도는 중국 우이산~몽골 울란바토르~러시아 캬흐타 간 4,760킬로미터이다. 중몽러 3국은 만리다도 국제관광연맹을 창설하는 등 이 통로를 새로운 관광 명소로 개발하고 있다. 전홍진, 2020, 일대일로와 신(新)한중 협력, p.80.

민간교류는 국가 간 비자 등 출입국 완화 정책과 민간교류 협력 시스템 구축을 통해 민간교류를 촉진시키는 방법과 개인 또는 각종 자생단체가 자발적으로 교류를 추진하는 방법으로 나눌 수 있다.

　　동북아 각국이 남북철도와 유라시아철도를 통해 인력과 상품이 자유롭게 이동하는 신동북아 시대를 맞이하기 위해서는 GTI 우선협력분야로 민간교류 협력을 선정하고, 국민 간 자유로운 이동의 장애요소인 비자 등 출입국 절차를 획기적으로 개선함은 물론 기존의 민간교류 협력은 더욱 발전시켜 나가고 각종 분야별 네트워크 구축의 장려를 통해 동북아가 한가족이 될 수 있도록 민간교류 협력기반을 구축해 나갈 필요가 있다.

3. 남북철도 연결을 최우선 과제로 추진

기원전에도 동서양은 실크로드를 통해 다양한 상품들과 서로 다른 문화들이 교류되면서 문명을 꽃을 피웠다. 19세기 증기기관차 개발은 지역과 지역이 서로 연결됐고, 이를 바탕으로 근대 산업 발전이 이뤄질 수 있었다. 철도를 통해 지역과 지역을 연계, 네트워킹하면서 하나의 시장과 경제권을 만들 수 있으므로 동북아철도망 구축은 유라시아경제통합을 촉진시키는 데 크게 기여할 것이다.

최근 이 지역은 중국유럽화물열차의 성공적인 운행으로 세계인의 주목을 받고 있다. 2020년 12월 기준 중국은 136개 도시(시발역)와 아시아, 러시아, 독일, 프랑스, 스페인, 체코 등 유럽의 주요 도시(종착역) 간에 철도를 개통하였으며, 이 중 12개 도시 간에는 화물열차가 상시 운행되고 있다.[86]

중국유럽화물열차의 운행성과를 분석하면 운행 첫해인 2011년에는 17편에 화물액은 6억 달러에 불과하였으나, 2020년에는 12,406편에 화물액은 500억 달러가 넘는 등 폭발적인 증가세를 이어감에 따라 화물열차 시발역의 주요 도시가 새로운 투자처로 각광을 받고 있다.

중국유럽화물열차 운행실태에서 알 수 있듯이 아시아와 유럽철도는 남북한 철도만 연결되면 완료된다.

GTI 교통인프라 구축은 중몽러경제회랑의 13개 프로젝트와 연계하되, 기존 철도망을 최대한 활용하고, 유라시아철도 운행에 꼭 필요한 구간부터 점진적으로 확대해 나가는 전략이 필요하다.

유라시아철도망 완성을 위해서는 남북철도 연결이 반드시 필요하다.

한국철도는 1899년, 인천에서 서울을 잇는 경인선이 개통되면서 시작되었다. 마라톤 영웅 손기정 선수도 1936년 베를린 올림픽에 출전할 때 시베리아 횡단철도

---

86 https://www.yidaiyilu.gov.cn/numlistpc.htm, 中欧班列卡行情况(검색일: 2021.4.1)

를 이용했다. 2019년 2월 김정은 북한 국무 위원장은 북미회담을 위해 열차로 베트남 하노이를 방문했다.

이처럼 남북철도는 아시아와 유럽을 연결하는 중요한 역할을 하고 있다.

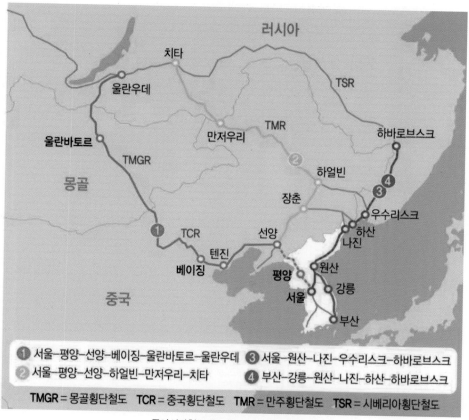

동아시아철도네트워크구상(국토교통부)

남북은 2000년 7월 경의선 철도연결 합의를 시작으로 남북철도 연결을 추진하였으나 진전을 보지 못함에 따라, 2018년 4월 27일 남북정상이 판문점 평화의 집에서 정상회담을 개최하고 동해선 및 경의선 철도와 도로들을 연결하고 현대화하기 위한 실천적 대책 추진에 합의함에 따라 재개되었다.

남북은 합의서 이행을 위해 유엔안보리의 제재[87] 면제를 받아 2018년 11월 30일 부터 18일간 남북철도 북측구간 현지 공동조사를 실시하였으며, 12월 26일에는 개성 판문점역에서 남북철도·도로 연결 착공식을 가졌으나, 유엔안보리 제재로 인하여 남북철도 연결은 여전히 답보상태에 머물러 있다.

2019년 12월 16일 중국과 러시아는 유엔안보리에 남북 간 철도 도로 협력사업 제재면제 등 대북제재 완화 결의안 초안을 유엔 안보리에 제출했다.

이와 관련 장쥔 유엔주재 중국대사는 "제재완화"는 대화 분위기를 조성하고 북한이 비핵화를 향해 더 크게 나아가도록 하는 데 이로울 것이라는 입장을 밝혔고, 미국은 "북한이 대량살상무기와 탄도미사일 프로그램을 계속 유지하고 향상시키고 있다며, 지금은 제재완화 제안을 고려할 때가 아니라고" 부정적인 입장을 밝혔다.[88]

12월 26일 송영길 더불어민주당 의원을 포함한 민주당, 민주평화당, 대안신당, 정의당 의원 64명은 성명서를 내고 "북미 협상 재개의 분위기 조성을 위해 미국과 국제사회는 중국과 러시아가 유엔 안전보장 이사회에 제출한 대북제재 일부완화 결의안을 진지하게 검토하길 희망한다"고 밝혔다.[89]

한국은 남측 구간 동해북부선(강릉~제진) 연결을 통해 북한의 참여를 끌어내기 위해 2027년 완공목표로 사업을 본격적으로 추진하고 있으며, 통일부는 2021년 남북교류협력기금운용계획안에 서울과 북한 원산을 잇는 경원선 복원 사업비 475억 원을 반영하는 등 남북철도 연결에 대한 강한의지를 밝히고 있다.

---

[87] 2006년 북한 1차 핵실험에 따른 유엔제재로 시작하여 2016년 4차 핵실험부터 제재가 강화되어 한국정부의 결정과 무관하게 남북경협 추진이 사실상 불가능한 상황이다. 2017년 북한 미사일 시험발사로 추가제재(UNSCR 2397호)조치가 취해졌다. 일부에서 공공 인프라 사업은 제재 대상이 아니라는 주장이 있으나, 공공 인프라 사업도 대북 합작 금지 대상이며(UNSCR 2371/2375), 특히 인프라 건설에 필요한 물자 반출은 UNSCR 2397호 위반(기계·전자기기·운송장비·기초금속 반출 금지). 「임수호 국가안보전략연구원, 2019, 대북 경제제재 현황과 남북경협 추진방향(한국은행 북한경제연구실)」

[88] https://imnews.imbc.com/replay/2019/nwdesk/article/5641730_28802.html,중러 "남북 철도사업 풀어주자"…美 "그럴 때 아냐".

[89] https://m.mk.co.kr/news/politics/view/2019/12/1086562/.여야의원 64명, "북미 협상 재개 위해 대북제재 완화해야".

그러나 "남북철도 북측구간 현지 공동조사"와 "남북철도 · 도로연결 착공식" 조차도 유엔안보리 제재면제를 받지 않고는 실행이 어려운 현실에서 한국의 의지만으로는 한계가 있다.

그렇다고 남북철도 연결을 마냥 방치할 수는 없다. 21세기 철도는 국가의 재산이지만 세계의 공공재라 할 수 있다.

국제 철도망은 각국의 체제와 관계없이 평화를 바탕으로 운행되고 있다. 철도는 세계를 하나로 연결함으로써 세계평화와 경제발전에 크게 공헌하고 있다. 이와 같은 철도의 공공재적인 특성으로 인하여 각국은 철도연결 및 보수, 출입국 간소화, 통관 간편화 등을 통해 인력과 물자를 신속히 이동시키기 위해 노력을 하고 있다.

남북철도는 유라시아 국가와 미국 등 태평양 국가를 이어주는 공공공재이다. 이 철도는 남북에도 필요한 시설이지만 세계인 모두에게 필요한 공공재이다.

남북철도가 연결되면 북한은 세계의 공공재를 관리하는 주체국으로서의 역할을 부여받음에 따라 국제평화의 수호자로서 책임을 다할 것이다.

GTI 회원국들은 국제철도연맹(UIC) 등과 제휴를 통하여 남북철도의 공공재로서 중요성과 북한의 완전 비핵화 유도 가능성 등 남북철도 선(先)연결의 논리를 개발하여 유엔안보리와 미국을 비롯한 주요국가를 대상으로 철도 조기 연결의 당위성을 설득해 나가는 등 남북철도 연결에 힘을 모아야한다.

4. 각국의 대외정책과 전략적 연계협력

최근 동북아 지역에서는 경제공동체 건설을 목표로 각국의 대외정책과 연계한 전면적인 경제교류 협력을 활발히 추진하고 있다.

대표적인 사례로는 중몽러 3국이 각각 실크로드 경제벨트, 초원의 길, 유라시아경제연합과 연계협력을 바탕으로 추진하고 있는 중몽러경제회랑 건설, 한국의 신북방 정책이 있다.

중몽러경제회랑과 한국의 신북방 정책의 주요 사업대상 지역은 대부분 GTI의 사업대상 지역과 일치하며, 협력사업의 목표도 경제공동체 건설로 같을 뿐만 아니라 GTI와 연계협력 방안을 모색하고 있다.

중몽러경제회랑은 공동협력 정신을 바탕으로 교통회랑을 중심으로 한 경제회랑 건설, 사회인문 등 전면적 교류협력을 추진하고 있다. 한국의 신북방 정책은 북방시장 개척에 중점을 두고 일 방향과 부분적인 양자협력을 바탕으로 한다. GTI는 동북아 국가 간 유일의 다자협력체이나 회원국의 소극적인 참여로 정책네트워킹 수준에 머물러 있다.(표54 참고)

표 54 GTI지역 주요 협력사업 비교

구분	출범연도	주요 사업대상 지역	사업성격	추진목표
중몽러	2016	·중국 동북 3성과 네이멍구 ·러시아 극동시베리아, 몽골	·실질협력 ·교통 및 경제회랑 ·전면적 협력	·공동협력 ·경제공동체
신북방	2017	·러시아, 중국 동북, 몽골 등 14개 국가	·실질협력 ·경제회랑 ·전면적 협력	·일 방향+양자협력 (시장개척형) ·경제공동체
GTI	1991	·중국 동북 3성과 네이멍구 ·러시아 연해주, 몽골 동부 ·한국 동해안, 북한 나선특구	·정책네트워킹 ·UNDP 지원	·다자협력 ·지역협력

자료 : 중몽러경제회랑 요강, GTI사무국, 한국북방위홈페이지 참고. 저자정리

동북아는 정치체제의 차이, 역사문제, 북핵문제 등으로 그 어느 지역보다도 공동협력 정신을 바탕으로 한 다자협력이 필요한 곳이다.

동북아 각국에서는 이러한 시대적 흐름을 반영하여 한국은 신방정책의 4대 목표 중의 하나로 소다자협력 활성화로 동북아 평화기반 구축을 정하고, 첫 번째 과제로 GTI 활성화를 추진하고 있다. 중국과 러시아는 2019년부터 2020년 "총리회담성명"에 연속하여 GTI 틀 안에서 동북아경제협력 추진의지를 표명하고 있으나, 한중러 3국은 코로나 19 등의 여파로 후속 조치를 내놓지 않은 상태이다.

동북아경제협력 증진을 통해 동북아경제통합을 앞당기기 위해서는 빠른 시일 내에 관련국가 간 고위급 협의체를 구성하여 중몽러경제회랑과 신북방 정책의 구체적인 프로젝트를 GTI 틀 안에서 추진할 수 있는 방안을 마련하고 실행에 옮길 수 있도록 해야 한다.

5. 북한 GTI 복귀와 일본 참여유도

가. 북한 GTI 선(先)복귀

북한의 두만강지역개발 참여는 유엔개발계획(UNDP)의 노력이 컸다. UNDP는 1979년 북한에 대표부를 개설하고 1986년부터 1991년까지 1천7백만 달러, 1992년부터 1996년까지 2천1백만 달러를 투자하여 나진·선봉 지역 외에 항만공사 도로확충을 위한 연구조사를 진행함으로써 북한정부의 신뢰를 한 몸에 받고 있었다.

UNDP는 이러한 신뢰를 바탕으로 북한을 두만강지역개발에 참여시키는 데 성공함으로써 정치체제가 상이하고 냉전의 유산이 서려 있는 이곳을 다국 간 국제협력을 통한 두만강지역개발을 추진할 수 있는 기반을 마련하였다.

북한은 UNDP 주도의 두만강지역개발에 참여함으로써 다국 간 국제금융기구로부터 융자와 투자유치를 기대하였으나, UNDP의 개발원조사업 외에는 성과를 얻지 못함에 따라 피동적 참여를 하게 되었다.

북한은 2002년 TRADP 제6차 총회에서 에너지와 교통시설 투자유치를 제안하였으나 회원국과 국제사회로부터 호응을 받지 못함에 따라 두만강지역개발 참여에 대한 회의를 느끼기 시작했으며, 2009년 11월 유엔안보리의 대북제재와 두만강지역개발 사업의 성과 없음을 이유로 GTI를 탈퇴를 했다.

그간 북한의 두만강지역개발계획 참여실태를 분석하면 기대한 만큼 성과를 얻지 못한 것이 GTI 탈퇴의 주요한 원인 중의 하나라 할 수 있다. 만약에 UNDP의 구상처럼 나선특구가 발전하였다면 북한이 과연 핵 개발을 추진했을까. 라는 의문을 갖게 된다.

회원국들은 북한의 유럽과 아시아를 연결하는 지정학적 여건 때문에 북한의 GTI 복귀만 되풀이했지 북한과 협력사업을 제시하지 않았다.

GTI의 국제기구 전환을 앞둔 시점에서 북한의 GTI 복귀에 따른 장점과 회원국들의 역할에 대한 논리를 개발하는 것이 중요하다.

북한의 GTI 복귀 장점을 제시하면 다음과 같다.

첫째 유엔안보리 제재완화에 도움을 받을 수 있다.

지금 북한이 유엔안보리 제재를 받고있는 현실에서 양자 간 협력을 통해서는 북한이 유엔안보리의 비핵화 조건을 충족시키기 전까지 제재완화를 끌어내기는 어려운 것이 현실이다. 북한이 현재의 위기를 돌파하기 위해서는 북한의 실정을 이해하고 국제사회에서 북한을 대변할 수 있는 우호적인 국가를 늘려나가는 노력이 중요하다.

현 상황에서 북한이 국제사회에 명분을 갖고 나올 수 있는 유일한 창구는 GTI라 할수 있다. GTI는 유엔이 이 지역의 평화와 번영을 위해 창설을 주도한 동북아 유일의 다자협력체이므로 북한의 GTI 복귀는 북한이 국제사회에 평화수호 의지를 보임으로써 유엔안보리와 북핵문제를 해결하는 데 많은 도움을 줄 것이다.

둘째 북한의 GTI복귀를 통해 남북철도·도로 연결과 관련하여 유엔안보리 대북제재 면제를 끌어내는 데 큰 도움이 될 것이다.

셋째 투자유치를 통한 획기적인 경제발전이 가능하다.

지난 30년 동안 두만강지역개발을 추진하면서 개방체제를 유지한 회원국들은 양자 혹은 다자협력을 통해 세계가 놀랄만한 경제성장을 이룩했다. 회원국들은 달라진 경제력과 국제사회의 위상을 바탕으로 회원국 간 경제협력을 통해 북한 경제를 충분히 발전시킬 수 있는 잠재력이 있다.

메콩강지역 협력사례에서 알 수 있듯이 메콩강지역은 세계 각국과 국제기구에서 앞다투어 투자하고 있다. 북한이 GTI 복귀를 통해 개방체제로 전환한다면 회원국과 세계 각국의 투자유치를 통해 빠른 시일 내 경제성장을 이룩할 수 있을 것이다.

회원국들은 북한이 신뢰를 갖고 GTI에 복귀할 수 있는 환경을 조성하기 위하여 다음과 같은 노력을 기울여 나갈 필요가 있다.

첫째, GTI 회원국 대표 승격을 포함한 메커니즘의 일대혁신을 통해 실질적 동북아경제협력을 위한 추진기구로 만들어 나가야한다.

둘째, 회원국 간 협력을 통해 북한의 GTI복귀를 위한 체계적이고 전략적인 노력이 필요하다.

예를 들면 한국이 북한에 GTI복귀를 제안하고 회원국이 공동성명을 통해 북한 GTI복귀를 지지하는 방법이 가장 이상적인 대안이 될수도 있다.

셋째, 북한의 GTI 복귀와 관계없이 회원국 간 실질적인 경제협력 사업의 성과를 도출함으로써 북한이 스스로 GTI에 복귀할 수 있는 분위기를 조성하는 것이 중요하다.

앞에서 살펴본 바와 같이 북한은 GTI 복귀로 얻는 실익이 크므로 선(先) 복귀를 위한 노력이 필요하며, 회원국들은 북한의 GTI 복귀를 위한 대안을 마련하고 북한과 수시접촉을 통해 북한의 GTI 복귀에 도움을 주어야한다.

나. 일본 서해안 지방정부와 실질적 협력 강화

두만강지역개발 초기에 일본의 GTI 회원국 가입요청은 지역개발에 필요한 재원조달을 위해 추진했다면, 포스트 GTI 시대는 동북아경제통합을 촉진하기 위함이다.

일본의 GTI 회원국 가입은 북한문제 등 복잡한 국제사회의 역학관계로 인하여 빠른시일 안에 가입은 어려울 전망이다. 일본의 GTI 회원국 가입 촉진을 위해서는 일본 지방정부와 GTI 지방정부 간 긴밀한 경제교류 협력체계 구축을 통해 일본의 GTI 회원국 가입을 끌어내는 전략이 필요하다.

일본의 지방정부 중 서해안 1개 도(道), 1개 부(府), 12개의 현(縣)[90]은 오래전부

---

90 북해도, 교토부, 아오모리현, 아키타현, 야마가타현, 니가타현, 토야마현, 이시카와현, 후쿠이현, 돗토리현, 시마네현, 야마구치현, 후쿠오카현, 사가현 . 2011. 신동북아시대 강원도 대외전략.p.92.

터 중국 동북지역과 러시아, 몽골 진출을 위해 노력을 기울여 오고 있다. 이 지역 지방정부는 1993년 니가타현, 토야마현, 시마네현 등이 중심이 되어 동북아지역 자치단체연합 창설을 주도하였으며, 돗토리현은 1994년 동북아 지방정부 지사 · 성장회의와 2011년 동북아지방협력위원회 창설멤버로 활동하고 있는 등 GTI 지역과 무역, 투자, 해운 등 다양한 방면에서 교류협력을 이어 오고 있다.

2009년 7월 28일, 동북아훼리 국제항로(훈춘~자루비노~속초~니가타) 취항식(속초시)

이 지역은 한국 동해안, 러시아 극동, 중국 동북, 북한 등 5개 나라와 지역을 포함하여 환동해(일본해)경제권용어를 공유하는 등 지역적 공감대도 형성되어 있으며, 1993년 10월 일본 서해안 지방정부와 민간기업들이 출자하여 환일본해경제연구소(ERINA)를 설립하는 등 동북아 지역 간 경제협력 증진을 위한 기반을 구축해 놓고 있다.

GTI가 지방정부 간 실질적 경제교류협력의 플랫폼 역할을 제대로 수행한다면 GTI 지역과 일본 서해안 지역 정부와 경제협력 증진을 통하여 일본의 GTI 회원국 가입을 앞당길 수 있을 것이다.

6. 합리적인 재원조달

두만강지역개발 초기부터 재원조달 문제는 가장 큰 이슈였으며 30년이 된 지금
도 GTI 부진 사유 중의 하나로 구체적인 프로젝트를 제시하지 않은 가운데 재원조
달 문제를 거론하며 다양한 재원대책을 제시하는 경우가 대부분이다.

그렇다면 두만강 지역의 어느 곳을 개발하는 데 막대한 사업비가 필요한걸까.
두만강지역개발 관련하여 사업규모와 사업비를 구체적으로 제시한 것은 UNDP의
" 두만강지역개발구상"이라 할 수 있다.

UNDP의 구상은 300억 달러를 투자하여 50만 명을 수용하는 국제신도시와
공동경제특구를 건설하며, 재원은 대규모 민간자본과 일본 등 선진국의 참여를 통
해 조달할 계획이었다.

그러나 UNDP의 구상은 당시 두만강 지역의 여건상 실행이 어려워 공동경제특
구 개발계획이 두만강 접경 3국의 자체개발로 전환됨에 따라 UNDP와 회원국은
자체개발 지원과 경제교류협력 증진사업을 추진하게 되었다.

UNDP와 회원국들은 자체개발 지원을 위해 동북아두만투자회사설립, 일본 회
원국 가입요청 등 다양한 노력을 기울였지만 재원조달을 하지 못함에 따라, 두만강
접경 3국은 GTI와 연계하지 않은 독자적인 개발사업 추진으로 UNDP의 " 두만강
지역개발구상"의 꿈을 실현해 나가고 있다.

중국은 자체 두만강지역개발계획에 의거 이 지역에 대대적인 투자를 통하여 훈
춘~베이징 간 고속철도 연결, 훈춘~창춘 고속도로 완공, 인재양성을 위한 대학교
설립, 훈춘국제합작시범구 건설, 훈춘해양경제발전시범구 비준, 공동개발 공동관
리 방식의 나선경제자유무역지대 건설에 참여하는 등 두만강 지역을 동북아 교통물
류의 중심으로 육성하기 위해 노력을 기울이고 있다.

베이징~훈춘 간 고속철도 (지린성)[91]

러시아는 두만강지역개발 초기부터 블라디보스토크를 아시아 태평양 경제성장 점으로 육성하기 위하여 블라디보스토크를 중심으로 교통인프라 시설을 확충하는 등 이 지역에 집중투자를 하고 있다.

현재 두만강지역개발의 진전이 없는 곳은 북한의 나선특구, 러시아의 두만강 지역에 위치한 하산구, UNDP가 관심을 갖고 있는 몽골 초이발산~중국 네이멍구 아얼산 철도 건설이라 할 수 있다.

그간 두만강지역개발에 필요한 사업비와 개발성과를 분석하면, 두만강 접경 3국은 UNDP가 제시한 투자금액 이상을 투자한 것으로 추정되고 있다. 이것은 향후 GTI 지역 간 경제교류 협력을 추진하는 데 있어서 각국의 참여의지와 투자환경 개선 등의 노력을 통해 재원조달의 문제를 극복할 수 있다는 것을 입증하는 것이다.

앞에서 살펴본 바와 같이 GTI 지역은 각국의 노력으로 교통 인프라 등이 획기적으로 개선되었다. 이제는 재원문제 때문에 GTI 협력사업 추진이 어렵다는 인식

91 2015년 9월 창춘 – 훈춘(508.40km, 3시간 17분)고속도로의 개통으로 베이징 – 훈춘 간(1,484km, 10시간 43분)고속철도가 연결되었다.바이두(검색일: 2020. 3. 4)

을 바꾸어야한다. 그간 GTI 지역 간 경제협력 사업을 바탕으로 다자협력 프로젝트를 발굴하고 필요한 재원을 적절하게 분담한다면 투자대비 수백 배의 경제적 효과를 창출할 수 있을 것이다.

GTI 사업을 추진하는 데 있어서 사무국 운영, 공동협력사업 발굴 및 추진을 위한 공동재원과 자체재원 확보, 민간자본 유치를 위한 우대정책, 국제금융기구와 연계협력 강화를 통해 재원조달 문제를 해결할 수 있을 것으로 생각된다.

가. 사무국 유치 공모를 통한 운영비 확보

사무국 운영을 위해서는 사업규모와 적정 예산규모를 산정하는 것이 중요하다.

그간 사무국 사업규모와 운영예산을 분석하면 1991년부터 2005년까지는 UNDP 주도로 연구조사, 투자 및 관광 홍보 포럼에 집중하였으며, 연간 운영예산은 200만 달러(추정)로 UNDP가 대부분 부담하였으며[92], 회원국들은 1996년부터 연 2만 5천 달러를 부담하기로 하였으나 2004년까지 제대로 납부한 회원국이 없었다.

2006년부터 회원국 주도로 전환하였으며 사업은 UNDP 지역협력 프로그램을 이어받았다. 재원은 회원국 공동기금 연 67만 5천 달러, 한국 신탁기금 연 60만 달러 등 127만 5천 달러로 운영되고 있다. 사무국 청사는 중국정부에서 제공하고 있다. 회원국 공동기금은 2006년부터 매년 조성키로 하였으나 공동기금 관련 양해각서 체결 지연으로 2008년까지 공동기금이 제대로 납입되지 않아 사무국은 극심한 재정난에 시달림에 따라 인원감축, 업무중지 등 사무국이 해산위기에 처하기도 했다.[93] 현재 사무국 예산은 UNDP 주도의 사무국에 비하여 예산이 대폭 축소되었다고 할 수 있다.

동북아 지방정부 간의 다자협력체인 동북아지역자치단체연합의 사무국 운영 예

---

92 김익수, 1994, 두만강지역개발사업TRADP에 대한 분야별 평가.KIEP.p.30.
93 李铁主编, 2015年, 12月, 图们江合作二十年.p.72.

산은 경상북도가 영구 상설사무국을 맡는 조건으로 연간 15억 원을 부담하고 있다.

사무국의 안정적 운영을 위해서는 공동기금을 증액하거나, 회원국을 대상으로 유치신청 공모를 통해 유리한 조건을 제시한 국가에게 사무국 운영을 맡기고 인센티브를 주는 방안을 검토할 필요가 있다.

2013년과 2014년에 서울에서 각각 열린 한러, 한중 정상회담에서 양국 정상이 GTI 지역 간 경제협력 추진에 합의함에 따라 한국 정부가 사무국 유치를 추진하고자 했다.

포스트 코로나 시대가 열리고 GTI 틀 안에서 동북아경제협력을 본격적으로 추진한다면 사무국 유치 공모를 통해 동북아 유일의 다자협력체에 걸맞은 사무국 청사와 안정적인 운영예산 확보는 큰 어려움이 없을 것으로 예상된다.

나. 이익향유 재원부담제 운영

공동재원 조성은 다국 간 공동협력 사업에 필요한 재원이라 할 수 있다. 회원국 간 협력에 의해 공동개발과 공동이익을 향유할 수 있는 프로젝트를 선정하여 추진하는 방법이다.

공동개발 프로젝트는 회원국의 공동협력 사업의 수요를 반영하여 우선협력 프로젝트로 선정한 후 단계적으로 추진하는 전략이 필요하다. 우선협력 프로젝트로는 남북철도, 중몽러경제회랑 교통인프라, 동북아전력망, 동북아가스망 구축사업 등을 고려할 필요가 있다.

사업비 부담은 이익향유 정도에 따라 부담하되, 사업비 부담능력이 없는 북한과 몽골은 회원국 분담 또는 우혜차관 등 다양한 지원방법을 모색할 필요가 있다.

다. 우대정책을 통한 자체개발 활성화

대부분 GTI 지역은 자국의 경제발달 지역에 비하여 경제발전 속도가 늦음에 따라 각국에서는 다른지역에 비하여 우월한 우대정책 부여를 통해 투자유치를 추진하고 있다.

회원국들은 GTI 참여를 통해 낙후한 지역을 개발하고자 한다. 이 지역 개발을 촉진하기 위해서는 투자와 무역을 증진시키기 위한 국가차원의 특별한 우대정책 개발과 세계에서 기업하기 가장 좋은 투자환경 조성 등을 통해 중견기업 유치, 제3자 시장협력, 민관협력사업(PPP)을 추진한다면 재원조달에 큰 어려움이 없을 것이다.

라. GTI 핵심사업 공모제 운영

GTI 지역 간 경제교류 협력 확대를 위해서는 회원국들이 참여할 수 있는 분위기를 조성하는 것이 중요하다.

여기서 "GTI 핵심사업 공모제란" GTI 총회에서 회원국 간 투자와 무역, 관광 등 경제교류 협력 증진에 기여할 수 있는 프로젝트를 공모를 통하여 선정하고, 이 프로젝트에 대하여는 회원국들의 참여와 지원을 조건으로 각국의 예산부서에서 사업비를 우선 지원하는 제도를 말한다.

한국의 경우 기획재정부가 인정하는 국제행사(올림픽, 아시안 게임 등)를 유치하였을 경우 국비지원 제도를 도입함으로써 지방정부에서 국제행사 유치를 통하여 지역발전에 기여하고 있다.

예를 들면 GTI국제무역투자박람회, 동북아관광축제, 동북아 청소년 배구대회 등 회원국 간 교류협력 증진에 기여하는 프로젝트가 GTI핵심공모사업으로 선정되면 주최국 중앙정부에서 예산지원을 의무화하고, GTI에서는 회원국 정부 간 협력을 통하여 관련인원 및 기관단체가 참여할 수 있도록 지원함으로써 동북아 지역 간 경제교류 협력을 활성화 시키는 장점이 있다.

마. 국제금융기구와 협력시스템 구축

다자협력을 통한 지역개발을 추진함에 있어서 국제금융기구는 중요한 역할을 하고 있다. 두만강지역개발계획과 같은 시기에 출범한 광역메콩강지역경제협력(GMS)의 경우 아시아개발은행(ADB) 주도로 각종 개발 프로젝트의 타당성 조사연구, 신용평가 등의 진행을 통해 공적개발 원조, 국제기구 혹은 글로벌 기업을 유치하는 역할을 함으로써 메콩강 지역 인프라 개선에 큰 역할을 하고 있다.

GMS의 사례에서알 수 있듯이 공동프로젝트를 추진하기 위해서는 사업의 타당성 조사연구, 프로젝트의 신뢰성을 담보할 수 있는 국제금융기관이나 신용평가기관과 협력시스템 구축이 필요하다.

기존의 국제금융기구와 협력시스템 구축은 새로운 국제개발은행을 설립하기보다 시간 단축과 재원을 효율적으로 조달할 수 있을 뿐만 아니라 개발경험 공유를 통해 회원국 간 협력사업을 촉진할 수 있다.

7. 평화와 번영의 한 마당 축제 "GTI 총회"

GTI 총리회의 또는 정상회의(이하 "총회")를 회원국 국민 모두가 즐기는 평화와 번영의 한마당 축제로 개최함으로써 공동체 의식 함양을 통해 동북아경제협력을 증진시킬 수 있도록 해야 한다.

이를 위해서는 GTI 총회와 장관회의 행사내용을 구분할 필요가 있다. GTI 총회는 국제행사 준비기간을 고려하여 2년 또는 3년에 1회 순회 개최하며, 회원국 모두가 참여하고 즐기는 축제가 될수 있도록 행사내용을 구성해야한다.

예를 들면 종합성과 보고회 및 사진전, 국제포럼, 관광의 해, 회원국 비즈니스의 날, 문화 · 예술 공연, 영화제, 음악축제, 국제 박람회를 동시 또는 분산 개최를 검토해 볼만하다.

2015년 10월 강원도 속초에서 열린 "동북아 경제한류의 축제 GTI국제박람회"에 지린성, 연해주, 돗토리현, 튜브도에서 온 예술단이 공연을 하고 있다.(강원도)

현재 GTI 지역에는 국가주최의 축제형 행사는 거의 없지만 동북아 지방정부에서 개최하고 있는 지린성 동북아박람회, 강원도 GTI국제무역투자박람회는 재원조달의 어려움, 지방정부로서의 국제협력 한계 등 열악한 조건을 극복하고 우호도시와 교류협력을 통해 축제형 국제박람회로 육성발전시켜 나가고 있다.

GTI 총회는 회원국 주도의 대형 국제행사로 국가 간의 경제, 문화, 관광 등 다양한 분야의 협력을 심화 발전시키는 계기가 될 것이다.

장관회의는 매년 개최하되 무역, 투자, 관광 등 실질적 경제교류 협력을 촉진할 수 있는 실속형 위주로 차별할 필요가 있다.

축제형 GTI 총회와 실속형 장관회의를 통해 GTI는 동북아경제통합 증진에 크게 기여할 것이다.

8. 맺는 말

21세기 들어 동북아 각국은 경제력이 향상됨에 따라 두만강 지역 자체개발을 통해 일부 지역은 UNDP의"두만강지역개발구상"의 꿈을 실현해 나가고 있으나 연계성이 강한 지역적 특성으로 인하여 사업추진에 어려움을 겪음에 따라 다자협력의 필요성을 재인식하고 GTI 틀 안에서 동북아 지역 간 경제협력 증진방안을 모색하기 시작했다.

한중러 3국은 2013년과 2014년 서울에서 각각 열린 한러, 한중 정상회담에서 GTI 틀 안에서 동북아경제협력 증진에 합의하였으나 북핵 등의 문제로 후속조치는 이루어지지 않았다.

그러나 한국에서는 강원도가 GTI 최초의 실질적 경제협력 사업의 하나로 평가받고 있는 GTI국제무역투자박람회를 동북아 경제한류의 축제로 성공적으로 안착시킴에 따라 지방정부의 GTI 참여열기가 확산되기 시작했으며, 한국 국회에서는 국가차원에서 GTI 협력사업을 촉진하기 위하여 2015년 7월 양창영 국회의원 등 33명은 "광역두만개발사업의 협력 및 지원에 관한 법률안"을 국회에 제출하였으나 제19대 국회폐회로 자동폐기 되었다. 2017년 6월 출범한 문재인 정부는 신북방 정책의 성공적인 추진을 위해 GTI 활성화를 중점과제로 선정하여 추진하고 있는 등 한국의 역대 정부는 GTI와 연계한 북방진출 전략을 국정과제로 추진하고 있다. 또한 한국의 일부 전문가는 "광역두만개발에 관한 입법제언"(2020, 장도환, 전홍진, 윤병섭)을 통해 정부에 안정적인 GTI 참여를 위한 법률제정을 제기하는 등 GTI에 대한 관심이 날로 높아지고 있다.

중몽러 3국은 2016년 6월 경제공동체 건설을 위해 각국의 대외정책과 연계한 중몽러경제회랑 건설에 합의하고 사업을 본격적으로 추진하고 있으며, 중러는 2019년과 2020년 총리회담에서 연속하여 GTI 틀 안에서 동북아 지역 간 경제협력 증진에 합의하는 등 GTI를 동북아경제협력의 플랫폼으로 활용하고자 하는 의지가 그 어느 때 보다 강하다.

발전방향에서 살펴보았듯이 회원국들이 참여의지만 있다면 공동협력사업 발굴, 재원문제 등은 GTI지역 간 협력사업을 추진하는 데 더 이상 장애요소는 아니다.

회원국들은 모처럼 찾아온 좋은 기회를 지역경제통합으로 승화 발전시키기 위해서는 지난 30년 간 추진해온 두만강지역개발 실태를 냉정히 분석하고 21세기에 걸맞은 협력의 목표와 실행계획을 수립하는 등 GTI를 신동북아 경제협력 플랫폼으로 육성 발전시켜나가는 데 노력을 기울여야 한다.

전문가들은 GTI 활성화를 위해서는 차관회의를 총리 또는 정상회의로 승격을 제기하지만 일부 회원국들은 "시기상조", 걸맞은 "협력사업 발굴"의 어려움 등의 이유로 승격에 난색을 표명하고 있다.

총리 또는 정상회의 승격 문제를 "닭 먼저, 달걀 먼저"의 논의만 지속해서는 GTI의 발전을 기대할 수 없다.

1992년 광역메콩강지역경제협력(GMS)은 장관회의로 출범하였으나 2002년 총리회의로 승격이후 산하에 분야별 장관회의가 결성되는 등 실질적 협력이 날로 확대되고 있으며, 2015년에는 GMS 회원국을 중심으로 란창강-메콩강협력(LMC)을 결성하는 등 동남아경제통합을 선도해나가고 있다.

GTI 지역은 북핵 등의 복잡한 문제가 얽혀 있는 곳으로 국가 정상들의 관심과 협력 없이는 이 지역의 현안문제를 해결하고 동북아 각국이 염원하는 경제통합을 이루기는 어렵다.

회원국들은 공동협력 정신을 바탕으로 GTI가 동북아경제통합과 유라시아경제통합의 플랫폼 역할을 할 수 있도록, 회원국 대표를 총리 또는 정상으로 승격, 동북아경제통합에 대비한 전면적 교류협력 시스템 구축, 구체적인 목표와 실행계획 확정 등을 통해 실행 가능한 프로젝트부터 점진적으로 추진해 나간다면 사람과 상품이 자유롭게 이동하는 새로운 동북아 시대를 열어나갈 수 있을 것이다.

참고문헌

[국문자료]

諸成鎬, 1992, "豆滿江地域開發計劃의 現況과 展望", 民族統一研究院.

정영록, 1992, "동북아지역 무역구조와 역내수출경쟁력 비교" KIEP.

金圭倫, 1993, "豆滿江地域開發과 東北亞 經濟協力", 統一研究論叢.

김춘순, 1993, "두만강지역 개발계획의 내용과 전망", 입법조사월보12월호.

金益洙, 1994, "豆滿江地域開發事業과 韓半島", KIEP.

金益洙, 1994, "豆滿江地域開發事業에 대한 분야별 평가", KIEP.

교통개발연구원, 1997, "汎아시아鐵道網 調査 및 協力方案", 건설교통부.

고일동, 1999, "두만강지역 개발계획의 현황과 과제", KDI.

沈義燮·李光勛, 2001, "두만강 개발 10년의 평가와 전망", KIEP.

재정경제부 보도자료, 2002, "두만강개발계획의 새로운 전기를 마련한다".

이찬우, 2003, "두만강지역개발 10년 평가와 과제", KDI북한경제 리뷰 5권2호.

진흥상·박승록 , 2005, "한·중·일 경제관계와 동북아 경제협력", 한국경제연구원.

김천규·이상준·임영태·이백진, 2015, " 두만강유역의 초국경 실천 전략", 국토연구원.

김기수, "미중일삼각관계와동북아시아전략균형", 『세종정책연구』 2008년 제4권 1호.

조명철·이종운, 2009, "최근 두만강지역 개발 동향과 정책 시사점", KIEP.

전홍진, 2009, 대두만강계획과 강원도, 강원대학산업경영연구소.

윤승현, 2009, "두만강지역의 新개발 전략과 환동해권 확대방안", 강원발전연구원.

조명철·이종운, 2009, "최근 두만강지역 개발 동향과 정책 시사점", KIEP.

조명철·김지연, 2010, GTI(Greater Tumen Initiative)의 추진동향과 국제협력방안, KIEP.

박용석, 2010, "나진-선봉 등 두만강지역개발…관망만할것인가.", CERIK Journal.

한국환경정책평가연구원, 2015, "두만강 접경지역 월경성 환경영향평가시범사업 추진방안 마
　　련", 환경부.

이종림, 2010, "중국 두만강지역개발에 적극나서", Chindia Journal.

이종림, 2011, " 두만강지역개발과 연변지역의 입지 및 협력방안", 북한경제리뷰 3월호.

강원도, 2011, 신동북아시대 강원도 대외전략.

박승우, "동아시아공동체담론리뷰", 아시아리뷰 제1권 제1호, 창간호, 2011.

관세청 세제실 다자관세협력과, 2012, "제2차 광역두만강개발계획(GTI) 무역원활화 위원회 개
　　최결과" 보도자료.

신용석, 2014, "두만강지역의 관광개발 방향과 과제 : 광역두만강개발계획을 중심으로", 통일정책연구 제23권 2호.

신용대, 2014년, "동북아 경제협력과 통합을 위한 로드맵", 산업연구원.

신범식, 2014, "동북아 초국경 소지역협력과 지역의 발명: 유라시아 이니셔티브실천 방향성에 대한 함의", jpi정책포럼.

양창영·전홍진·윤병섭, 2014, "동북아 지역 경제협력 증진과 GTI 역할 강화방안", 경남대학교 지역산업연구.

최훈, 2014, "동북아 경제협력 현황과 한국의 참여방안 - GTI를 중심으로", 남북물류포럼.

KIEP, 2015, "북한과 GTI경제협력강화 방안", 기재부연구과제.

윤성학, 2015, "러시아의 신동방정책과 한러협력 방안", 수은북한경제 가을호.

신정승, 2015, "미중 간의 전략적 경쟁과 한반도 통일문제", KINU 통일 겨울호.

박지연, 2015, "광역두만강개발계획(GTI)의현황과 과제", 한국수출입은행

현승수 외, 2015, "동북아평화협력구상과 유라시아 협력 추진을 위한 다자주의적 접근", 통일연구원.

전국시도지사협의회, 2015년 2월, "지방자치단체 국제교류 매뉴얼".

림금숙, 2015, "두만강 삼각주 국제관광합작구 건설에 관하여", 통일정책연구 제24권 2호.

제성훈·나희승·최필순, 2016. 12, "중몽러경제회랑의 발전 잠재력과 한국의 연계 방안", KIEP.

서보혁 외, 2018, "대북 제재 현황과 완화 전망", 통일연구원.

김예경, 2019, "2020년 미중 전략경쟁 전망과 한국의 대응방향", 국회입법조사처.

최장호 외, 2019, "한반도 접경국과의 초국경 관광·교통 협력", 경제·인문사회연구회협동연구총서19-43-02(통일연구원).

외교부, 2019, "메콩국 5개국 개황".

박정호 외, 2019, "푸틴과 러시아 극동개발 20년: 한-러 극동협력심화를 위한 신방향 모색", KIEP.

임수호, 2019, "대북 경제제재 현황과 남북경협 추진방향", 한국은행 북한경제연구실.

국회입법조사처, 2020, "2020년 동북아 정세와 한국의 대응방향", 전문가 좌담.

박철희 등, 2020, "미중 전략경쟁과 한국의 선택", 서울대학교 국제학연구소.

김홍진·몽크낫산, 2020, 몽골자유무역지대 현황과 과제, 투르크-알타이경제권이슈.

박나라, 2020, " 지방의 국제화와 제주", 제주평화연구원.

전홍진, 2020, "일대일로와 신(新)한중 협력", 도서출판 선인.

장도환·윤병섭, 2020, "GTI발전방안모색 : 동북아디펠로퍼 역할", 유라시아연구 제17권4호.

장도환·전홍진·윤병섭, 2020, "광역두만개발사업 협력과 지원을 위한 입법 제언", 경남대학교
　　지식산업연구 제43권.

윤병섭, 2020, "코로나19 이후 GTI 박람회 글로벌화", 강원일보.

통일부, 2021, "유엔 대북제재", 북한정보포털.

이성우·임재형, 2021, "동북아시아 초광역 다자협력의 제도화 방안:두만강과 메콩강 다자협력
　　비교분석" 「평화학연구」 제22권1호.

전홍진, 2021, "신동북아 시대 경제협력의 플랫폼 GTI 역할 강화방안", 흑룡강 신문

[중문자료]

金森久雄; 李玉新, 1989, "环日本海经济圈"的发展应引起重视, 中共中央党校学报.

陆建人, 1992, 东北亚经济合作与图们江三角洲开发, 瞭望周刊.

丁士晟, 1992, 联合国开发计划署图们江地区开发项目评述, 东北亚论坛.

陈才等, 1992, 图们江通航行与珲春地区总体开发战略设想, 东北亚论坛.

安虎林等, 1993, 朝鲜罗津·先锋自由经济贸易区总体的构想述评, 东北亚论坛.

丁士晟, 1993, 图们江地区开发项目第三次专家会议和项目管理委员会, 东北亚论坛.

丁士晟, 1994, 图们江地区国际合作在稳步启动, 东北亚论坛.

高福海, 1994, 中俄朝联合开发东北亚, 经济世界.

谢挺富等, 1994, 图们江流域的"UNDP"计划, 农金纵横.

朱式毅, 1994, 图们江地区国际合作开发中的各国战略对策选择, 经济管理学报.

丁士晟, 1994, 图们江地区国际合作开发金融战略构想, 东北亚论坛.

(农金纵横) 1994年第3期, "东北亚"的眼睛终于睁开了.

陈才, 1995, 从第五次东北亚经济论坛新浒国际会议看图们江地区开发前景, 东北亚论坛.

李德潮, 1996, 从图们江走向日本海, 海洋世界.

刘瑛华·袁树人, 1997, 不可小视的朝鲜自由经济贸易区, 东北亚论坛.

朱显平·隋清江, 1998, 图们江跨国自由经济区的战略构想, 世界经济.

隋清江, 1998, 充分发挥地方政府在图们江地区开发中的作用, 东北亚论坛.

王胜今·张东辉, 1998, 论地方城市·地方政府在东北亚区域经济合作中的地位和作用, 东北亚论坛.

余曷雕·吴昊, 1999, 面向21世纪中国东北与日本的经济合作, 现代日本经济.

米德长·何健, 2000, 中国俄罗斯朝鲜运输合作的条件与前景分析, 世界地理研究.

于国政, 2000, 图们江地区开发的进程与成绩, 西伯利亚研究.

俞新天, 2001, 朝鲜半岛国际经济合作的可能性及问题, 国际观察.

赵东波·侯铃, 2002. 5, 图们江地区开发的新进展和存在的问题, 东北亚论坛.

崔军, 2002. 7, 积极开展国际合作 推进图们江地区开放开发, 经济视角.

李基云等, 2002, 图们江与湄公河国际合作开发的比较, 延边党校学报.

崔军, 2003, 推进图们江区域项目实施的目标和任务, 东北亚论坛.

韩兴海, 2005, 建立中俄朝图们江自由路港区的构想, 东北亚论坛.

大图们江区域合作开发战略研究课题组;郭绍墨, 2006, 大图们江区域合作开发战略的思考.

刘恒璇, 2006, 关于加快图们江地区开发的几点建议, 经济视角.

韩兴海, 图们江区域经济合作现存的问题及对策, 新长征 2006年 第3期.

孙永祥, 2006."俄罗斯东西伯利亚和远东地区开发前景及我国应采取的对策", 当代石油石化.

杨淑杰·于国政, 2007, 图们江地区国际交通运输通道研究, 科技资讯.

图们江区域经济合作中存在的问题及应采取的对策中共延边州委党校课题组; 张熙夭, 2007, 行政与法.

袁晓慧, 2007, 图们江区域开发项目现状评估, 国际经济合作.

胡亚西; 祖立超, 2008, 俄罗斯在图们江区域合作中的地位与政策, 国际资料信息.

石明山, 2009, 长吉图开发开放先导区打造东北新增长极,「科学时报」.

全洪镇, 2009, 东北亚跨国地方间经济合作研究 —以中国吉林省, 俄罗斯滨海边疆区, 韩国江原道为主,吉林大学.

张杰, 2009, 次区域经济合作研究 —以大图们江次区域经济合作为中心, 吉林大学.

金英笋, 2009, 大图们江地区开发对吉林省对外开放的影响, 延边大学学报(社会科学版).

范力, 2009, 加快图们江区域开发 促进东北亚经济合作, 宏观经济研究.

吴可亮, 2011, 大图们江次区域合作:意义特征与问题, 经济视角(下).

吴昊·马琳, 2012, 图们江区域开发合作20年:愿景何以难成现实?, 吉林大学社会科学学报.

张茁, 2012, 图们江区域开发的新机遇, 吉林日报.

李铁主编, 2015, 图们江合作二十年, 社会科学文献出版社.

张景安, 2015, "图们经合作二十年", 社会科学文献出版社.

张文汇, 2015, 大图们江丝路带金融支持, 中国金融.

宁维·吴迪, 2017, 长吉图开发开放先导区战略实施的制约因素及对策, 东北亚经济研究.

江泽林, 2019, "增进互信合作开创东北亚美好新未来", GTI经济合作论坛.

陈国喜, 2019, 中国图们江地区发展海洋经济的历史机遇与挑战,延边大学学报(社会科学版).

袁达松; 黎昭权, 2019,"一带一路"背景下包容性的中国—朝鲜—韩国经济合作框架, 东疆学刊.

杨雪, 2020, 一带一路"下的图们江次区域合作：机遇与未来, 东北亚经济研究.

全洪镇·谭轶操, 2021. 3 释放GTI机制活力推动东北亚经济一体化进程, 朝鲜半岛观察.

全洪镇, 2021,「韩国新北方政策与长春中韩国际合作示范区发展方向」, 中国国务院参事室国际战略研究中心.

巴殿君·刘天竹, 2020, 新时代视角下中国在图们江地区国际合作中的战略新转向, 东疆学刊.

李圣华·曹时俊, 2020, 朝鲜半岛局势变化与长吉图中朝跨境经济合作展望, 东北亚经济研究.

柴瑜, 2011, 论亚行大湄公河次区域合作未来发展规划与中国的任务, 创新.

周士新, 2011, 中国和东盟在大湄公河次区域的合作, 东南亚纵横.

彭冲, 2011, 中国参与大湄公河次区域经济合作研究, 吉林财经大学.

郭延军, 2011, 大湄公河次区域经济合作的新进展及评估, 东岳论丛.

毛胜根, 2012, 大湄公河次区域合作: 发展历程、经验及启示, 广西民族研究.

宋清润, 2019, 澜沧江—湄公河合作: 次区域合作新典范, 中国报道.

赵嵘, 2020, 澜沧江-湄公河次区域经济合作的现状与前景, 大众标准化.

乌兰图雅, 2021.3, "中蒙俄经济走廊"机制建设问题解析, 东北亚学刊.

[온라인 자료]

http://www.tumenprogram.org/, GTI사무국

https://greatermekong.org/, GMS

http://www.lmcchina.org/, LMC 중국사무국

https://www.yidaiyilu.gov.cn/, 중국 일대일로

http://www.jlcxwb.com.cn/, 중국 길림신문

http://www.hljxinwen.cn, 중국 흑룡강 신문

http://www.bukbang.go.kr/bukbang/, 북방경제협력위원회

www.baidu.com/, 바이두

https://m.book118.com/html/2017/1111/139711782.shtm?from=mip&code=021ty
　　Z000xY9KL13JJ200t1sWf0tyZ0L大湄公河次区域经济合作计划.PDF(20071124发布)

http://www.sina.com.cn. 孙雷, "长吉图开发开放先导区上升为国家战略吉林酝酿东北亚'中
　　部崛起'"

http://www.xwhb.com/news/system/2009/09/01/010056141_02.shtml. 邹智威· 黄艳丽, "
　　「长吉图开发开放先导区规划」8月30日已获批"

https://news.joins.com/article/16847116,두만강 허브는 극동의 이스탄불

http://www._hunchunnet_com.yf1588.com/archives/76/ (珲春国际客运站票价,里程,时间表)

https://www.sisajournal.com/news/articleView.html?idxno=114430,"두만강 개발에 북한
　　이 가장 적극적"

http://www.scio.gov.cn/ztk/wh/slxy/htws/Document/1491208/1491208.htm,《建设中蒙俄

经济走廊规划纲要》(全文)

https://m.yna.co.kr/view/AKR20201101046751011. 한중수교 가교 조이제 박사.

https://m.yna.co.kr/view/AKR19910719000100005?section=/index.두만강하구 南北韓.
中.蘇 공동개발

https://imnews.imbc.com/replay/1991/nwdesk/article/1850693_30445.html, 「제2차 두만
강 개발 사업회의」

https://news.naver.com/main/read.nhn?mode=LSD&mid=sec&sid1=101&oid=262&a
id=0000007689, 신동아, 김석철, 2014, "남북공동도시, 동서관통운하로 '국제 블루오션' 만
든다."

https://www.yna.co.kr/view/AKR19911008000400006, 두만강유역개발 전문가단 보고서 나와

https://news.kbs.co.kr/mobile/news/view.do?ncd=3713225.북한 대표단 PMC 회의 참가.

http://apikorea.org/?act=info.page&pcode=sub1_3, (재)동아시아경제연구원API, 동북아경
제포럼

https://www.hankyung.com/news/article/1995120601931) 두만강개발협정 서명..한/중 등
5국 "경제협력체"

https://www.hankyung.com/international/article/1995121100641, 두만강개발 한국기업
진출 본격화..UNDP협정서명

https://mnews.joins.com/article/3174561, 두만강개발 협의委 설립협정 서명-남북한, 中, 몽
골 5國.

https://mnews.joins.com/article/3175439)두만강 개발 국제금융없인 불가능

https://mnews.joins.com/article/3175439)북한대표단 미국서 ····투자설명회 개최

http://www.tumenprogram.org/?list-1527.html,Strategic Action Plan 2021-2024

http://m.kwnews.co.kr/nview.asp?AID=214102300003&nv=1,북방항로 운항 어떻게되나.

https://n.news.naver.com/article/008/0003150192,한러정상회담공동성명.

http://www.ejanews. co.kr/news/articleView.html?idxno=94862.한·중 두만강개발협력…
유라시아 이니셔티브 초석

https://n.news.naver.com/article/015/0004099261, 김정은 위원장 베트남 방문

http://city.sina.com.cn/yn/rmzx/2017-05-26/detail-ifyfqvmh9058631.shtml, 2017大湄公
河次区域（GMS）经济走廊省长论坛暨第9届GMS经济走廊活动周6月在昆明举行

www.gov.cn:国家民委

www.unuudur.com/wp-content/uploads/20150731-Project-Location-and-Rail-Policy.jpg
중몽러철도회랑

http://www.aeo.or.kr/,한국AEO진흥협회

http://www.china-paula.com.cn/one.php?aId=4033,中蒙俄三国召开《建设中蒙俄经济走
    廊规划纲要》推进落实工作组司局级会议

http://cnews.chinadaily.com.cn/2016-08 /19/content_26532189.htm),줌몽러화물운송 시범
    운행

https://www.gaok.or.kr/gaok/exchange/list.do?menuNo=200080 대한민국시도지사협의회

https://www.jeju.go.kr/jeju/family/list.htm. 국제교류현황

NEAR,http://www.neargov.org/kr/.자료실,총회개최 현황소개

https://www.sohu.com/a/133548602_649216,五国村长开会谋大事 | 澜沧江·湄公河农业合
    作暨中柬老缅泰村长论坛在勐腊举行(西双版纳报)

https://mbd.baidu.com/newspage/data/landingsuper?context=%7B%22nid%22% 3A%2
    2news_9385911161277987846%22%7D&n_type=-1&p_from=-1.第三届澜湄国际电影周
    昆明闭幕.

https://www.bukbang.go.kr/bukbang/policy/0004/0001/#a.8대분야 70개과제

https://www.yidaiyilu.gov.cn/numlistpc.htm,中欧班列卡行情况

https://imnews.imbc.com/replay/2019/nwdesk/article/5641730_28802.html, 중러 "남북
    철도사업 풀어주자"…美 "그럴 때 아냐"

https://m.mk.co.kr/news/politics/view,여야의원 64명, "북미 협상 재개 위해 대북제재 완화
    해야"

https://www.uniedu.go.kr/uniedu/home/brd/bbsatcl/nknow/view.do?id=31932&
mid=SM00000536&limit=10&eqViewYn=true, 북한지식사전

https://www.yidaiyilu.gov.cn/numlistpc.htm, 中欧班列卡行情况

http://www.china-paula.com.cn/one.php?aId=4033, 中蒙俄三国召开《建设中蒙俄经济走
    廊规划纲要》推进落实工作组司局级会议。

http://cnews.chinadaily.com.cn/2016-08 /19/content_26532189.htm), 중몽러 화물운송 시
    범운행

저자 **전홍진**(全洪鎭)
. . . .

현재 연변대학교 조선한국연구중심 객좌교수로 재직 중이다.
중국 지린대학교(吉林大学)에서 경제학 석·박사 학위를 취득하였다. 주 지린성 강
원도경제무역사무소 수석대표(8년 6개월), GTI국제박람회추진단장, 글로벌투자
통상국장을 역임하는 등 20여 년 이상 통상, 투자, 교류 업무에 종사하고 있는 실무와
이론을 겸비한 중국과 동북아 지역(GTI) 전문가이다. (jhj3519@163.com)

■ **주요 논문**
「環東海地区的經濟合作與發展」(2006)
「東北亞跨國地方間經濟合作研究」(2009)
「대두만강계획과 강원도」(2009)
「동북아 지역 경제협력 증진과 GTI역할 강화방안」(2014, 공저)
「중국의 신(新)실크로드 전략 일대일로(一帶一路)와 강원도」(2017)
「일대일로와 연계한 동북아 해운항로 활성화」(2018)
「一帶一路現在与未来」(2020)
「광역두만개발사업 협력과 지원을 위한 입법 제언」(2020, 공저)
「释放GTI机制活力, 推动东北亚经济一体化进程」(2021, 공저)
「韩国新北方政策与长春中韩国际合作示范区发展方向」(2021)
「신동북아 시대 경제협력 플랫폼 - GTI 역할 강화방안」(2021)

■ **저서**
일대일로와 신(新)한중 협력(2020)

■ **편저**
동북3성개황(1999년, 2000년), 길림성투자무역가이드(1999년, 2004년, 2005년)
신동북아 시대 강원도 대외전략(2011년)

■ **창설주도**
중국 창춘코리아타운(2005), GTI지방협력위원회(2011), GTI국제박람회(2013)

■ **수상**
한중수교 20주년 고마운 한국인상(2012년 중국 길림신문)